松井石根　アジア主義論集

野村幸一郎 編

新典社

目次

松井石根 アジア主義論集

解　説　松井石根のアジア主義

はじめに

松井石根（まつい いわね、明治一一（一八七八）七・二七～昭和二三（一九四八）一二・二三）は昭和一二（一九三七）年八月、第二次上海事変の勃発にともない、上海派遣軍司令官を任命され、戦闘の指揮にあたった陸軍軍人である。南京占領に際して日本軍による住民の虐殺・強姦・略奪が繰り返されたとされる有名な南京事件は、松井指揮下の部隊によるものであった。終戦後、開廷された極東国際軍事裁判（いわゆる東京裁判）において松井は、その責任を負う形で死刑判決を受け、処刑されることになる。執行は巣鴨プリズン内で昭和二三（一九四八）年一二月二三日に行われている。

本書は松井石根が生前、発表した中国問題や「大亜細亜主義」に関する文章を中心に編纂したものである。先行する松井の資料集としては、田中正明編『松井石根大将の陣中日誌』(1)がある。しばしばその信憑性についてきびしい批判が繰り返されてきた同書は主に、南京事件に関する松井の真意を代弁することを目的として編纂されたものであるが、本書編纂の目的はそれとは異なる。

松井の政治信条であった「大亜細亜主義」は、頭山満の玄洋社や内田良平の黒龍会、犬養毅、宮崎滔天、近衛篤麿、北一輝、大川周明などなど、近代日本における、いわゆる「アジア主義」の政治的、思想的水脈に位置する。概念上の混乱を避けるため念のために言えば、「大亜細亜主義」は松井ら大亜細亜協会の人びとによって唱導された政治的スローガンであり、一方「アジア主義」は近代日本思想史上の概念であって、西洋列強による植民地化に対抗するためにアジア諸民族の団結を実現しようと、様々な活動に従事した人たちの文明観や歴史認識、政治思想、行動規範の総称を意味する。アジア主義の主張の多くは、友愛と独善、道義性と侵略主義が分かちがたく複雑に絡みあっており、今日でも、ファナティックな軍国主義や極右のイメージをともなって語られることが多い。近代日本政治思想史上において、松井の「大亜細亜主義」は、このようなアジア主義の一つであったわけである。

本書の目的は、松井のアジア認識に焦点を絞って、近代日本思想史上における彼の位置を俯瞰するための一助とするところにある。したがって、日記や手記が中心を占める『松井石根大将の陣中日誌』とは異なり、本書の場合、松井のアジア認識の文明論的、思想的内実を照射しうるような文章が中心となっている。また二〇〇八年、龍渓書舎から復刻された『大亜細亜主義』には、同誌に掲載された松井の諸文章も当然収録されているわけだが、昭和八年に大亜細亜協会に参加して自らの立場を「大亜細亜主義」と称し、同誌に寄稿をはじめる前と後では、松井のアジアに対する姿勢は大きく異なっている（この点については、後に詳しく触れる）。『大亜細亜主義』に発表されたものを包摂する形で、大正期からの諸文章を通時的に配置した本書が松井のアジアに対する立ち位置の変化を確認できるものになっていることも付け加えておきたい。

ところで、松浦正孝によれば、早い時期より川上操六や荒尾精の影響下にあり、欧米への対抗の必要からアジア連携を模索していた(2)。また、日本陸軍による辛亥革命支援の際、陸軍参謀本部第二部長の宇都宮太郎は、三菱財閥の岩崎久弥に依頼し工面した一〇万円の資金を、孫文支援のため犬養毅らに託したのだが、宇都宮の意を受けて資金の受け渡しの任に当たったのが松井であった(3)。さらに予備役に退いた後、松井は、昭和八（一九三三）年四月に大亜細亜協会設立評議員となり、満州事変をきっかけに悪化の一途をたどっていた日中関係の改善をめざして尽力することになる。

今日から見て、松井石根の分かりにくさは、この点に起因している。少なくとも壮年期以降、晩年にいたるまで、松井は日本と中国の友好を——たとえそれが日本にとって一方的に都合がよいものであったにせよ——強く願っていた。にもかかわらず、上海派遣軍司令官として中国との戦争の指揮をとっていたわけで、その姿は今日から見て、何とも分かりづらく感じる。

松井石根と東京裁判

このような、一見矛盾しているように見える松井の姿は、東京裁判における彼の宣誓口供書の中にも見てとることができる。

> 予は青壮年時代より生涯を一貫して日支両国の親善提携、亜細亜の復興に心血をそそぎ陸軍在職中の職務の大部分も亦之に応ずるものなりき。
>
> 昭和十二年上海事件勃発し上海派遣軍の急派となり予備役在郷中の予が其の司令官に擢用せられしは全く予の

右経歴に因るものなることは当時の陸相よりも親しく話されたるところなり。

蓋し当時に於ける我が政府の対支政策は速かに事件の局地的解決を遂ぐるにあり、彼我の武力的抗争を拡大せざることを主眼となしたればなり。(4)

さらに松井はここで、今回の事変は「亜細亜の一家」内における「兄弟喧嘩」のようなものであったと主張している。日本が上海における権益を擁護しようとするのは、「一家内の兄が忍びに忍び抜いても猶且つ乱暴を止めざる弟を打擲するに均しく其の之を悪むが為にあらず可愛さ余つての反省を促す手段たるべきこと」であったと言うのだ。ここで言うところの「弟」の乱暴とは、今日から見れば、中国による日本利権の否定を意味していることは間違いない。そして、兄による「打擲」と松井が言う第二次上海事変は、最終的には首都であった南京や漢口の占領にまで戦火が拡大していくことになった。

しかし、先ほども述べたようにその松井は、陸軍を退役してから第二次上海事変勃発をきっかけとして復職するまでの間、満州事変勃発を契機として悪化した日中関係を立て直すため、在野にあって積極的に活動していたわけで、彼が日中の友好を切望していた事実もまた、否定することはできないのだ。

このあたりの経緯を松井は、同じ宣誓口供書で次のように記している。

予は多年欧米人の亜細亜侵略を遺憾とし亜細亜人に依る亜細亜復興を祈願せしものなるが満州事変以来日支両国民の間に感情的疎隔の顕著なるに鑑み両国民が亜細亜の全局に想を致して些々なる感情誤解に終始することを更めむ事を欲し日支両国有志者の間に「大亜細亜主義」運動の発動を促さむ為昭和八年同志と共に大亜細亜協会

を設立したり此の団体は政治団体にあらず一種の社会的文化研究団体にして其の目的は幾千年に亙り支那日本の遺統として伝はる王道を拡充し亜細亜の復興を計り、全亜細亜人の共存共栄を招来し、率いて世界全人類の平和的発展に貢献せむとするものなり。（中略）又吾等の主張は必ずしも欧米人を亜細亜より駆逐せむとするものに非ず亜細亜人を友とし真に亜細亜の幸福の為吾等と協力せむとする欧米人は吾等の良友として相提携し共存共栄を計るべきものなる旨主張したることは当時発表したる予の言論に徴し明なる所なり。(5)

口供書によれば、松井が大亜細亜協会を設立し、これを活動の拠点として大亜細亜主義運動を起こそうとしたのは、昭和八（一九三三）年のことである。目的は欧米列強によって植民地化されたアジアの救済にあり、その方法とは、日本や中国に伝わる精神文明（「王道」）を精神的支柱としてアジアが手を携えて欧米列強に対抗し、植民地支配からの脱却を図るというものであった。ちなみにここで言うところの「王道」とは、軍事力によって世界を席巻した西洋列強の反道義的な文明のありようを指す「覇道」の対立概念としてある。たとえば、松井は「亜細亜連盟論」において、「亜細亜の諸邦は第十六世紀以後、特に第十八世紀以後欧州勢の東漸に伴ひ、その侵略主義の犠牲となつて、殆んどその自由を奪はれ、彼等の羈束の下に僅かに余喘を保つに過ぎず」と、ヨーロッパ文明を批判している。(6)「覇道」とはこのような「侵略主義」を指す。

松井が様々な場面で繰り返し言及している孫文は、『三民主義』において、「民族とは自然力でつくられたものであり、国家とは武力でつくられたものである」「中国人は、王道とは「自然に順う」ことであるという。いいかえれば、自然力が王道なのである。」「そして武力は覇道で、覇道によってつくられた団体が国家である」と語っている。(7)このような孫文の主張をてがかりに松井の主張を理解するならば、彼はアジアの諸民族がそれぞれの民族共同体に国家の基盤を求めることによって、武力の行使を行動原理とするような近代国家に堕することがなくなり、道義的な優位性が保証されることになると考えていたことになろう。

以上を踏まえるならば、宣誓口供書で「世界全人類の平和的発展に貢献せむとするもの」と説明されている松井の大亜細亜主義運動とは、武力に訴えない形でのアジアの独立がめざすものであったことになる。同じアジア主義の系譜に属する岡倉天心は『東洋の目覚め』で、「我々東洋の恢復――は自己の自覚にある。我々が救われるのは――剣によってである」「軍人達が、彼等の剣が祖国のために揮われる時にのみ神聖なものと感ずる秋が来ている」と記している。[8] 松井が大亜細亜協会を立ち上げる、おおよそ四〇年前に執筆されたものだが、軍人である松井の考え方の方が、天心の詩情あふれる扇動的な文章よりも、はるかに抑制的であり穏当である。

しかし、それにしても、かりに松井が本気で「王道」の実現をめざしていたとしても、上海派遣軍司令官として、軍事力による首都占領や権益の保護を企図した事実は、今日から見て、彼の理念とはやはり矛盾している。武力によらない王道の実現によるアジアの解放をめざした松井は、東京裁判でも自らの理念をそのように主張しているが、そうであるがゆえに一層、私たちは彼の宣誓口供書をどのように理解すればいいのか、腑に落ちないものを感じてしまうことになるのだ。

満州事変以前における松井の中国分析

このような、今日から見れば不可解にも思える松井の宣誓口供書については、彼の中国認識や、信条とした「大亜細亜主義」との関わりから考えていくことで、その意図が明らかになってくる。松井は『外交時報』や『大亜細亜主義』などの雑誌に、さかんに自らの時局観や歴史認識を発表しており、日本では珍しい文人肌の軍人であった。

松井が中国や日中関係について分析を試みたさまざまな文章については、満州事変以前に発表されたものと事変以降に発表されたものの、二種類に大別することができる。前者は主に『外交時報』に発表された文章であり、後者の多くは『大亜細亜主義』に発表されている。もちろん、東京裁判に直接、関わってくる文章はすべて後者に属するものである。

その上での話になるのだが、『外交時報』に発表された時期の松井の文章と『大亜細亜主義』に発表された時期の文章を比べてみると、前者がきわめて理知的、分析的な立場を貫いているのに対して、後者はアジアの精神文明の道義的価値を訴えるなど、よく言えば情緒的、悪く言えば扇動的な内容が散見されることに気づく。松浦正孝はこのような松井の変化を「支那通」から「汎アジア主義者」への変貌と説明している(9)。

満州事変をきっかけに悪化した日中関係の改善を目指していた大亜細亜協会の機関誌が『大亜細亜主義』であったことを考えれば、同誌に発表された諸文章がプロパガンダ的性格を内包していたとしても不思議ではないのだが、同時に、少佐時代、参謀本部支那班にあった松井が、辛亥革命下の中国を対象に、諜報や政治工作、情報分析に従事していた事実を踏まえれば、『外交時報』に発表された諸文章に、彼の理知的な現実主義者としての面を垣間見ることができたとしても、やはり、それもありうるようにも思えてくるのだ。

ここには、戦後、大川周明や花山信勝によって伝えられた、高潔で道義的な人柄からは、やや逸脱したような松井の一面が見え隠れしている。今日でも松井を論じた多くの文章は、大川らによって伝えられたような、彼の高潔な人格を前提にして語られることが多いのだが、『外交時報』に発表された文章などを見ていくと、少なくとも松井が道義的で理想主義的な「だけ」の人物ではなかったことが見えてくるのだ。

松井が『外交時報』にさかんに寄稿していた時期、彼の関心は主に、山東出兵問題と中国における共産主義勢力拡大の行方に注がれていた。

山東出兵の事の発端は、一九二〇年代に入って国民党と中国共産党との合作が成立したことに始まる。この第一次国共合作は蒋介石が上海でクーデターを起こした昭和二（一九二七）年四月一二日まで続くことになる。昭和元（一九二六）年七月、国民党政府が中国共産党支援の下で、蒋介石を総司令官として北方の軍閥の打倒をめざす北伐を開始。これを国民革命というのだが、[10]昭和二（一九二七）年、国民革命軍が山東省に迫ると、日本が支持する張作霖軍閥の勢力弱化を恐れた田中義一内閣は、在留邦人の保護を理由に、昭和三（一九二八）年まで三度にわたって出兵を行うことになった。[11]

その山東出兵について松井は、「謂はれなき山東出兵批難」において、「労農露国若しくは其異名同心たる第三インターの支援使嗾を受けた南軍が長江沿岸に進出するや」「南京、漢口其他の地方に於て人道公義上許すべからざる幾多の不詳事件を演出した」「我廟議は山東に於ける居留民をして長江に於ける如き惨憺たる境遇に陥るゝことなからしめんが為に、兵力を以て之を保護するに決した」と論じている。[12]

ここで語られている漢口事件とは、昭和二（一九二七）年四月三日、国民革命軍による武漢攻略の際、一部の軍隊と民衆が漢口の日本租界に侵入し、掠奪、破壊を行い、日本領事館員や居留民に危害を加えた事件を指す。またこの文章に登場する「南京事件」とは、東京裁判で松井が起訴される原因となった、昭和一二（一九三七）年一二月の南京事件ではなく、昭和二（一九二七）年三月二四日、北伐の途上において、国民革命軍が南京を占領した際に起こした、日本を含む外国領事館と居留民に対する襲撃事件を指す。松井はこの文章で、漢口事件と昭和二年の第一次南京事件を例に挙げつつ二度と同じことが起こらないよう居留民保護のために出兵すべきであると、政府の判断を擁護しているわけである。

ここからも、この時期の松井の文章が、満州事変以降のそれと比べて、日本の国益を正面から論じる内容となっていることが分かるだろう。たとえば、「謂はれなき山東出兵批難」において松井はさらに、「長江筋に於てあつた様な支那人側を拝み奉つて殆ど着のみ着のまゝ、ほう〴〵の体で青島に逃げ帰るとしたら」「いまゝでの尊敬も幻滅し」「国威の失墜」となる、「支那にあつては「尊敬」が大なる資本」であり、「引揚げに伴ふ経済的打撃には此形而上の損耗をも計上せねばならぬ」とも論じている。[13] 国民革命軍に追われた居留民のみじめな姿を中国人が見れば、日本と日本人は侮られるようになる、それは国益に反するので、そうならないためにも山東出兵は必要であると論じているわけである。

あるいは、「山東出兵の総勘定」において松井は、山東出兵が「支那人の排外的傾向を防止する上」で重要な意義があったとも論じている。日本軍による山東地方の中国人保護によって、中国人の間に「頼むべきは日本の天兵であるとの観念を深からしめ、之を深く牢記せしめたこと」はやがて、「在留邦人に対する尊敬となり、信用と化し、将来に於ける発展の動機となるべきは一点の疑もない」と言うのだ。[14] 昭和一二年のいわゆる南京事件（第二次南京事件）に際しても松井が中国人の保護を重要視していたことを伝えるエピソードが複数伝えられているのだが、こちらはどちらかというと彼の道義的な人間性を強調する形で語られることが多い。一方、「山東出兵の総勘定」において松井は、日本の国益に合致することを強調する形で、日本軍による中国人保護の必要を論じているわけである。

また松井は山東出兵のきっかけとなった国民革命に、「労農露国若しくは其異名同心たる第三インターの支援使嗾」の存在を意識していたことも注意を要する。[15] ソビエト・コミンテルンによる中国の共産主義化のための政治工作が、国民党と中国共産党の合作へと結実し、さらには北伐、山東出兵へとつながっていったと、松井は見ていたわけである。結果、松井の関心は、ソビエト・コミンテルンによる中国に対する政治工作、そして中国共産党そのものに注がれていくことになる。松井は、中国の共産主義化の可能性について、「支那に共産主義が行はれるとは信じない」が「工業国の労資の抗争から生れたマルクス主義が、農業国である露国に於て実を結びたる如くこんな事は必ずしも労資の抗争から許り起るとも限らず」「過度の楽観を以て一時を偸安することは出来ない」と考えていた。[16] 松井にとって「支那共産党の動静に注意することは」「それが直に我国の思想運動なり、社会運動なりに影響する点に於て非常に必要なこと」でもあったのだ。[17] モスクワのコミンテルンより日本共産党に発せられた天皇制打倒の指令が、昭和二（一九二七）年にはじまることを踏まえれば（いわゆる「27年テーゼ」、「32年テーゼ」など）、松井が中国における共産主義勢力の拡大に対して警戒感を抱いたのは、軍人として当然と言えば当然である。にしても、松井がマルクス主義や当時におけるその動向について、一定程度の知識と理解を有していたことが、ここから確認できるのであり、このような彼の姿は今日ではまったく忘れ去られていることも、改めて指摘しておかなくてはならない。

そして、その松井がとくに注目していたのが、昭和二（一九二七）年一二月一一日、中国共産党が広州で起こした武装蜂起だった。市街の大部分が共産側に占領され、翌一二日、広州ソビエト政府の樹立が宣言されたが、国民革命軍の反撃により一二月一三日には共産党勢力は広州から撤退を余儀なくされることになった、というのが事件の顛末である。

この広州蜂起について、松井は「支那より見たる赤露対支那政策の功罪と今後」において、「蒋介石等支那政権者が彼等を裏切つて右化した昨年五月三十日、コムインテルンは」「労農大衆の武力的暴動によつて社会不安を誘起し無産革命を遂行することに旗幟を鮮明にした」、「殊に昨年末十二月十日夜の広東暴動の如きは、実に此の政策の顕著なる発露である」と論じている。(18) この事件を松井は、蒋介石の右傾化にともなう国共合作の破綻と、ソビエト・コミンテルン指導下での共産党勢力の台頭の結果と理解していた。

また、ソビエト・コミンテルンが中国において支持を広げていった政治工作の手法についても、松井は「支那の所謂愛国運動」において、「露国は新しい網を支那に張るに際しては相当に支那の事情も研究したらしく」「反帝国主義運動は即ち支那の愛国運動なりと称し、支那人を駆りて列強の古網を排除して、其あとに赤い網を張らんと計画した模様である」と論じている。(19) 共産主義の理念を中国民衆に直接浸透させていく難しさを知ったソビエト・コミンテルンは、被圧迫民族の解放という大義をかかげて、列強による植民地化への抵抗運動（「愛国運動」）を唱導していくことで、中国民衆の支持を広げていったと分析しているわけである。同様のことを松井は「支那より見たる赤露対支那政策の功罪と今後」でも指摘しているが、(20) それよりも興味深いのは、松井によって分析されたソビエト・コミンテルンによるプロパガンダの手法が、今日から見れば、満州事変以降の松井が政治的信条とした「大亜細亜主義」のロジックとかなり近接しているようにも見えることである。松井の「大亜細亜主義」もまた欧米列強によるアジアの蚕食という世界史的認識を前提として、アジアの精神文明を思想的基盤とした政治的、経済的、文化的独立を主張しており、今日から見れば、中国民衆の愛国意識や民族意識の覚醒を促す形で支持の広がりをめざしている点で、両者はきわめて近似している。明治以降のアジア主義の思想的水脈の中に位置する松井の「大亜細亜主義」が、列強による植民地支配に対する抵抗を企図するものであったことは当然のことだが、しかし今日から見て、ソビエト・コミンテルンに対抗する必要から、松井がこの点をことさら強調する必要があったことも、確認しておく必要があるだろう。

満州事変の世界史的立場

さらに、満州事変以降の松井の中国認識や政治信条について見ていくことにしよう。松井が『大亜細亜主義』に発表したさまざまな文章を読んでみると、列強によるアジアの植民地化からはじまり、第一次世界大戦、満州事変を経て、日支事変に至るまでの流れを、文明論的視野から説明しようとする彼の姿が浮かび上がってくる。満州事変、日支事変へと突き進んだ日本の立場を内外に対してどのように正当化することができるのか、『大亜細亜主義』に発表された諸文章における松井の関心はこの点に集中している。

たとえば、昭和八（一九三三）年一一月に発表された「現下時局の検討と国民精神の作興――国民精神作興認書煥発十週年紀年日に於ける講話要旨――」で松井は、第一次世界大戦はアングロサクソン民族とラテン民族による世界支配体制をもたらしたと指摘している。[21]それが国際連盟である。松井に言わせれば、国際連盟を中心とする世界秩序とは、アメリカやイギリス、フランスなどの戦勝国が政治的、軍事的、経済的ヘゲモニーを独占するためのシステムにすぎなかった。リットン調査団報告書をふまえて国際連盟が満州国を日本の傀儡政権と判断し、日本が国際連盟を離脱するのが昭和八（一九三三）年の二月である。松井の国際連盟に対する批判的な言葉が、満州事件をめぐる日本と国際連盟との間の一連の確執を背負っているものであったことはまちがいない。

このような松井にとって、満州事変は（彼の理解するところの）古い世界秩序に対する抵抗運動として位置づけうるものであった。「再転機に立つ支那政局と日支関係」で松井は、満州事変や満州建国のためになされた日本の行動は、「亜細亜再建のために——従って当然に支那再建のために——払はれた日本の犠牲」であり、この犠牲によって、「欧米の思想的、文化的、政治的、経済的勢力より遊離したる純乎たる亜細亜的新国家」が建立されることになったと論じている。[22]アジアの精神文明の復興にこそ満州建国の意義があり、この精神を中国全土に広め「支那の自主再建」を実現して、はじめて「満州事変や国際連盟脱退」は意味あるものになると松井は考えていたのである。

また松井は、満州事変とヨーロッパにおけるファシズムの台頭の関係性についても、「現下時局の検討と国民精神の作興——国民精神作興詔書煥発十週年紀年日に於ける講話要旨——」において、次のように語っている。

曩にムツソリーニの伊太利、最近にはヒツトラーの独逸の奮起は、欧州に於ける其の直接の現象であり、満州独立は、東方亜細亜に於ける其の間接の事件であり、蘇連邦共産国の成立は実に欧亜両州に亘れる其の反動的作用であります。

更に南米と云はず、西部亜細亜と云はず、所謂小民族小国家の台頭も亦此の形勢に応ずる反映であるのであります。[23]

松井は右の文章でムッソリーニやヒトラーによるファシズム政権の樹立と満州事変の同調性を指摘している。もちろん、ここで彼は満州事変の道義的な瑕瑾を指摘しようとしているのではない。その逆であって、ファシズムとの同調性が高いからこそ、満州事変には世界史的意義があるのだと、主張しようとしている。「満州独立は、東方亜細亜に於ける其の間接の事件であり」という言葉からうかがわれるのは、松井が満州国建国を、アメリカ・イギリス・フランスによる世界支配に抗い、民族の独立を実現するための運動として、位置づけようとしていることである。彼に言わせれば、満州国の建立は、少数民族や小国家による旧秩序からの独立のさきがけとして、世界史的な意義を有するものであった。

満州事変はあまりにも複雑であって簡単には説明することはできないが、今日における一般的な理解の一つをここで紹介してみると、たとえば、君島和彦は、日露戦勝をきっかけに日本が獲得した満州利権が脅かされつつあった状況を事件発生の背景に指摘している。とくに、昭和三（一九二八）年の張作霖爆殺事件によって、張学良が蒋介石の国民政府に合流した以降、満州において日本商品排斥運動が激化し、また大恐慌によって、満鉄の営業成績が悪化しつつあった。さらに、国民政府や張学良政権による、満鉄線以外の鉄道を使って北満の物資を南満へ輸送するための建設計画が満鉄に脅威を与えることにもなった。そして、満州におけるさまざまな利権を守るため関東軍が満州事変を引き起こすことになった、というのが君島の説明である。[24] これは一例だが、このような今日における満州事変に関する理解を横に置いてみると、松井の事変観には経済的な意味での国益という観点がいっさい抜け落ちてしまっていることが分かる。逆から言えば、日本の国家利益について一切顧慮しない前提で議論を組み立てるからこそ、松井の満州事変観は、現実領域における個々の事象を置き去りにしつつ、事変を引き起こした日本の、文明論上、道義上の積極的な意義（つまり「王道」の実現）を主張するものになっているとも言える。

宇都宮太郎と松井石根

このような松井による満州事変観の理念的性格は、少佐時代の松井を配下として辛亥革命下の中国に対して工作活動を実施した陸軍軍人、宇都宮太郎との対比からも浮かび上がってくる。陸軍参謀本部第二部長の職にあった宇都宮は、明治四四（一九一一）年、辛亥革命勃発を機に「対支那私見」を執筆し、中国工作の行動指針としたのだが、ここで宇都宮は白人による世界支配の現実的可能性が見えてきた世界状勢を踏まえつつ、「支那は我帝国生存の為め「全部之を獲取することを得ば勿論上乗なり」と語っている。しかし、「列国対峙の今日、此事の一気直に実行し得可らざること」は認めざるをえない。そこで、中国を「満漢二族の二国家に分立せしめ」「例へば一は保護国若くは其類似、一は同盟とする」かたちで、「支那保全」を実現できれば、辛亥革命は日本を利するものとなると考えた宇都宮は、「表面には当然清朝を援け」つつ（つまり、満州族の国家を保全しつつ）、「隠密に叛徒を援助し」（秘密裏に孫文率いる革命党を支援することで漢民族中心の国家を樹立し）「適当の時期に及んで居仲調停二国に分立せしめ」るため工作を開始することになる。本解説「はじめに」で言及した岩崎久弥に供出させた一〇万円は、そのための資金である。

もちろんこのような宇都宮のプランは松井にも伝えられており、明治四四（一九一一）年一〇月一六日の宇都宮太郎日記には、「昨夜起草の『対支那私見』を「第四課長歩大佐武藤信義と支那班の歩少佐松井石根とに内示」したと記されている。また、その約一週間前に当たる明治四四（一九一一）年一〇月八日の宇都宮日記には、松井が自宅に来訪した際のやりとりが、「余が懐抱の一部を告げ、余が為めに尽さんことを求めしに、彼も承諾之を約す。余は腹心として彼を使用せんと欲するなり」と記されている。辛亥革命当時、参謀本部支那班にあった松井が、部長、宇都宮太郎の「腹心」として対中国工作に従事していたことは間違いない。また、その方針が中国を分断して、満州族による国家と漢族による国家の二つを建設し、一方は保護、一方は同盟と、それぞれに日本との友好関係を築いていくことで、西洋による世界支配に対抗していくというものであったことも、松井には伝えられていた[25]。

このような松井の経歴を踏まえて、彼の満州事変観をあらためて見てみた場合、その理解が宇都宮の影響下にあった可能性があることはやはり否定できない。たとえば、満州族と漢族の対立を利用するといったように、人種問題を視座として対中国政策を考えようとしている点において、宇都宮と松井の立脚点はきわめて近接している。しかし、宇都宮の中国観は徹底した外交的リアリズムに基づいたものとなっており、この点が松井とは異なる。先ほども確認したように、松井は満州事変の精神文明上の意義を繰り返し主張しており、たとえば、「「満州人の満州」の確立」でも彼は、満州事変は「皇道的大亜細亜主義の理想」が発現したものであって、「権益の擁護」でもなければ、「自衛権の発動」でもないと語っている[26]。日本の国家利益のため中国を二つの国家に分断すべきであるという宇都宮に対して、松井は満州における日本の利権と満州事変は一切関係ないと否定しているわけである。その上で、満州国建国は、「我が皇道的民族的精神の躍動に触発誘導せられて東洋民族古来の政治理想たる王道の理想が、茲に復古的新生を見たるもの」であって、これは「亜細亜文化の復興、畢竟世界文運のルネスサンス」を意味すると主張している。満州事変とは物質に信を置く西洋の文明（つまり「覇道」）によって抑圧されてきたアジアの精神文明（「王道」）の復活を意味しており、それは世界史上における一大エポックであると主張しているわけである。世界史的意義や文明論上の意義など壮大なスケールの議論を展開していくことで、国家レベルにおける利益問題は相対的に微細な問題となり、結果的に議論の俎上にのりようがなくなっていく様子を、ここに確認できる。

しかし、もちろんのことながら、両者は解釈が異なるだけで、満州人による国家の樹立を企図していた点で、宇都宮の「対支那私見」も松井の「大亜細亜主義」もそれほど、違いがあるわけではない。たとえば、松浦正孝は、中国分割論や欧米人に対抗したアジアの「共存共栄」などの宇都宮の考え方を、松井が引き継いでいったことを指摘している。[27] 今日から見れば、明治四四（一九一一）年の段階で宇都宮が樹立の必要性を訴えた、満州族による国家樹立を、その部下であった松井が昭和八（一九三四）年の段階で目撃し、道義的な意匠を凝らしつつ、その正当性を訴えているという構図が、ここから浮かび上がってくる。

満州事変から日支事変へ

次に松井の日支事変観について検証していく。

これまで確認してきたような満州事変認識の延長線上において、松井が日支事変を理解しようとしていたことは、間違いない。たとえば、昭和一四（一九三九）年一一月に発表された「時局の新段階」において、松井は日支事変の意義を説くに当たって、満州事変を論じた際と同じく、第一次世界大戦後に作られたヴェルサイユ体制の問題から説き起こしている。ヴェルサイユ体制とはイギリス、フランスなどの民主主義国家が世界を支配するための制度に過ぎず、第二次世界大戦とは、このような現状を打破しようとする「独伊等の全体主義国家群の抗争が、遂に流血の格闘にまで発展したもの」にほかならなかった。「支那事変の歴史的意義乃至聖戦の目的」も同様であり、松井にとっては日本が建設しようとしている「東亜新秩序」もまたヴェルサイユ体制と共存しうるものではなかった。[28] そして、松井にとって、蒋介石率いる国民党政権もまた、アメリカ・イギリス・フランスなどによる世界支配の一翼を担う勢力の一つにすぎなかったのである。

ただし、この段階で確認されるような蒋介石と国民党政権に対する敵意をいだいたままに、松井が日支事変に参戦したわけでもない。結果的に不調に終わったが、昭和一一（一九三六）年三月、松井は蒋介石との関係を回復するために、蒋と会談している。[29] しかし、紆余曲折を経て、日支事変の段階になって松井がふたたび蒋介石および国民党政府を敵対視するようになったことは間違いなく、南京占領直後に当たる、昭和一三（一九三八）年一月七日、松井が陸軍大臣、杉山元に宛てた「意見具申ノ件」では、蒋介石政権の否認を速やかに行うべきであると主張されており、さらにその理由として、①蒋介石政権と和睦した場合、親日反蒋の立場にある中国人からの信頼を失うこと、②すでに人心は蒋介石から離れており、第二の西安事件が起きてもおかしくない情況であること、③蒋介石政権が近い将来、共産主義との親和性をもちうる可能性があることの三点が記されている。[30] このような現状分析を踏まえて、松井は今後の日本の進むべき道として、長期戦の姿勢に転じ、蒋介石政権の崩壊を謀ること、中国に親日防共の政権を樹立することを献策しているわけである。

「亜細亜的精神」の問題圏

さらに、アジアのあらゆる民族、国家によって本来的に共有されていると松井が主張する「亜細亜的精神」について、検証していくことにしよう。

「現下時局の検討と国民精神の作興――国民精神作興詔書煥発十週年紀年日に於ける講話要旨――」において、松井は文明論的な視点から世界の現状について分析を試みている。共産主義や社会主義への支持が世界中に拡散しつつある

「今日全世界の経済的状態」は、「自由資本主義経済」の破綻と行き詰まりを示唆している。しかし、共産主義も「人生の実際を離れたる架空論」であり、その実効性に関してはきわめて疑わしいところがある。このような現状を思想的にとらえてみると、現在の状況は「過去一世紀間に於ける個人主義自由主義の大動揺時代」と言うことができる。「民主主義政治は斯くて世界の東西に亘りて既に一大変動を来し、自由主義経済は洋の東西に於て一大破綻を招きつゝある」、そう松井は分析している。(31)

このような松井の文明論を踏まえてみれば、彼が「亜細亜的精神」の積極的価値をどう考えていたかが見えてくる。個人主義や民主主義、自由主義など西洋に由来する精神的価値が行き詰まり、資本主義も共産主義も限界が見え、第一次大戦をきっかけに形成されたアングロサクソンを中心とする世界秩序に対しても世界中で反動現象が現れつつある。このような状況において松井は、政治、経済、思想などあらゆる領域において、従来とは異なる文明を建設し、もって世界史を新しい段階へと推し進めなければならないと考えていた。そして、その核となる精神的価値こそが「皇道」であり「亜細亜」であったわけである。

また、「満州国独立の民族的根拠　附東洋精神文明の勃興」で、松井は歴史学者久米邦武の学説などを参照しつつ、人類学的視点から東アジアにおける精神文化について論じている。軍人の立場から国際情勢の分析に終始した松井の文筆活動にあって、この文章はきわめてユニークな位置を占めるものとなっている。同文書によれば、仏教が入ってくる以前、中国北部および朝鮮、日本においては「シャマン崇拝」が広く浸透しており、日本の神道もその一つであった。この「シャマン崇拝」が「死霊崇拝や家族制度、氏族制度等と結合し、東洋に一種特別の祖先崇拝の風習を培養して、祭政一致の観念や社会的、民族的結合の紐帯をなし、それが又た儒、仏道等の宗教に漸次結び付いて」「満州五族の有する民族精神」や「大和魂」が生まれることになる。結果、「東洋の諸国では、何れも家族制度が発達し、血統を重んじ、祖先崇拝の念が強く、国は一家一族を拡大したものとの観念が旺盛である」のだが、中華民国は「欧米式の国家形態を真似た結果、治政は悉く民情に副はずして失敗の跡顕著なるものがある」とここでは論じられている。(32)

このように松井にとって国民党政府は、ベルサイユ体制に連なるだけでなく、その精神のありようにおいても西洋文明に与するものであり、その意味でも両者の対立は不可避であった。同様のことは「再転機に立つ支那政局と日支関係」においても、「支那に於ける抗日運動」は、「自由主義、民主主義、資本主義を根底とせる西洋文明に追随せんとする支那の欧米崇拝者流と、更に又その後ロシアの共産主義に感染したる一部の支那思想家との策動」に起因するものであると、論じられている。松井に言わせれば、中国における抗日運動は、国民党や共産党が西洋文明をそのままに受けいれてしまった結果であり、「斯くの如き思想が支那に於て勢力を占めんとすれば、現実的政治的勢力分野に於ても」「東洋文化の現実的支柱としての日本の立場、日本の勢力」と衝突するのは自然の成り行きであったのである。(33)「はじめに」で私は、蒋介石政権との戦闘を指揮しながら、日中親善を企図する松井の分かりづらさを指摘したが、ようするに彼にとって日支事変は、欧米列強のくびきから中国を解放するための「聖戦」であったのだ。松井にとって「戦争」や「暴力」は近代文明にのみ内属するものであり、日支事変は中国との「戦争」を意味するものではなく、植民地支配と暴力を行動原理とする西洋文明とその代行者である国民党や共産党からの「亜細亜的精神」の解放を意味していたのである。

南京事件

さらに松井と南京事件との関わりについて、話を進めていくことにしよう。本書の目的は、昭和一二（一九三七）

年一二月に発生したとされる、いわゆる南京事件の検証や評価ではないので、詳しい説明は避けるが、この事件の責任を負う形で松井が死刑判決を受けることになったことを考えれば、論を進める前提としてやはり、最低限、触れないわけにはいかない。

南京事件に対する従来の評価は、おおむね次の三つの立場に分けることができる。一つは、リベラル派や左派が主張する南京事件観である。彼らは日本による帝国主義的な大陸侵略が引き起こした罪悪と悲劇を象徴する事件が南京事件であると主張している。この立場に立つ論者たちは、東京裁判の判決をほぼ事実として受けとめ、さらに新証言や新資料を加え、南京において日本陸軍は、おおよそ三〇万人にのぼる一般住民を虐殺したと主張している。

一方、右派や保守派は南京事件を連合国や中国による策謀と見なし、まったくの虚構であると主張している。このような立場は、東京裁判における南京事件の審議にあって、弁護側（日本側）の提出した証拠や主張に依拠しつつ、さらに新たな資料や証言を加えて、南京事件を戦勝国、とくに中国のプロパガンダであったと主張している。

また、これらとは別に、左右どちらの立場にも組せず学問的な立場から事実を正確に検証しようとする立場も存在する。三〇万人の虐殺というのは虚構であったとしても、事件が存在したことは否定できないとするような考え方は、この立場に立つ論者たちの主張である。

南京事件に関してはそれぞれの立場から無数の研究書や研究論文、証言集、資料集、さらには漫画までもが出版されており、また、本書の場合、南京事件そのものの解明を目的とするものではなく、その準備もないのだが、事件をめぐって交わされてきたこれまでの議論に関して、感想のみ少し述べておきたい。

たとえば、学問的立場から南京事件を検証しようとする秦郁彦は『南京事件』において、中国側の資料に加えて日本側に残る資料や証言をも手がかりにして、事件の事実性を証明しようとしている。[34] 犯罪的殺人の規模が三〇万人に及ぶのかどうかはともかくとして（秦は三万二〇〇〇人から四万人ではないかと結論づけている）、秦による検証を踏まえるならば、正確な死者数は特定できないものの、南京事件そのものに関しては、日本側に残る証言や情況証拠も多数残されており、「虐殺事件がまったくなかった」と断定することはやはり難しい。たとえ、秦の推計よりも少なかったとしても、かりに、その数が数百人規模であったとしても、それが事件そのものが幻であったことを意味するものではない。

このことは、東京裁判において戦勝国が南京事件をプロパガンダとして利用し、結果的にその犠牲となる形で松井が死刑になったこと、今日においてもなお中国が事件を政治的に利用し続けていることとは、まったく別次元に属する。もし南京事件のプロパガンダ性を証明するのではなくて、事件そのものの虚構性を証明するのであれば、その論証上の手続きとしては、たとえば、マギー証言はすべて伝聞に基づくといったような、東京裁判において検察側が提示した証拠に対する反証にとどまらず、日本側に残る、南京事件に関するさまざまな資料や証言に対する検証も必要となる。

たとえば、多くの論者によってしばしば言及される昭和一三（一九三八）年一月二九日の畑俊六日誌がそれにあたる。ここで畑は「支那派遣軍も作戦一段落と共に軍紀風紀漸く頽廃、掠奪、強姦類の誠に忌はしき行為も少からざる様なれば」「上海方面にある松井大将も現役者を以て代らしめ、又軍司令官、師団長等の招集者も逐次現役者を以て交代せしむるの必要あり」と記している。[35] この時期、畑は陸軍大臣、陸軍参謀総長、教育総監という陸軍における主要三ポストの内の教育総監の職にあった。当時、すくなくとも、陸軍の中枢にあっては、南京における日本兵の「掠奪、強姦」を理由とする松井更迭の意見があったことは間違いなく、南京事件の事実性を否定するのであれば、このような畑の言葉への検証も必要となるはずである。

また、私が調べた範囲でも、南京占領から約一〇ヶ月後にあたる昭和一三（一九三八）年一〇月二四日、武漢占領の際に発せられた「武漢ニ鎮進入要領」を読むと、作戦を指揮した中支那派遣軍司令部が、入城に際して「統制ヲ加ヘテ軍隊ノ乱入ヲ防止スヘシ」「直接掃蕩及警護ニ必要ナル兵力以外ヲ進入セシメサルヲ要ス」などの命令を、指揮下にあった部隊に発していた事実を確認することができる。また「武漢進入ニ際シ軍参謀長ノ注意事項」には「各種不法行為特ニ掠奪、放火、強姦等ノ絶無ヲ期スルヲ要ス」「既往ノ経験ニ徴スルニ各種非違ハ」「若干日経過シタル後ニ於テ発生ノ機会多カルヘキヲ以テ時日ノ経過ト共ニ監督ヲ緩メサルヲ要ス」とも記されている[36]。

軍隊の秩序を維持して武漢占領を実施すること、必要以上の部隊を城内に残さないこと、とくに「掠奪、放火、強姦」などの犯罪行為を起こさないように注意すべきことがここでは記されているわけだが、逆から言えば、中支那派遣軍司令部は日本軍によるこれら犯罪行為が発生する可能性を顧慮してこの命令書を発した、ということになる。その証拠に、同文書にはさらに「既往ノ経験」を踏まえると犯罪行為は、占領から数日後に多数発生することが多いから、兵士の監督を緩めるなと続いている。中支那派遣軍司令部における「既往ノ経験」、市街地への軍進駐に際して発生した「掠奪、放火、強姦」などの「各種不法行為」が、その一〇ヶ月前に行われた南京占領時に発生した諸事件であった可能性は、時系列から見て、排除できない。南京占領に際して日本兵が犯した犯罪行為が組織的犯罪ではなかったことは、この命令書を見ても確かなところだが、同時に、漢口占領の段階にあって、当時の中支那派遣軍司令部が、市街地に進入した日本兵による「掠奪、放火、強姦」を経験済みであり、同じことを繰り返すことのないよう、漢口入城に際して、事細かな指示を出していたことも、ここから確認することができるわけである。

さて、次に南京事件に関する松井の反論について確認しておくことにしよう。

そこでふたたび話を、東京裁判法廷に松井が提出した宣誓口供書にもどすことになるわけだが、この文章には、南京事件に対する松井の立場がはっきりと語られている。内容は多岐にわたるのでポイントのみ整理していくと、まず松井は東京裁判法廷において、南京にあって日本兵による犯罪が行われた事実自体は認めており、「一部の若年将兵の間に忌むべき暴行を行ひたる者ありたるならむ。これ予の甚だ遺憾とするところなり」と語っている。松井によれば、彼が南京に入城した昭和一二（一九三七）年一二月一七日に憲兵隊より、日本兵が犯した諸犯罪について報告を受けており、その際には「厳格なる調査と処罰を為さしめた」という。また松井は当時、中国人や諸外国人の間で「昭和十二年十二月下旬南京に於て只若干の不法事件ありたりとの噂」があったことも認めている。しかし、「検事側の主張するが如き大規模なる虐殺暴行事件に関しては一九四五年終戦後東京に於ける米軍の放送により初めて之を聞知」したという。東京裁判において松井は虐殺事件の有無ではなく、検察側が主張する、その規模に対して、異議を唱えているわけである。(37)

またノーラン検察官とのやりとりの中で松井は、中国人に対する日本兵の犯罪行為についての報告を受けた彼が、南京入場式の翌日にあたる昭和一二（一九三七）年一二月一八日、各部隊長に対して訓示を与えたことも証言している。その前後の様子については、当時、中支那派遣軍参謀長として松井の下にあった飯沼守によって、「南京入城後小数の奪掠、暴行の事実が松井大将に報告せられたが松井大将は屢次の訓示にも拘らず此の事ありしを遺憾とし「不法行為者を厳罰に処すべきことを主張せられ、不法行為者は夫々処罰せられた、爾来軍紀は厳正を極め第十六師団の如きは法務部の処置に抗議を申し出たとの事である」と証言されている。(38)

このような松井の姿を、法廷闘争の文脈から理解しようとしたり、彼の人間性に照らして真意を推しはかろうとすれば、議論は錯綜せざるをえないだろう。しかし少なくとも、蒋介石率いる国民党政権を退け、アジアの精神文明に基づく新国家を中国に樹立するという壮大な計画を胸に秘めていた松井であってみれば、日本兵と中国民衆との良好な関係を望んでいたこと自体は間違いないはずである。南京における日本軍による犯罪行為が、彼がめざした理想を実現していく上での、障害になりうるものだったことは明らかであり、とするなら、その松井が日本兵による犯罪行為に対して厳しく臨んだのも、当然のことであったと考えられる。

また、昭和二三（一九四八）年一二月九日、松井は教誨師、花山信勝に向かって、南京事件を振り返って「慰霊祭の直後、私は皆を集めて軍総司令官として泣いて怒った」「折角皇威を輝かしたのに、あの兵隊の暴行によって一挙にしてそれを落してしまつた、と。ところが、このことのあとで、みなが笑つた。甚だしいのは、或る師団長の如きは「当り前ですよ」とさえいつた」と語ったと伝えられている。(39) 日本軍による中国人に対する犯罪行為に関して、松井と配下の師団長の間に、大きな認識の落差があったことを伝えるエピソードである。中国人に対する違法行為は日本の名誉を傷つけると憤る松井に対して、配下の師団長は笑いはじめたというのだから、アジアに対して深い思い入れを抱く松井は、中支那派遣軍の内部にあっても孤立を深めていたと言える。結局のところ、松井が信じた日支事変の大義は、配下の高級将校や兵士によって共有されているわけでもなかったのである。

三〇万人なのか数万人なのか、あるいは、通常の軍事行動において起こりうる範囲の規模だったのか、客観的な根拠に基づく答えを用意しているわけではないのだが、それよりもここで私が指摘したいのは、中国人に対して違法行為を働いた日本兵と、それを憤る松井、それを見て笑い始めた高級将校という構図から浮かび上がってくる、「大亜細亜主義」が内包する思想上の瑕瑾である。

このエピソードからは、何をもって「同胞」と認識するか、その範囲をめぐる「大亜細亜主義」の観念的なありようが浮かび上がってくる。松井が率いた兵士や高級将校にとって「同胞」とは、あるいは「想像の共同体」とは、日本人、日本国民の範囲に限定されるものであって、民族や国民の範疇を超えた同胞意識を主張する松井の「大亜細亜主義」は、彼らの感覚にはそぐわないものであったのではないか。松井の「大亜細亜主義」は、彼が率いた高級将校や兵士、そしておそらく平均的日本人の民族感覚や国民意識との深刻な乖離を内包していた可能性がある。

この問題を理解するためには、松井の「大亜細亜主義」に関して、その人種観念を国家や国民との関わりからもう一度、検証していく必要がある。ハンナ・アーレントによれば国家と国民の関係には二種類ある。一つは領土内における住民はすべて民族的帰属とはかかわりなく法的保護を期待することができるという考え方である。[40] 一方、日本の場合、とくに戦前の帝国憲法下にあっては、アーレントの言う二つ目の形態、すなわち民族を同じくする者だけが、国家による保護を受ける資格が付与されると見なされてきた。「絶対的な人種的差異を構築することは、均質的な国民的同一性という構想を打ち立てるさいに、その本質的な基盤となる」というアントニオ・ネグリとマイケル・ハートの指摘[41]は、日本においてもっとも当てはまる。言い換えるならば、国家を一大家族として擬制した日本の場合、国民であることと同じ民族に帰属していることはほぼ等しく、ということは、日本人の平均的な国家感覚、人種感覚から言えば、日本民族以外の人種は、法的な保護の対象からは除外されることになるわけである。アーレントの言うように、民族と国家を同一視するこのような国家形態は、本来ならば膨張政策とはまったく相容れないものであった。そのような国家が、法的保護の対象から外される被征服人種の同意を得るのは、きわめて困難だったからである。[42]

とするならば、たとえ、松井自身が善意を持ってアジアの民の救済を訴えていたとしても、彼が率いる日本陸軍は、国家の成り立ちにおいて、異なる人種を法的保護の対象とは見なさない「皇国民」を構成員として成立している「皇軍」であった、ということになってくる。ここに松井の信条と彼が率いた兵士たちの間に横たわる認識の落差がある。ハンナ・アーレントは「民族が自分自身を、彼らのものと定められた特定の定住地域に根を下ろした歴史的・文化的統一体として自覚し始めたところ」に「国民」は登場するとも語っているが、[43]当時に限らず、今日にあっても日本人が中華民族を、同じ歴史的、文化的統一体として実感することはほぼ皆無であろう。人種においても文化においても西洋よりは中国のほうが相対的に近いという感覚はあるだろうが、「同胞」として、極端な言い方をすれば、二つの国家に分断された同じ民族として、あるいはそれに近い存在として、日本人が中国人を認識しているとは考えられない。

松井が信じた「大亜細亜主義」という観念は、地理的、歴史的、文化的、言語的、その他さまざまな伝統に基づくアジア諸国家の「国民的境界」を横断して、一つの全体性を形成するには、現実領域における裏づけに乏しいものであった。そして今日から見れば、このような「大亜細亜主義」の観念的性格が、最終的に松井の理念を裏切る形で、彼を深刻な失意と悲劇へと導く結果をもたらすことになったと考えることもできるのである。

注

（1）芙蓉書房　昭和六〇（一九八五）・五

（2）『「大東亜戦争」はなぜ起きたのか　汎アジア主義の政治経済史』名古屋大学出版会　平成二二（二〇一〇）・二

（3）『日本陸軍とアジア政策　陸軍大将宇都宮太郎日記』1　岩波書店　平成一九（二〇〇七）・四
（4）松井石根宣誓口供書　引用は『極東国際軍事裁判速記録』（雄松堂書店　昭和四三（一九六八）・一）本書三〇
（5）（4）と同じ
（6）『外交時報』第六五巻六七九号　昭和八（一九三三）・三　本書一二
（7）安藤彦太郎訳　岩波文庫　昭和三二（一九五七）・三
（8）生前未発表、執筆は明治三五（一九〇二）年頃　引用は『明治文学全集』三八（筑摩書房　昭和四三（一九六八）・一二）
（9）（2）と同じ
（10）山下龍三「国民革命」『日本大百科全書』小学館　昭和五九（一九八四）
（11）岡部牧夫「山東出兵」『日本大百科全書』小学館　昭和五九（一九八四）
（12）『外交時報』第四六巻五四五号　昭和二（一九二七）・八　本書三
（13）（12）と同じ
（14）『外交時報』第四六巻五四八号　昭和二（一九二七）・一〇　本書四
（15）（12）と同じ
（16）「支那の所謂愛国運動」『外交時報』第四二巻四九七号　大正一四（一九二五）・八　本書一
（17）「支那共産党の過去現在及将来」『外交時報』第四八巻五七三号　昭和三（一九二八）・一〇　本書六
（18）『外交時報』第四七巻五五六号　昭和三（一九二八）・二　本書五
（19）（16）と同じ
（20）（18）と同じ
（21）『大亜細亜主義』第一巻八号　昭和八（一九三三）・一二　本書一四
（22）『大亜細亜主義』第二巻一九号　昭和九（一九三四）・一一　本書一五
（23）（21）と同じ
（24）君島和彦「満州事変」『日本大百科全書』小学館　昭和五九（一九八四）

(25)（3）と同じ
(26)『大亜細亜主義』第一巻二号　昭和八（一九三三）・六　本書一一
(27)（2）と同じ
(28)『大亜細亜主義』第七巻七九号　昭和一四（一九三九）・一一　本書二五
(29)松井石根「西南游記」出典は（1）と同じ
(30)国立公文書館　アジア歴史資料センター　本書二二
(31)（21）と同じ
(32)『外交時報』第四六巻六七三号　昭和七（一九三二）・一二　本書九
(33)（22）と同じ
(34)中公新書　昭和六一（一九八六）・二
(35)『続現代史資料』四　みすず書房　昭和五八（一九八三）・三
(36)防衛庁防衛研修所戦史室『支那事変陸軍作戦』2　朝雲新聞社　昭和五一（一九七六）・二
(37)（4）と同じ
(38)『極東国際軍事裁判速記録』昭和二二（一九四七）・一一、引用は（4）と同じ本書三〇〔参考〕
(39)花山信勝『平和の発見　巣鴨の生と死の記録』朝日新聞社　昭和二四（一九四九）・二
(40)大島通義・大島かおり共訳『全体主義の起源』2　みすず書房　昭和四七（一九七二）・一二
(41)水嶋一憲他訳『〈帝国〉グローバル化の世界秩序とマルチチュードの可能性』以文社　平成一五（二〇〇三）・一
(42)（40）と同じ
(43)（40）と同じ

松井石根　アジア主義論集

凡例

一、本書はアジア主義者としての松井石根の思想や理念、歴史認識の全貌を明らかにすることを目標とし、生前、公にされた文章を中心に復刻したものである。

二、松井の文書を編纂した先行する書としては、田中正明『松井岩根大将の陣中日誌』（芙蓉書房 昭和六〇（一九八五）年五月）がある。同書は日記や手記を中心に編纂されており、本書には、極東国際軍事裁判法廷に提出された「宣誓口供書」を除いて、重複している文章は、収録していない。

三、本書二二に収録した「中方参第一四号 意見具申ノ件」（国立公文書館 アジア歴史資料センター）は、中支那派遣軍司令官として松井が、昭和一三（一九三八）年一月七日、当時陸軍大臣の職にあった杉山元に宛てて、南京占領後の中国工作に関する見解を記した意見書である。直接、筆を執ったのが、配下の参謀などであった可能性もあるが、少なくとも、松井の確認と承諾の後に、陸軍大臣に送付されたことは間違いない。また、同文書は、性格上、当時陸軍内で極秘扱いとされていた。したがって、生前、公にされた文章を中心に編纂するという本書の方針とは逸脱するものではあるのだが、南京占領直後における松井の中国認識を知る上で貴重な資料であると判断されたので、収録することにした。

四、収録した文章は成立年代順に配列されている。

五、編集や出版に当たった団体名、書名、発表誌名、および発表年月などは、一括して【目次】欄に記した上、各資料の前にも記している。

六、目次、解題、年譜、あとがきの漢字表記については、原本に旧漢字が使用されている場合でも、原則的に常用漢字を用いて表記した。

七、原則的に複写掲載としたが、複写の状態に問題があり、読み取りに困難が生じるものは資料から文字を起こしたものを添えた。

支那の所謂愛國運動

（其の本質と歴史的及政治的考察）

陸軍少將　松井石根

一

英國の下院に於て上海騒擾事件に關する質問が續出した時、外務次官は之に答辯して「今回の事變の眞の原因は主として支那に强力なる中央政府の存在せざること、破壞的なる國內戰の頻發すること、國民が始終地方の小支配者達に苦しめられて來たこと等の事情に依り、國內一般に磅礴して居た不安狀態に端を發するものであつて、國民は常に非常なる不滿を抱いてゐたのであるが、爲めにする一部の人々が此不滿に目をつけ、巧妙なる煽動に依つて外國人が正當なる條約に依り支那に於て享有する汎有ゆる權利を支那の福利に反するものであるとなし、國民の不滿を巧みに外國人に轉嫁したものである」と言ふて居るが、此の英國外務次官の言は全部では無いが、一部は確かに今次支那の排外運動の眞相に觸れて居る點がある樣に思はれるのである。

凡そ或る事件の原因と云ふものは複雜なもので、之を探究することはなか〳〵困難な問題である。殊に現時の如き複雜な時代に於ける社會現象の原因を檢討することは、極めて困難であると同時に、往々にして正鵠を得ざることあるを覺悟しなければならないものである。又假令同一の事象に對しても、之を感受する客體の立場、教養、智識、經驗等の深淺に依て各々差異を生ずるものであるから、吾人の力を以て六千年の歷史と四億餘萬の人口を有する老大民族の社會現象を批判することは、或は群盲象を評するの憾無きにしも非ずであるが、此に自己の知れる範圍に於て率直なる所見を述べてみたいと思ふ。

二

支那の病源は政治と人民とが分離してかけはなれて居る點にある。此現象は文化に於て長足の進歩を遂げた漢民族が、中世以後自分で國家をつくる事が出來ずに、多くは外民族、卽ち漢民族から見れば野蠻人とみなされる民族から、永年の間統治されるが如き不思議な國家を成して居た爲めに、漢民族は自然的に政治には沒交渉になり、彼等の文化、彼等の社會は政治と離れて獨特の發達を遂げた次第である。斯かる不自然な狀態も他に强國が存在せず、四周は皆野蠻人許りで悉く漢民族の文化を奉じて宗主とした時代に於ては、何等漢民族の生活を脅威するが如きことなしに過ぎたのであるが、現代に到りては歐米の諸强國が犇々と支那の四周につめ寄せ、日清戰爭に依つて支那の老衰狀態が曝露されるや、露、獨、英、佛等が競ふて支那の要地を割取し、漢民族の生活を如實に脅威し始めたので、茲に所謂漢民族の桃源の夢は破れて政治と人民とを切實に結びつけるの必要を感じ、變法自强と云ふ運動が起つて來たのである。然し清朝は庸愚にして渉々しく立憲政治の實現をなさゞるのみならず、朝廷及び權臣が自己の位地を擁護する爲めに、外國の勢力を利用し人民の利益を賣つて顧みなかつたので、民心は次第に惡化し、孫文、黄興等の滅滿興漢の擧事となつたのである。

孫文等は歐米政治思想の刺激を受け、深く支那の實情を內省することなく、政治と人民とを合一せしむる爲めに民主政治を採用したのであるが、民衆それ自身は何等政治を理解せず、また政治に對する興味をも感せざる狀態なりしを以て、事志と相違し、横合より飛び出したる彗星軍閥の爲めに政權を横領せられ、爾來此の軍閥は自己の權勢慾を滿足せしむる爲めに或は外國の勢力を利用し、或は鬪爭攻伐を行ひ、社會を破壞し、人民を搾取するに日も猶ほ足らざる有樣にて、全く戰國時代の混亂を惹起し、人民の苦痛は清朝の暴政時代よりも更に酷烈になり、辛亥革命の救世主と仰がれた孫文はうか／＼すれば逆に支那破壞の點火者なる惡名を被せられそうになり、孫文及其率ゆる國民黨は却て人民より怨まれる始末になつたのである。

そこで孫文は革命の不成功は人民の政治的智識の缺乏に依る事を痛感し、人民に對する政治教育を企圖し三民主義、五權憲法と云ふ國家社會主義的政治思想を宣傳したが、數百年來政治を離れて發達して來た社會や人民の思想は、到底一朝一夕にして改まる模樣もなく、民衆は三民主義等には餘り興味を持たなかつた。

他方に於て孫文の政敵たるべき軍閥は、孫文の政治思想が自己の權勢を維持する爲めに都合の惡るいことを自覺し、孫文の政治思想は支那の現情に不適當であり、且つ孫文は理想家ではあるが、實際政治の手腕に乏しく、支那の爲め迷惑千萬なる厄介者の一人であると云ふ意味の宣傳をなし、外國の勢力を利用して內外から之を陷れやうとしたのである。

此に於てか孫文としては、先づ以て軍閥の利用せんとする不當なる外國勢力を排除することが急務となり之が爲めには國權恢復の名を以て國民の注意を喚起し、大亞細亞主義を以て日本の同情を引き、更に被壓迫民族の解放と稱する露國共產黨の標語をも借用し、此等を併用したる運動を開始するや、元來排外的運動に興味を有し、且つ之が經驗を有する支那人には案外氣受良く、遂に其運動が全國的に波及したのである。此の狀態を觀取したる孫文及其一黨は、嘗て辛亥革命が四川省の國權恢復運動を動機として成功したる如くに不平等條約撤廢の運動に依り、政治革命の成功を庶幾するに至つたのである。而して彼は假令支那の民衆が政治的智識に缺乏し、政治に對する理解を有たずとも、不當なる外國勢力の攪亂的作用を妨止すればそれで支那の政治革命は成就し、支那は救はれるものであると信ずる樣になり、「吾人は嘗て赤手空拳を以て滿洲朝廷を倒したのである。今全國民一致して之に當らば一不平等條約の撤廢の如きは易々たるのみ」と豪語するに至つたのである。

元來支那の政治改革運動は、民衆の政治的覺醒から發足したものでは無く、外國勢力の侵入に刺激されて起つたもの故、其鋒鋩は對內問題となると兎角亂れ勝ちであるから、動もすれば努めて之を對外問題に向けんとするのである。殊に辛亥革命以來、數次の革命運動は不徹底又は失敗に終り、軍閥の橫行愈々甚だしく民衆は內亂に倦み、動亂さへ終息すれば民主政治でも軍閥政治でもかまわぬと云ふ觀念がきざして來たので最早やこれ以上に對內的に革命運動を促進する事は、實際に於て困難なる事情を觀取した革命家は、運動を對外的に轉換し、革命の眞目的なる國權恢復に立ち戾つたのは當然の歸趨でなければならない。革命の目的が民福增進の爲めにする政治改革に非ずして、國權恢復に在る以上は「先づ內政を改善せよ」と云ふ諸外國の忠告が支那人の耳に入り難いのは無理からぬ次第である。

三

漢民族は自製の文化を有つて居り、此文化は歐米諸國との交渉の無い時代に於ては四隣に冠絶した高い文化であつた爲め、彼等は自ら中華と誇稱して、他民族は悉く野蠻人扱をして之を蔑視し、假令武力に於ては漢民族に君臨する他民族も、文化的には漢民族に叩頭した事が益々漢民族の自尊心を高からしめたわけである。然るに現代に至り歐米諸國と交渉が開けて以來、何等か事件の起る毎に常に彼等の自尊心を傷ける樣な出來事が多く、殊に日清戰爭以後には列國が支那を分割する樣な形勢を示したので、段々外國人を危險視する思想が深くなり、遂に團匪事件の如き排外運動を惹き起すに至つたのである。

然し其結果は却て支那を不幸に陷れたので、一時排外運動を中止し、暫時內省の時代となつた。而して內省の結果、國權喪失の罪は清朝に在りとし、清朝を倒せば國權を恢復し得るものと考へ、青年は一路革命に向つて突進した。而して團匪事件の終息後十年にして清朝倒壞の目的を達成したが、清朝倒壞の日には既に袁世凱なる大軍閥が出現して政權を横領し、外國の勢力を背景として自己の權勢を張らんが爲め盛んに外國勢力を引き入れたので、國權恢復を夢みた革命家の期待は全く裏切られ、第二第三の革命を企圖した。然るに動亂を重ぬれば重ぬる程益々軍閥の數を增加し、其質は愈々惡化し、人民を苦しめ、國家の利益を喪失する以外には何等の利益なき狀態を招來したのである。

此時歐洲に於ては戰亂酣となり、聯合國側は溺るゝ者藁をも摑むの譬の如く、支那を參戰せしむる爲め國際的地位改善の好餌を以て之を釣り、支那は國內的の幾多の困難を排除して好餌につられて參戰するに至つたのである。爾來露國の革命に乘じて北滿に於ける露國勢力を驅逐し、東支鐵道の主權を奪還し、支那の利權回收運動に黎明期を畫したわけである。

然しながら山東問題を巴里に於て解決せんとした希望は失敗に終り、排日を以て日本に報復し、其結果華盛頓に於て遂に山東を日本の手より回收し、外國軍隊の撤退、外國郵便局の撤廢、關税增徵等を始めとして幾多對外關係を改善することを得て、排外運動の効能をしみ〴〵痛感し、外交後援會とか雪恥會とかの排外團體簇出し、之に加ふるに排貨運動に味を占めたる商人や工業家はまた資金を之に供給するに至り、遂に職業的排外運動者を生むことゝなつた。

其の上また戰前には不對等條約を有つて居つた獨墺に對しては、戰勝國側の一員として對等條約を結び、露國に對しても亦相互平等の觀念に依り基本協定を遂げ、此等の諸國から租界や領事裁判權等を回收したので、支那の國權恢復運動には益々油が乘つて來たわけである。然るに支那と對等條約國になつた戰敗國の獨墺に對してさへ列强は關税や法權の自主權を許して置きながら、戰勝國の一員を以て自認する支那に對しては之を許さないと云ふことが甚だしく支那人の自尊心を害し、機を見るに敏なる孫文之を一呼するや、俄然各地に反響を起し、全國的の運動となり、華府會議の取極めを以て手ぬるしとし、此要求を提げて列强に迫らずんば熄まざるの勢を示すに至り、一方軍閥の亦自己權勢の擁護上之を後援するの態度を示さねばならぬ形勢となつたのである。卽ち不平等條約の撤廢と云ふとは、新國際關係の刺激を受けた支那人としては必然的の慾求であり、且つ排外運動に味を占め、漸次に國權恢復の道程を辿り來つた場合であるから其勢は益々增大する許りで、之を阻止すれば暴動となり、未解決で引づれば機會ある每に反復惹起せらるゝ運命に陷つたのである。之れ實に今回の排外運動の趨勢が容易ならずと目せらるゝ所以である。

四

支那人は古來一天下の思想を有つて居り、近代以降に至つては外民族の統治下に居た爲めか、現代に於ける歐米人の國家思想や吾々日本人の國家思想と支那人の國家思想との間には幾分の相違があるやうである。中年以下の支那人、殊に外國の敎育を受けた青年は、國家主義の理論には精通し、議論としてはなか〳〵立派な愛國論も有るが、どうも吾々日本人などの樣に其全精神が自己の國家と融合し、國家と云ふ語が生命の同意語であると云ふ眞劔味、卽ちしみ〴〵と國家思想が全身に浸みわたつて居ると云ふ點が無い樣である。如此支那人の國家思想が大體に於て吾々とは尠からず相違のあることが、支那人及び支那なる國家の不可解となる根源である。支那人は吾々と異り、自己と云ふものを離れてまた自己の利害を無視した國家と云ふものを考へることが出來ない。それが爲め彼等は汎有ゆる問題に直面して、第一に自己の利害を打算するのである。殊に目下の如く支那の國家なるものが有名無實となつた場合に於ては、彼等には何等の據つてたよりとすべきものが無い爲め、自己中心の彼等の思想は益々其特色を發揮し、萬事自己の利害を打算するより外には準據すべき何物も無い次第である。

國情がこんな狀態であつては、支那人が利害の打算にのみ汲々とし、自己の權勢を張り、地位を保たんが爲めには、如何なるものをも利用し、如何なる運動にも加擔し、國家を第二義に置くことも敢て辭せないのはまた止むを得ないのである。支那人の此特性につけ込み巧みに之を利用したのは外國人であつた。勿論列國政府としては兎も角政府以外の個人としては支那人の特性を利用することに拔目の無かつた外國人が可なり澤山に有つたわけである。遂に或る時代に於ては支那に對する仕事と云へばこんなやり方が常套であるとさへ誤認され、列國の權謀術策の網が七重八重に支那の上に張り渡されたのである。革命に依つて一旦網を失つた露國が、國内が片付くや、忽ちまた帝政時代の故智に學んで支那の上に新しき網を張ることに着手し其の新網の爲めに有害なる列强の古網を排除しやうと云ふのが露國の企圖である。露國は其欲したると欲せざりしとは別問題として、革命により支那人の爲めに古網を撤去させられたのであるから、此の偶然の結果を利用して支那人を煽動し、列强の古網をも排除しやうと試み、支那人も亦不愉快な網をとり除ける爲めに露國の力を借りやうとしたのが、被壓迫民族の開放運動となり反帝國主義の運動となつたのである。其結果がソヴィエットの赤い網が張れることなどは支那人の介意する所では無い。支那人は元來無色と心得て居るので列强の白い網と、露國の赤い網とが入れ代つたとて、外觀は網の作用で赤くも見えやうが正味は無色或は本來の支那色であると樂觀して居る者が大多數である。支那人は露國の同情や第三インターナショナルの應援の如きは、是れ手頃の武器と心得、之を以て列强を刺さんとして利用することには拔目が無い。然し赤い色が一歩でも彼等の實際社會生活に喰い込む事には非常な警戒を拂つて居るのである。從つて軍閥の如きは赤い武器は極力之を列强に向けることに腐心し、國民黨の一部の如く之を軍閥破壞に向けやうとする運動には嚴重なる監視を怠らず、日に〳〵新しい問題を捕へては鋒尖を外に向けることに努めて居るのである。

英國は其帝國の現情に鑑み、赤い陰謀には一番恐怖心を懷いて居り、また赤に對する研究も一番進んで居る。從て今次の上海罷業の背後にも赤い手の動いて居ることを承知し、露國が支那に網を張り出したことを確認して居るが爲め、此現象は列國共同の利益を破壞するものであるとの考へから、强硬なる態度を採つたと想像されるのである。此の英國のやり方は支那人から看れば不都合千萬で有るだらうが、條約上の特權を有する列國に對しては確かに善意を以て爲された事と信ずるのである。

五

露國は新しい網を支那に張るに際しては相當に支那の事情も研究したらしく、共産主義の宣傳が支那人に入り難いことを發見し、中年以下の支那人の間に勃興しかけて來た國家思想を觀取し、之を基調として被壓迫民族の解放と謂ふ標語を以て巧みに國家主義を煽りつゝ、反帝國主義運動は即ち支那の愛國運動なりと稱し、支那人を驅りて列强の古網を排除して、其あとに赤い網を張らんと計畫した模樣である。列國の支那に於ける勢力は條約又は資本を通じて中央及地方の支配者から下の方へ向つて侵入したのに、條約や資本では勝味の無い露國は、思想により逆に下から上に向つて侵入するの外は無い。之が爲めには中央地方の支配階級である軍閥が一番邪魔者となるので、軍閥に對し敵意を有するもの、逆境にありて不平を懷く者は悉く露國の味方となり、道具となる傾向を有するものである。此實情を觀破した露國は先づ第一に不平政客と結托し、之を通じて孫文と握手し、遂に支那共産黨を孫文の率ゆる國民黨内に包含させる事に成功した。然るに昨年軍閥の老將段祺瑞が假政府を組織するや、國民黨の買收をやり出し、次で孫文の死と共に一層露骨に國民黨の右翼に手を伸した爲め、共産派たる左翼の勢力振はざる有樣となり、元來共産黨を危險視する各地方の支配者も亦漸次國民黨左翼を嫌惡するの傾向となりたる爲め、茲に露國共産黨は支那共産黨を强く後援するの必要を感じ、李大釗を支那に連れて來たり、陳獨秀の率ゆる青年黨を青年共産黨と改稱させたり、紡績罷業を指導して資金を供給したり、稍々あせり氣味になつた爲め、其尻尾を英國人につかまれ、遂に上海事件を勃發させる樣になつたとの事である。

此上海事件を發端として全國的に波及した所謂愛國運動は、各種の原因に依て以前より十分に其氣運が醞醸して居た處に、段政府も各地方軍閥も薄氣味の惡るい不安の空氣を速かに外國に轉化せんとする作用を行ひ、極端な軍閥は此機に乘じて自己の權勢を擴張せんとする野心を起し、吾れこそ愛國者なりと呼號して人氣を取らんとした爲め、遂に停止する處を知らず、不平等條約の撤廢と云ふ山まで船を乘り付けたわけである。

　支那の國權を恢復する曙光であるとて有頂天に喜んだ支那人が、今や佛國の華府條約批准も終り、近く會議の收獲を享受し得る段取まで漕ぎ付けた今日、華府會議の取極を否認する樣な脫線振りを示して來た。

　支那人は古來都會を尊重して都城に於ける密集生活を續けて來た。此の都會生活は支那人を群集化し、雷同性を强める事になり、今日の雷同的支那人心理を作り上げたのである。從つて彼等が今日の如く雷同性を帶びて脫線する際に於ては、冷靜なる他の忠告などは到底耳に入るべしとも思はれないので、どうしても熱の冷めるのを待つて、事件を解決するのが適當であると思ふ。

　支那の赤化と云ふことは心配は無いと看る意見が多く、自分も支那に共產主義が行はれるとは信じないのであるが、然し工業國の勞資の抗爭から生れたマルクス主義が、農業國である露國に於て實を結びたる如くこんな事は必ずしも勞資の抗爭から許り起るとも限らず、却て其地盤になる民衆の無智と云ふ事がさま〲な主義や思想のはびこるに便利なことを思ふ時、また國民に何等政治的自覺の無き支那に於て辛亥革命が實行された過去の歷史を回想する時、吾人は過度の樂觀を以て一時を偸安することは出來ない次第である。

　假に支那人の考へる如く、支那は外來思想に對して不死身であるとすれば、支那に播かれた赤い種子は支那人が自己の目的に利用出來る間は之を利用し、不必要な時が來たならば日本へ送り届けられる運命を有つものではあるまいか。日本も亦支那の如く外來思想に對しては不死身であり度い事は願つて止まない所であるが、それにしても隣邦に於て或る活動を爲しつゝある此思想運動に對しては、特に深甚なる注意を以て、仔細に研究する必要があると考へるものである。（七月二十九日）

二、「独裁政治家簇出の現象」

『外交時報』第四四巻五一九号 大正一五（一九二六）年七月
（『国本』第六巻八号 大正一五（一九二六）年八月に再掲）

獨裁政治家簇出の現象

松井石根

一

第十六世紀以後歐洲封建制度の殘骸を掻き分けて新に生れた各國家は、殆んど例外なく國王の絶對權力を中心とした民族的團結であつた。從て其處に君主獨裁制が政治の形式として現はれて來た事は自然である。斯くして出來上つた國家は、其後に於ける國民の政治的覺醒によつて、幾多の紛爭時としては流血の洗禮をも經過したる後、漸次に立憲政治へと移つて行つて、歐洲戰直前に於ては、文明諸國中尙ほ君主獨裁の形を存續して居たものは唯だ露國あるのみであつた。

歐洲戰爭は一面ミリタリズムに對するデモクラシイの戰と稱せらるゝものである。嚴格の意味に於て此兩者を對立せしむる事が正しい事であるかどうかは議論の餘地があるであらうが、兎も角も大戰末期及其直後に在つては、デモクラシイの思想が疾呼せらるゝに至り、恰も之が世界を風靡する時代思潮の樣であり、一時デモクラシイは宇宙に共通の標語であるかの如き觀を呈した事は、今尙ほ吾人の記憶に新なるものがあるデモクラシイは共和政體の同意語ではない、特に帝國の如き特殊の國體に於ては然るものがある。併しなから歐洲列强の如く國家成立の基礎の異るところに在つては、左樣云ふ風な解釋がせられ易い傾向をもつのは敢て怪しむに足りない。それかあらぬか、ロマノフ王朝を劈頭に、ハプスブルグ王朝、ホーヘンツォルレルン王朝、オスマン王朝、葡國王朝、希臘王朝等は累々として踵を接して倒れ、共和政體の勢は野火の秋原を行くに似たものがあつた。同時に獨逸、希臘、埃及、イラク其他の諸國は憲法の第一條に主權が人民の上に在る事を謳つて、デモクラシイ政治の意を明にした。

單に是丈の歷史的事實から、極めて皮相に且つ概念的に推論すると、一國の政體は君主專制に始まつて共和に終るのが順當の經過の如く觀察せられ、君主獨裁政治が漸進的に進步して、行きつくところは民主主義政治になるのが理想ではないかと見られるのである。

然るに世界の趨勢が斯の如く著しく急激にデモクラシイ化して居る時、レニンは蹶起して共和の名の下に其主張する Dictatorship of Proletariats とは似ても似つかぬ獨裁專制政治を施した。然しレニンの獨裁政治は露國といふ共產主義國に生れた特異の事象であると說明する者があるかも知れない。然らば伊太利の危機を救つたムツソリニは如何土耳其を沒落の運命より立て直ほしたムスタファ●ケマル、パシャは如何、西班牙のプリモ●デ●リヴェラは如何、希臘のパンガロスは如何、波斯のリザ汗は如何。彼等は悉く獨裁者である。

デモクラシイとディクテートターシップ、何たる矛盾であろう。若し君主獨裁政治からデモクラシイへの轉化が正當なる政治的進步の道程であるとするならば、此の如き頻々たる獨裁政治家の出現は、明に二十世紀から十六世紀への逆轉であると申さねばならぬ。又若し獨裁政治家の出現に依つて一國が其危機より救はれ其頹勢が挽回せられ、若しくは從前に比しよりよき國運の開拓を見る事が出來たとしたならば、デモクラシィは決して國家唯一の理想とするべきものではなく、少くとも現代文明諸國のあるものは、デモクラシイを以て國家統治の最上形式とする迄に進歩して居ないか、或は運用を誤まつたデモクラシイは國家的見地より見て獨裁政治に劣るといふ事を證據立てる結果に歸着するのである。換言すれば、運用の如何により獨裁政治は民主主義政治に優る事があり、時としては民主主義政治の失敗を救濟する唯一の政治形式となる事すらあり得ると謂ふ事が出來る。

獨裁政治家の出現は果して時勢の逆轉か、時代錯誤か。少しく最近數年間に輩出したる是等獨裁政治家出現の環境に就て研究して見る。

二

現代獨裁政治家の代表的人物としては、先づ指を伊太利のムッソリニに屈しなければならぬ、彼は歐戰に際し過去の社會主義的主張を弊履の如く棄てゝ熱烈なる國家主義者となり、一度伊國首相の印授を帶ぶるやサボイヤ王家中心主義の下に縦横に獨裁的手腕を發揮して居る。而して今やシーザーの轍を逐ふて大伊太利帝國の建設に努力しつゝありと傳へらるゝ。

歐洲大戰直後の伊太利は日々甚だしい混亂狀態に陷つた。財政は窮乏し、社會黨並加篤理黨の跋扈激しく特に社會黨內過激分子は暴力の自由なる行使によつて放奔の行動多く、同盟罷業、工場占領等頻發して國內は殆んど無政府狀態に近かつた。政府はニッチ內閣チョリッチ內閣、ボノミ內閣、ファクタ內閣等走馬燈の如く更迭したが、何れも無力にして社會黨及加篤理黨の橫暴を制御する事が出來なかつた。右兩黨は左右兩端を示すものであるが、對政府關係に於ては互に提携を辭せなかつたのである。社會黨が威力を有するに至たつた必然の產物として、勞農階級間に國際主義及勞働者獨裁主義の思想が逐次傳播し、巨大な犧牲によつて贏つた歐戰の戰勝も、伊太利の爲には何等の報酬をも齎らさなかつた。是に於て生命を捧げて祖國の爲に戰つた舊戰士等は、國內に滂礴たる非國家主義的傾向に慷慨し、之に對抗する爲め一の集團を組織し、以て國家の將來を安固ならしめ、且つ自己の地位を擁護せん事を企つる事となり、之に南歐特有の熱血に燃ゆる學生、青年等が加入し、一九一九年三月二十三日を期し、此集團は武裝を整へ、ファシスト團として誕生の聲を擧げたのである。此一團の指導者こそ、豫てミランのポポロ紙に據り國家主義を高唱して來たベニトムッソリニ其人であつた。フ黨の行動は漸く紀律的となり、一般政治問題は勿論、各地方事件に干涉し其儼然たる存在を國內に認めらるゝに至り、社會黨に對抗して一大敵國を成形し、一九二二年には戰鬪力偉大なる政治的團結となつた。同年十月ムッソリニは遂にファクタ內閣を倒して羅馬に入り、三十日には黑襯衣の儘參內して大命を受けた。爾後フ黨內閣は今日迄繼續し、ムッソリニは首相の外陸、海、空、外の四相を兼ねて居る。

翻つて西班牙の獨裁者プリモ・デ・リヴェラに就て見る。彼の出現を促した一九二三年九月の政治革命には事を是に導いた原因と見るべきものに種々ある。支配階級、資本階級の專制、農村の凋渴、勞働階級の過激化といふ樣なものゝ外、政黨の腐敗が重大なる關係をもち、政黨は政權獲得を唯一の目的とし、之が爲めには手段を擇ばず、一旦之を得るや、最早主義も政綱もなく、時には司法權をすら無視して、只管其地位を失はざらん事に努め、國家の利害休戚の如きは殆んど眼中に無かつた。從て議會は存在する者の、國民は之に何等の期待をも繫ぎ得なかつたのである。又カタローギュ地方分離運動、軍政兩權の軋轢、軍部內閥族の反目、官紀の極端なる紊亂等同國の政狀はドン底に落ちて行き詰まり、何等かの根本的改革を施すの必要に迫られて居た際、適々モロッコ問題が起り、政府の不徹底且不成功なる政策に不滿を抱いた軍部有力者は遂に奮起して政府轉覆を企つるに至つた。即ちバルセロヌ都督プリモ●デ●リヴェラ將軍はクーデターを行ひ、他地方軍憲の援助の下にアルフセマス内閣を驅逐して執政内閣を作り、八名の陸軍將官及一海軍中將を以て閣員に任命し、自らは新政府の首班として絶對的權限を獲得し、議會の召集を停止して獨裁的權力を擅にしたのである。此内閣は其後二ヶ年繼續の後、國内が漸次平靜に復すると共に、昨年十二月執政政府を解散して文官内閣に讓つた。但しプ將軍は依然首相として殘つて居る。

土耳其のケマル●パシャ出現の環境は、一層亂世の英雄的色彩が濃厚である。エンヴァ●ーパシャの下に久しく雌伏して居たケマルは、一九一九年希臘軍のスミルナ占領を機とし、義勇軍を率ひて敢然蹶起して奮戰を試みた。翌年三月英軍の君府占領は愛國の志士をして痛く憤慨せしめ、殊に國王が英國側の傀儡となつて熱烈なる國民運動を抑壓せんとした事は、遂にケマル一派をして君府政府を認めざるの態度に出でしむるに至つたのである。斯くて同年四月下旬十二名の委員より成る一會議をアンゴラに常置し後年のアンゴラ政府の基礎を開いた。君府政府とアンゴラ政府は暫らくの間對立の狀態を繼續し、セーブル條約會議、一九二一年近東會議等には兩政府代表が參列するの奇觀を呈した。

一九二二年八月以後土軍の希軍に對する決然たる攻勢は大勝を博して二週間に約三百吉米の前進となり、小亞細亞の形勢は一變してアンゴラ政府の地位は確立せられ、三次に渉るローザンヌ會議の結果、セーブル條約の條項は著しく緩和せられ、土耳其の國家的地位は危殆の狀態より見直ほすに至つた。次でケマル●パシャは國王を放逐して共和を宣言し、自ら第一次大統領となつて其獨裁的手腕を揮ふに至つた。六百有餘年の長きに亙つてオットマン帝國を支配して來たオスマン王朝の末路は一掬同情の涙をそゝるものがあつた。

其後ケマルの新政府は著々として新土耳其の建設に從事し、帝國として將に衰滅せんとした運命は共和國として復興の緒に就き、其歐化主義は近時甚だ顯著なるものがある。

土耳其が上述の如き情況に在る際、隣國希臘にも亦獨裁者が現はれて來た。夫は現大統領パンガロスである。同國はケマル・パシャの指揮する土耳其軍の爲に敗地に塗れ、其結果國内に革命起り、國王の亡命となり、内閣は頻々として更迭した。一九二四年四月に至つて國民投票に依り政體を共和とする事に定まつたが歴代内閣の内治外交上の失敗、財政の紊亂、國防の缺陷、希、塞同盟に關する政府の煮へ切らざる態度等より遂に再度の革命を招徠し、翌年六月下旬ミカロコプロス政府に不滿を有して居た陸軍將校は雅典に兵を擧げ、サロニカ軍隊並海軍之に呼應した爲め政府は一日の内に倒れ、革命首領たるパンガロス將軍は代つて内閣を組織する事となつた。爾來パンガロスは議會を解散して憲法改正に着手し、獨裁的政治を行ひ、次いで本年に入りてパ將軍は臨時大統領コンドスリオチス提督辭任の後を承け、壓倒的大多數を以て三月十八日大統領に選擧せらるゝに至つた。

最後に、身を微賤より起し、最近國王となり孔雀王座にパーレビ王朝の基礎を開いた波斯の獨裁者リザ汗を擧げねばならぬ。

歐洲戰爭に至るまでの波斯は既に過去の國であつて近世國家としては其影は甚だ薄かつた。國力の頽廢は其極度に達し、内政は腐敗し、交通は荒廢し、地方豪族は横暴を恣にして政府の威令行はれず、外には英、露兩强國の壓迫を受け、其の國家の命脈は瀕死の床に纔に餘喘を保つて居るに過ぎなかつたのである。一九二一年二月、當時哥薩克師團の一將校であつたリザ汗は、ジア•ウ•ディンを支援し、僅少の部下を率ひて首都テヘランに進み、一擧にクーデターを行ひ、時の政府を逐ふてジア•ウ•ディン內閣を組織せしめ、後暫らくにして自ら陸相となつた。爾來內閣は屢々更迭したがリザ汗は常に留任して此間國政燮理の經驗を積むと共に、『波斯人の波斯』なる理想の實現に努力し、外國勢力の驅逐、新陸軍の建設、內亂の鎭定に從ひ中央政府の權威を國內四隅に普及せしむる事に成功した。其自然の結果として彼の聲望は隆々として揚り、陸軍は深く彼に信賴する事となり一九二三年十月には國民の輿望を負ふて遂に首相の印授を帶ぶるに至つた。

斯くリザ汗の地位が益々强固となり、彼の一身に衆望が聚まるに反比例して、國民の國王に對する忠誠心は遞減して行つた。アーメッド•ミルザ•シャーは、カジァー王朝第十三世として十三歲にして即位して以來、十有五年の歲月を送つたが、國步艱難の時に會し波斯の頽勢を挽回して國威の發展を期するの才幹を有せざるのみならず、憂を國家と共にするの熱誠をすら持つて居なかつた。同國が國王の存在を最必要とする秋に於て、王は病と稱し、リザ汗に後事を託して歐洲再遊の途に上り、悠々歡樂の生を逐ふて再三の懇請にも耳を藉さず、遂に歸國しなかつた。此事が國民に甚だしい不滿を與へたのは自然であり、國王の不在は政治的革命に絕好の機會を與ふるものであつた。果せる哉、一九二四年三月突如として國內に共和運動が起り將に共和宣言の段取りに迄漕ぎつけたのであるが、最後に至つて回教僧侶派の頑强なる反對に逢つて遂に頓挫に終つた。然し昨年十二月三十日に至つて波斯議會は國民一般の福祉の爲と稱し現王朝廢止を決議し、次で十二月十二日にリザ汗を國王に頂く事となり、茲に彼はシャー、イン、シャー、リザ、シャー、パーレビと稱し、從來首相として陰然把握して來た獨裁的權力を公然として行使する事となり、政府及議會は彼の一顰一笑によつて動いて居るのである。

三

以上伊、西、希、土、波斯の五國に於ける獨裁政治家簇出の現象を概觀するに、先づ第一に獨裁政治家の出現と國體とは殆ど何等の交渉を持たないものであるの事實を認識する。即ち革命の前後を通じて伊、西兩國は君主國であり、希臘は共和國である。又土耳其は君主國より共和國となり、波斯は君主國に代るに君主國を以てし、唯だ王朝が交迭したのみである。而して王朝の覆滅した土、波兩國に就て見れば、共に主權者が國家存亡の重大時期に於て國事に專心焦慮する事なく、或は國家の利益に背反したる行爲に出で、或は國家の運命に無關心であり、王室と國民との步調に一致を缺いて居つた點が甚だ顯著である。

更に是等獨裁者の性格、出身及び出現の環境を彼此對照して見ると、一脈の共通點の在る事を發見する。其第一は何れも國家が興亡の十字路に立つた時に於て獨裁者の出現を見た事であり、第二は是等獨裁者は悉く Strong man 型の人物である點で、第三はムッソリニを除いて他は總て軍人である事である。

抑々一國の基礎が確立して國運が隆昌に向ひつゝあるか、少くとも消極的に動搖の虞のない場合には獨裁者は出でず、又假令出現を企圖したとした處で成功の可能性が極めて少い。一人の偉人が議會を無視し、若くは頤使する爲には國民大部の後援を必要とする事は明瞭であり、此後援は國民が獨裁的政治を以て其以前に於ける政治組織に比し、より善きものであるとの肯定の下に生ずる。即ち國民が單に內閣を更迭する事丈にては滿足せず、も一步進んだ形に於ける現狀打破、局面轉回を翹望して居る時機に於て獨裁政治家が生れるのである。既記各國の國民をして此の如き政局の根本的變動を要望せしむるに至つた原因は一樣でなく、伊太利に在つては社會黨の跋扈であり、西班牙に於ては政黨の墮落、內政の紊亂であつた。土耳其に於ては歐戰の殘殃たる國家の窮狀であり、希臘に在つては對土敗戰、內政の失敗であり、又波斯に於ては極度の內政紊亂が國家を衰亡の深淵に導いた事に在つた。此等の何れの國に在つても、若し其當時の狀態を繼續して行つたならば、益々深みに陷るのみで或は遂に收拾すべからざる程度に達したのであらう事に疑ひはない。是によつて觀れば國家が單に憲法を有し、議會を有し所謂デモクラシイを基調とする政治の形式を備へる事は、唯だ其れのみを以てしては國家の安康は毫も保障せられず、其不適當なる運用若くは運用者の墮落は、却て獨裁者を歡迎せしむるの形勢を誘起し獨裁政治を以て優れりとするに至る。此點より見て一國內に於ける小黨分立の狀態も亦可なりの危險性を有する者である。何となれば此種の國の政府は自然に利害を異にする小黨の聯立により組織せらるべきが故に、各方面の相反する要求に掣肘せられて首尾徹底したる主義政策を行ふ事が出來ず、多頭政治の缺點のみを有して多數政治の利益を收め得ず、結局無爲無能に終り、一黨の向背により內閣は動搖常ならず、國民は之に倦厭の情を生じ、進んでは之に敵意を表して更始一新を望むに至るからである。

强い性格は獨裁政治家共通の特性である。喧燥なる衆愚の無責任なる議論や攻擊の上に超越して、飽く迄自己の主張を貫徹せしめようとする堅固なる意思の所有者である。從て幾多の敵を作ると同時に其人の爲に水火をも辭せざる味方を有する。一言を以て蔽へば Strong man の型に嵌まつて居る。此性格は古今東西を通じ亂世の英雄に共通のものである。

又以上獨裁者はムッソリニの外、擧つて軍人出身者である。例外のムッソリニと雖も武裝して嚴肅なる軍紀の下に一進一退する約五十萬のファシスト團を擁して居たのであるから、彼も亦通常一樣の政治家ではなく、殆んど軍人と見て差支ない。斯の如く軍人若くは準軍人が獨裁政治家となる所以は、革命若くはクーデダーの決行には實力を要し、軍隊は此實力を代表するものであるからである。若し軍隊の後援が無かつたとしたならば、是等の諸政治家は何れも目的を達する事が出來なかつたであろう。而して國防並國內秩序維持の任務に從事する軍隊が此種政治革命の具に供せらるゝ事の可否に就ては別に議論があろう。國軍建設の精神及其傳統に於て、帝國軍隊と根本的に差異を有する上記諸國軍隊に於ては、政爭に參加する事が可能なる狀態の下に置かれてあつたのである。

之を要するに現代の列國の政治狀態の實相は、必ずしもデモクラシイを唯一の理想とする程度に發達して居らぬと見るべきものがあり、國民の政治的訓練の不足、小黨分立の情勢、或は政黨、政派の腐敗、墮落は屢々堅實なる中央政府の存立を不可能ならしめ、却て一人の意思を以てする國政の指導を有利とするの時機を生ずる。

然しながら、獨裁政治は固より一時の權變であつて、最良の政治組織として永續すべきものではない。國內の秩序が整頓し、國家の一般狀態が常軌に復したる時に於て舊に歸るべきものであり、一方又多くの場合獨裁者自身が其力を過信して過度に專制的勢力を發揮するの結果、自ら墓穴を掘つて倒れるを常とする。奈翁一世の如き不世出の英雄ですら、適當の時機に切り上げる事を知らずして遂に自滅したのである。

以上記述したところは孰れも周知の事實であり、其觀察もまた何等の新味あるものでない。而かも此に敢て本誌の餘白を借りたる所以のものは外ではない、方今諸般の政情、民情日に月に靖からざる我極東の現情に鑑み、聊か他山の石として一顧の値あるべく、此に讀者の記憶を喚起して研究の端緒として僅かに一石を投じたまでゞある。

三、「謂はれなき山東出兵批難」

『外交時報』第四六巻五四五号 昭和二（一九二七）年八月

謂はれなき山東出兵批難

松井石根

一、出兵の經緯、之に伴ふ內外の論議と其影響

勞農露國若しくは其異名同心たる第三インターの支援使嗾を受けた南軍が長江沿岸に進出するや、我朝野

の期待を裏切り、彼等の公約に背き、儼たる條約を蹂躙し、南京、漢口其他の地方に於て人道公義上許すべからざる幾多の不祥事件を演出した。流石に寛大なる我輿論も、從來の對支方針に一歩を進むるの要を認めて來たのであるが、偶ま我内閣更迭の直後、一時分裂の勢を示した武漢の共產政府と南京の蔣介石政府とは暗默の間一脈相通ずるが如く、西北に蟄居して勢威を養つてゐた馮玉祥軍亦之に呼應し、三方より北方軍を合擊するに至り、山西軍の態度亦北を離れて南に就くの準備あるを示したので、北支那は將に長江一帶の如き混亂に陷るの虞が十分となつた。我廟議は山東に於ける居留民をして長江に於ける如き慘憺たる境遇に陷るゝことなからしめんが爲に、兵力を以て之を保護するに決したのであるが、當時の輿論は若干の危惧を示しつゝも概ね此態度を已むを得ずとして是認したものである。其代表的愼重論として、某々紙は「山東戰亂事前は北軍の責任、事後は南軍の責任であるが、それが出來ぬとなれば我國が責に任じて少し位の兵を出すことは已むを得まい」と言ひ、又「軍隊の力で居留民を保護することは最も容易であるが、支那人に與ふる精神的感動を思へば愼重にせねばならぬ」と述べたのは最も消極的な方であつた。尤も之は共に五月二十六日の議論で、次で同紙は青島から奥地へ兵を進むる勿れと論じ、又濟南の居留民を青島に引揚げよと勸めた。其他の新聞は皆出兵必要乃至は已むを得ずとする議論であり、又政界有力者の言ふところは、或は居留民生命財產保護の範圍に於て出兵已むなしとし、或は出兵は自衞上當然の處置とするが、影響が重大であるから嚴に監視を要すると見た。其他の政治諸團體は概して此上の增兵は不可であるし、又愼重な態度を要求するといふに一致してゐた。要するに各方面大體に於て政府の處置に著しい異議がなかつた、唯だ無產政黨側は細民の膏血血稅を以て、ブルジョアの懷を肥すものであるとか、支那四億の民衆解放を妨害壓迫するものであるとて反對論を主張した。

支那以外の外國新聞は本國にあると支那にあるとを問はず、殆ど異口同音に日本の出兵を當然の處置とし何等か野心ある樣に疑ふは非であるとした。(倫敦デーリー・テレグラフ、モーニング・ポスト、アドヴァタイザー、ノース・チャイナ・デーリーニウス等の諸紙其他多數）露國新聞すら此の出兵を内政干渉と見るのは尙早である(ウラジミル紙)北方利權擁護の爲め日本としては已むを得まい。又これで日本の對支政策の變換と見るのは根據薄弱である(ハルピン共產機關紙モルア紙)と述べてゐる。但し之れは日本との衝突を極度に恐れてゐた爲めかも知れぬ。

支那の言論機關では勿論日本の出兵に贊成する樣なことがあり得ない。青島奪回の野心があるの、火事泥棒をやるだらうの(上海國民日報)條約侵害だの、支那兵と事故を釀すの(天津大公報)日英默契の結果かも知れぬ。日支百年の大計を破る(北京交通日報)などの議論が其代表的なものであつた。尙支那各地の政府は皆少くも表面反對を表示し、ことに南方にあつては豫期通り反對運動を始め南京中央黨部の如きは各地に命令を發して出兵反對、排日排日貨をやらせ出したことは事實であるが、支那のことには事々物々皆表と裏がある。北方殊に山東の當局、總商會などの出兵反對等などはその著しいもので、山東當局は内心出兵を歡迎してゐるのみならず、歡迎の意思を具體的に表示した向すらある。又山東地方の住民は日本軍の軍紀森嚴、寸毫も犯すなきを知り、流石の支那兵も日本軍の近所では其の常習たる惡業を恣に出來ないことを察し、日本軍の到來に依りて自分達の生命財產の安全が保障されたことを承知して、愁眉を開いたのである。試みに一步山東鐵道の沿線に踏み出して見るがいゝ、此種の現象は直に觸目するであらう。

蔣介石すらも日本の出兵當時は、「日本としては已むを得ぬ處置」として是認したのである。又新聞の議論や各地政府の形式的抗議などは支那人仲間では大した問題ではない。日本人に對してこそ強い刺戟を與へるかも知れないが、支那でこんなことに心を動かしてゐた日には皆神經衰弱になつてしまう。然し蔣介石の當時の立場は可なり苦しいものになつた。彼が共産派に加へた强壓の恩惠も、漸く民衆から忘れられて軍費捻出の爲の苦肉策のみか苛歛誅求なりとして、人心に新な刺戟を與へ南京政府の人望が去らんとする際、偶ま彼が其立場上已むなく日英接近の政策をとつたことが部下の新人達の內憤を買つてゐた矢先のことであるから、兩々相俟つて彼はとう／＼出兵反對といふ旗幟を掲げて、人心を轉換せざるを得ぬ破目となつた。かくて火は燎原に放たれ、排日の焔は揚つた。少くも上海附近に於ては今日の事態では徹底的排日排日貨の永續すべき筈もないのであるが、我實業家側では相當之を重大視した。同時に我國の新聞が亦大げさに排日貨の狀況を博へると共に、出兵の價が高いと言ひ出した。六月下旬の東京大阪の大新聞には遺憾なく其空氣が看取された。同時に、山東に戰亂が著しく波及せぬことを見て、政府が誤つた情報を傳へて、何等か爲にする所ある出兵をやつたとか、出兵の爲の出兵であるとか、冷評的に批議する傾向を生じて來たのである。

此日本の言論界の傾向は支那としては勿化の幸である。排日貨といふ手が日本には相變らず痛いぞ、痛く抓ると日本は必ず悲鳴をあげ、歩調が亂れる。此機を逸せずやれ／＼と、職業的排日連も暫くありつけなかつた儲け口來たれりとばかり、參加飛躍したので、日本に傳はる支那民心憤懣の聲が益々大きくなる。日本の所謂輿論がいよ／＼山東出兵を白眼視するといふことになつた。

そこへ六月下旬頃の張宗昌、孫傳芳兩軍省境撤退、南軍追擊山東入境、孫傳芳軍は追ひつめられて青島、濟南間山東鐵道沿線への雪崩込みとなり、孫傳芳と南軍との衝突、張宗昌軍と孫傳芳軍との地盤爭ひの問題が迫つて來、鐵道沿線の居留民からは頻りに派兵保護の請願が來る。恰も其時膠州に居た孫傳芳配下の陳以燊師長が馮玉祥に買收されて青天白日旗を樹てるといふ事件が起つた。かくて七月初め青島の軍隊は濟南に進み、青島へは別に二千の兵を出すことになつたのである。

これに對する國外の議論は派兵當時と大同小異であつたが、國内の輿論は寧ろ眞面目を缺いた取扱ひ方が多く、殊に陳以燊が孫傳芳の鞏固な決心と機敏な鎮壓の爲に志を遂げずして逃亡し、青天白日旗を引卸すに至つて、一層甚しく、陳以燊の寢返りや、又其部下の再度の寢返りは、誰がさせた。彼は大連に左團扇で居るなどいふ奇怪な風說すら傳はつて、何か我政府が出兵の爲に自ら動機を作り、作らぬまでも時機を强ひて惡用したのではないかといふ樣な操りさへも行はれた。

茲に至つては支那の好事家の論議にいゝ種を供給したのである。排日の火の手が益々熾んになることは分り切つてゐる。過敏なる我言論界の憂懼は著しくなり、此窮境を救ふのは我山東の軍隊を撤退する外に途なしといふ樣な論調が遂に一時を風靡するに至つた。其代表的なものとしては、南京政府上海交涉員郭泰祺氏などは、郭氏は排日のすべての原因を日本の山東出兵に歸し、日本軍が撤去すれば事態平靜になるであらうと言つたやうだ。「日本は此際自衛權の發動に一定の限界を附し、その限界に達すれば一歩を假藉するなきを示して撤兵を斷行するのが此際最も賢明な策であると信ぜられる」といふ樣な意見が現はれた。

出兵が高價だといふ議論は前にもあつたが、七月十四日になつて某々紙は、增兵後の經費は月々百二十萬圓になるが、それで居留民を救濟して出兵を撤することにすれば、寧ろ賢明ではないか、などゝ國策の遂行を商賣の取引と同一視する樣な愚論さへ顯はれた。

支那は圖に乘つて益々排日排貨をやると聞えたが、此前後から妙に氣勢が揚らなくなつた。却つて日本人を歡迎する宣傳が長沙、汕頭を皮切に、廣東、漢口からも聞えて來た。最も激烈にやるといふので日本の實業家を閉口させた南京政府は、上海の排日破り商人を曝し者にする檻の寫眞まで日本の新聞で宣傳したけれども、上海の日本紡績業者が聯盟して工場閉鎖をやらうとする前後から、急に氣勢を殺がれ、とう〳〵排日取締りの訓令を下してしまつた。事實目下の上海では日本貨を排斥したり經濟斷行をやつたりしては、彼等自身が立ち行かぬのである。支那人はよく地大物博などいつて、自國から日本に經濟斷行をやれば、日本が今にも亡びる樣なことを言つてゐるが、其關係は寧ろ相互的で、支那自身の方が却つて多く日本と絕つては生存が覺束ないのである。今度の排日打切の如きいゝ戒めである。却つて日本の方に對支經濟斷行論すらある位だ。彼等を迷濛の夢に彷徨させた所の、日本側の言論界の過敏さに罪があると言はねばならぬ。

山東出兵の經緯、これに對する批議と其影響は以上で其概要を盡した積りであるが、尙以下項を追ひ吾人の意のある所を述べやう。

二、出兵の動機と當時の情勢

以上の樣な世間の批議のうちに、山東出兵の動機が不純である。例へば侵略的だとか、北方軍伐援助ではないとか、山東鐵道押收の爲だらうとか、又は政府が民心を外に轉ぜしめる爲とか、出兵の爲の出兵とかいふ類のものがある。さ無きだに南方支那の勢力者や、學徒工人等が猜疑の眼を以て見てゐるところであるから、我國に於て此種の議論があつてはたまつたものではない。此點に關しては出兵當時の當局の懇切な聲明もあり、其後の經過も十分之を裏書してゐる。侵略云々は英米と雖も些の懸念なく、我軍の行動を歡迎してゐるので明白であらうし、又北方軍閥援助云々は、東方會議に於ける首相の訓示でもその謂れなきを知られるであらう。山東鐵道押收などの問題は、出兵後の經過で已に雲消霧散した筈である。

出兵で民心を外に轉ずるなどいふ樣な議論を今更ら聽くのは片腹痛い。あまりに國民を愚にした說である又出兵の爲の出兵といふ如きも、出兵の絕對必要に迫られてゐた當時から現在迄の環境を無視した立論で、吾人には却つて反對の爲の反對としか受取れない。斯樣な議論は日支關係の將來を惡化する外に何の役にも立たぬものである。

又一方には出兵の動機が情報の誤りに出たとか、故らに間違つた情報を流布して國民を欺いたとかいふ言論もないではない。これは又暴言も甚だしいので、支那に關する情報は獨り外務省や陸軍にのみ來る譯でもあるまいし、平常報道の確實迅速を誇り、世界第一流の新聞を以て任ずる我國の大新聞中にかくの如き笑ふべき說を見るといふのは聊か氣の毒の感じがする。

昨大正十五年夏以來、廣東北伐軍が如何なる速度を以て中支那に進出し、其結果如何に短時間に長江沿岸一帶の地が外國居留民の地獄となり、遂には支那人自身の墓穴となつたかは生々しい記憶である。本年四月に入つて、支那北方政府が露國の支那內亂使嗾、否計畫指導の內幕を暴露すべき大使館附屬家屋搜索事件以來引續き、其系統に屬したる武漢政府軍と蔣介石軍とが相呼應して京漢、津浦沿線から一意北方に向ひ、津浦線方面では敗退に敗退を重ねて支那軍一流の全く戰意を缺いた烏合の衆と化した山東軍や孫傳芳軍が將棋倒しにやられ、京漢線方面では同じく露國の息の濃厚にかゝつた西北國民軍の側背よりする攻擊と、正面からする武漢軍との壓迫に堪へず、遂に奉天軍は黄河を越えて戰略的に隨意退却するヿとなり、搗てゝ加へて南方得意の便衣隊戰術が北京、天津、濟南、青島に何時行はれるか分らぬ情況になり、此風を望んで山西の閻錫山また起つのけはひを示したので北支那動亂、ことに山東が戰禍の巷となるの惧は十二分であつた。

此危惧を證明すべきものが澤山ある。吾人は就中最も有力なものを閻錫山の態度とせるに躊躇せぬ。彼は形勢を觀望して、最も明敏に判斷し、最も怜悧な態度をとり、それを以て民國革命以來十六年、支那にて唯一の傳統的督軍として終始し得たのである。今迄安國軍の一部として其軍隊を提供し、張作霖の副司令であつた彼が、進んで南軍に附し、張作霖に下野を勸むる程當時の情況は北方に非、換言すれば北方が戰亂の巷となる公算が大であつたのである。其他孫傳芳の片腕ともいふべき周蔭人が時局を見限つて天津に退去した如き、形勢のバロメーターともいふべき安福系全盛時代、湖南以來の職業的將軍張敬堯が時に張宗昌を離れんとした如き、皆當時の北方の形勢の危機一髮を語らぬはない。

尙此出兵の動機たる情報の誤謬說と共に、情報不確實に伴ふ出兵尙早說があつた。南軍徐州に入ると雖も尙七、八十里行程の濟南まではまだ〳〵急ぐことはないといふ一寸俗耳に入り易い議論であるが、吾人から言はしめたら、一顧の價値もない素人論と謂はねばならぬ。誰が津浦線といふ武器があるのに態々徒歩で追擊するものか。一歩を讓つて南軍は徒歩で追擊せねばならぬ程北方軍の列車を回收し得たにしても、其列車を有する北軍が何で徒歩で退却する者か。一瀉千里とは昔の退却の形容であるが、今は列車千里である。よしや徒歩で追擊退却した所で、逃足附いた支那軍は途中に要害があらうと何があらうと逃げて〳〵逃げのびる。現に此追擊退却でも、韓莊、臺兒莊などの兵學上の立派な陣地は何の役にも立たなかつたではないか。

或は論者は、然らばどうして南軍が濟南に入らず、北軍はともかくも濟南を保ち得たかと問ふであらう。これは問ふ方が無理である。戰亂の豫想が一々嚢中の物を探る如く當るものならば、誰でも支那の統一が出來る筈なのだ。それが出來ぬから支那はあの樣に亂れてゐるのである。閻錫山すら、一身一省の榮枯興亡を賭して判斷したところを、吾人は大抵にして肯かねばならぬ。危惧は危惧である、未前に——一時でも——已まつたことを慶ばねばならぬ。

陳以桑の寢返りのまた寢返りと云ふことも、種々に揣摩臆測されてゐるが、當時は青島の祀司令の如きはこれが爲に痩せる程心配し、張宗昌、孫傳芳の如きも乾坤一擲の決心を以て之が討伐に當らうとし、それが有効で陳が逃亡し、部下が歸參したに過ぎぬ。日本軍とは何の關係もないが、濟南及鐵道沿線の居留民の一時危殆に瀕したことも、當時頻繁に來た陳情請願書が明示してゐる。又濟南其他の各地方の居留民の我派兵を迎へて、珠數を爪ぐり、涙を流して歡迎した如き、彼地方の人々が、當時如何に心を痛めたかを推測するに足るであらう。

三、陸軍出兵以外に方法が無かつたか

濟南其他鐵道沿線の居留民を青島邊に引揚げるとか、支那側に對する嚴重な交渉で、彼等をして責任をとらせる方法とか、或は海軍をして保護の任に當らせるとか、陸軍は大連邊の海濱で乘船の儘、又は其準備の儘適當な時機を待たしめたらよかつたらうとか、陸軍出兵以外の方法を講じたらよかつたらうといふ意見もある。支那側をして自ら責任をとらしめる如きことが、若し可能ならば初めから議論がないのだが、不幸にして絶對に望むべからざることは歴々として明かである。敗退に當りて土匪の一群と化すべき北軍、侵入に

當つては曾て長江沿岸に於ける如く、彼等主腦者千百の保障も空言空文に過ぎぬ。之を過信した者が煮湯を飮まされることに終つた南京事件、漢口事件其他各地大小の出來事が明に示してゐる通りである。

居留民青島引揚説に至りては、吾輩の彼此論議すべき筋ではないが、濟南の居留民が十人とか二十人とかいふならばともかく、二千といふ相當の數が、永い間に經濟的地盤を辛苦の間に築き上げ、投資もし、得意も持ち、工業に商業に、辛うじて其勢力を保つてゐるものを、又鐵道沿線でも鑛山に工場に命がけで生活の根據を据ゑ、我經濟的勢力の第一線の鬪士として勇敢にやつて來たものを、一朝にして引揚げた結果はどうなる。多年の努力が一空に歸し、將來の恢復が甚だ容易ではないといふことは、支那に於ける邦人の事業經營が困難で、大連の如き純日本勢力下の地方に於てすら、やゝもすれば邦人が支那人に壓迫され勝ちな事實を知る者の何人と雖もすぐ想察し得る所であらう。

不思議に堪へないのは、引揚げに伴ふ支那人の侮辱、日本人の威信失墜といふ點を殆ど誰もが考へないとである。南軍の長江沿岸進出以來、日英の示した態度は如何に該地方の支那人を驕慢ならしめ、外人は理由なく侮蔑されてゐるが、それでも西洋人はまだしも其個人々々の優偉な體格や、高い鼻やを以て支那人に一種の氣味惡き感じを與へ得るのであるが、日本人は一旦國家の保護の途を誤つた最後、もう取りかへしがつかぬ。引揚げなどは老幼婦女貧富の嫌なく徨惚の間に決行されるから自然混雜を免かれぬ。長江筋に於てあつた様な支那人側を拜み奉つて殆ど着のみ着のまゝ、ほう〳〵の體で青島に逃げ歸るとしたら、事大思想第一の支那民衆は何を感ずるであらうか。恐らくは永久に、日本人の貧弱孤立無援の有様を以ていまゝでの尊敬も幻滅し、帝政覆滅後の北滿の露人の如く、支那人からひどい目にあふに定まつてゐる。それが國威の失堅でなくて何であらう。又支那にあつては「尊敬」が大なる資本である。引揚げに伴ふ經濟的打撃には此形而上の損耗をも計上せねばならぬ。

海軍を以て保護するといふ議論は迂濶の程度を通り越して問題にならぬ。濟南に對する海軍出兵をきいたらば水兵が噴き出すであらう。艤裝した船に陸兵を滿載して大連邊に置くか、又は船を準備して陸軍を陸上に置き、適當な時機に青島に送り濟南へやれといふ議論、これは一寸俗耳に入り易いかも知れぬが、先づ當時の情況としては實行不可能であつたと斷言するを憚らぬ。支那にあつて、一世の智者であり、第一のオポチュニストであり、最も成功したる形勢觀望の雄であるところの閻錫山山西督辦が、一省の所有に力を傾けてすら的確には出來かねる形勢推移の判斷を、おいそれと出先官憲に要求し、大連邊から、又は滿洲の陸上から居留民即座の危急に應ぜしめやうといふのはあまりに事實に遠い議論である。其間會社の船の豫定航路を停止し、大連あたりから青島迄二日、青島から濟南迄の間は鐵道はどういふ狀況になつて居るべきか想像もつかぬ。我鐵道隊で修繕しつゝ進んで果して何日かゝるやら、急速の場合においそれと出來るものではない。さりとて船に載せずに陸上又は平常の駐屯地で待機するとしたら、更に數日を加算しなければならぬ。此種の議論は若し實行したら時機を失することは受合である。

尚出兵尚早論ともいふべき議論もあるが、これに對しては前項と此項のうちに含めて所見を述べた積であるから贅言せぬ。

四、主權侵害、條約違反

法理論として出兵は支那の主權侵害で、日支の條約に違反してゐるといふ意見がある。これは正にその通りである。之に對しては七月號の中央公論で吉野作造氏が仲々穿つたことを述べてゐる。其他國際法學者の說もあつて、殆ど世論が決定の形であると言つて差支へない。即ち現在支那には南北を通じて列國の承認せる正式政府は現存せず、國際法的には寧ろ無政府國家と認むべきもので、而かも彼等は已に屢々日本の主權侵害をやり、將來共それを保障すべき實力者もないし、日支間の條約等も反古同樣に取扱はれてゐる現狀に於て、日本のみが片務的に之を墨守し、我居留民の生命財產の滅亡蕩盡を座視するといふことは不合理である。國家がかゝる場合には自衞權の發動で必要の程度に處理して差支ない。これこそは國際慣例の認めるところである。從つて國際公義に戾るとは決して謂へない。或は一部には靑島、濟南には租界も無いのに出兵するなどはと難癖をつける者もあるが、租界があらうが無からうが、他國へ出兵する點に於て主權侵害であることは何の變りがない。五十步、百步寧ろ五十步五十步である。

一面には、支那目下の悲境に同情して、報復的に彼の主權侵害に對し日本もそれをやり、彼の條約違反に對して同じことをやるのは氣の毒ではないかといふ議論がある。日本がその國民を生死の間に救ふ爲に最小限度の處置をするのに、何もさう氣兼はいらぬ。況んや支那人自身すら、少くも該地方では之を希望し、國際慣例も許してゐるに於てをやである。若しかゝる賣恩を以て支那の人心を獲るの途とし、これが日支百年の大計であるなぞと考へるものがあつたら大きな間違で、日本人は永久に支那人に脅められ、將來の提携は愚か、彼地に入つて何の事業も出來ぬ樣になるものと覺悟せねばならぬ。日本の尺度を以て支那のことを計るのは禁物である。否日本同志に於てすら過度の氣兼は對立の途ではないことを考へねばならぬ。

五、出兵は高價だといふもの

山東出兵は高價であるとの意見も少くない。今日の國家的事業は一々國家の財政に聽かなければならぬのは分りきつたことであるが、眼に見えぬ國威國益といふものを論外に置いて、この國策に費す金は何萬圓と算盤片手に立てる論議は、直言すれば如何にもさもしい感じがする。吾人は山東出兵の如きは、形而上に於ては何億圓にも値する効果があることを豫期する者であるが、それは暫く措き、論者のいふ如く五月下旬の派兵で六十萬圓、次で濟南進出に伴ふ豫定計畫の實行で更に何十萬圓と勘定し、百數十萬圓を費すとが、果して高價であるかどうかを檢討して見ることも無駄では無からう。之が爲には先づ中支那、南支那方面を考へて見たらいゝ。我對支貿易は國民經濟上の重大なる部分であるとは言ふまでもない。大正十四年に於ては我輸出は約四億七千萬圓、輸入は約二億五千萬圓であり大正十五年の前半期は一層增加の傾向を示したのであるが、後半期は五、三十事件等の影響から減退の傾向となり、全年を通計して輸出入の總額で三千八百萬圓の減少を見、本年度に入つては此傾向益々著しく、五月迄のところ前年度同期に比して輸出六千三百萬圓輸入八百萬圓を激減してゐる。之を地方別に見ると、滿洲は奉天票暴落の影響で四割四分減之は已むを得ないとして、中支那でも四割四分減、南支那では實に七割二分減である。之は全然南軍進出の戰亂の影響、換言すれば我國が支那の更生運動といふものに對し好意ある傍觀をした犧牲、又一方から見れば絶對不干涉的態度の餘沫から居留民をも周知の如き狀態に置いた結果である。北支那丈は僅か五分位の減少で濟んでゐるのを見ても此間の消息が充分に看取されやう。

山東を戰亂の巷とし、我居留民に對して保護の途を講ぜねば、北支那の此比較的好況にある貿易も犧牲に供せられることは明瞭である。吾人は出兵によつて山東に對する戰亂の波及を阻止し得たとは言はない。少くとも居留民保護によつて貿易上の危機を幾分なりとも救ひ得べきであつた。また將來共救ひ得るであらうといふのである。

獨り貿易に止らない、在留邦人を中心としてゐる各種の事業も、滅亡を免るべきである。彼等の將來の發展も期待さるべきである。我投資も安全に救はるべきである。支那人の邦人に對する尊敬、信用も維持さるべきである。況んや若し陸軍出兵の無かつた場合に、當然豫想されなければならぬ居留民引揚げの費用、引揚げの爲に受けた損害の補償、引揚げ避難民の救濟、軍艦增派の爲の經費など消極的方面のものを計上したならば、我國が二重に負擔すべき經費といふものは、六十萬圓や百數十萬圓の十倍を以てしても尙足れりとせぬ。經費問題で出兵を批議することの無意義なことはこれで明かであらう。

六、結言―外交問題論議の責任、國辱を知れ

世間の論議に對する吾人の意見は、上述の通りであるが、出兵の目的趣旨といふものは次の樣な至極明々白々且つ簡單なものである。

一、支那南北抗爭の戰禍が北漸すべき形勢となり、二萬の居留民ある山東にも波及すべく、殊に二千の邦人の在住する濟南は危殆に陷つた。

二、山東に於ける邦人の經濟的施設は拋棄することが出來ぬ、さりとて支那側には安全の保障を絕對的に望まれない。

三、濟南の居留民は濟南に於て、我國の力を以て保護する。

これが爲に、五月二十四日の閣議が開かれ、以上のことを決定し、滿洲にあつた步兵第三十三旅團の二千

人を先づ青島に送り、濟南への進出は時機を見て實行することゝし、その折には更に必要の兵力を增加することになつたのである。かくて六月末豫期の如く、南軍が山東に入ると共に、青島の鼻の先の膠州で陳以桑軍が南軍に寢返り、一方張宗昌軍と孫傳芳軍と共に敗退の雪崩落ちで地盤爭ひの危險もあり、津浦方面では濟南に近い臨城邊までも南軍が押し寄せて來たので、豫定の通り青島にあつた二千人を濟南に進め、且つ其補充の爲に第十師團殘部の二千人を青島へ送つたのである。國際慣例上當然の處置として、我國が責を負つて正々堂々とやつた王者の師で一毫も揣摩臆測を許す筋合のものではない。支那側が勝手な言議を挿むのは已むないとして、露國の共產機關紙すら沈默若しくは我國の處置を是認してゐるのに、我國に種々の批議を聞くのは心外千萬と言はねばならぬ。之を政爭に利用するにあらば陋とすべく、動亂と聞いて直に出兵を希ひ、排日と聞いてすぐ撤兵を愁訴する實業家が若しあらば、其肚のないこと、支那を解せざること寔に憐むべき次第である。若し夫れ、國家を咒ふ輩の爲にする所ある宣傳に至つては、吾人は之と齒するを耻づる者であるが、靑年學徒、壯年工人の間に無暴な聽從をこれ等勞農露國流の指導者に敢てする者ありと知つては飽くまで其蒙を啓かねばならぬ。

最後に、山東出兵の效果の顯著なもので、世人が殆ど無關心な點を述べやう。山東は一時動搖した、出兵後に於ても動搖は屢々繰り返された。然るに遂に我居留民の在る地方は、些しも其影響を受けなかつた。之を偶然若くは出兵がなくとも當然さもあるべきものと思惟する者があらば、大なる間違である。我步兵第三十三旅團、次で第十師團の當局が、外交官憲と共に如何に支那側と接衝して、此結果を招徠するに努めたか此接衝に我出兵が如何に重大な利目があつたか、他日公表する機會もあらう。今はたゞ事未だ頗る國際的機微に屬するが故に、これ丈のことを言つておくに止めやう。

尙此機會に一二附け加へて置きたいことがある。

外交論議の責任 宮廷外交、官僚外交などいふ言葉に對しては、國民外交といふのは如何にも耳障りがいい、且つ我國民にも世界的智識が普及して、所謂國民外交を行ひ得るといふことは大に欣ぶべきことである。國民外交は換言すれば輿論外交であるが、茲に吾人が嚴に相戒めねばならぬのは、輿論外交に於ける言論に對する責任といふことである。

議論は論者の自由、それに共鳴すると否とは民衆の自由、之を外交の上に具體化すると否とは、外交當局の責任といふことは一應は肯かれるが、その責任は論者、民衆共に負はねばならぬ。さて一旦具體化した事項に對して揣摩臆測で勝手な論評乃至は惡聲を放ち、其結果外交當局を難局に陷れ、惹いては國家の威信を失墜し、國權國利を損傷するに至つては、これが果して國民外交であらうか。然りとせば吾人は言ふべき所を知らぬ。曾て佛蘭西がルール地方を大部隊を以て占領するや、反對派の政客も極力之を支持して、「出兵した以上は効果あらしめる樣に努力するのが佛蘭西人の責任だ」と唱へた。之を我國の現狀に比較すると多少の感慨なきを得ぬ。

吾人は政黨の首領もあらゆる政客も、新聞雜誌に論議の筆をとる人も演壇に立つ辯士も、外交上の發表に對しては先づ自ら論議の結果を豫想して、責任の途を考へた後に於いてせられることを希望する。南軍の長江進出以前の議論と、其後の結果などに想到せば、思ひ半ばに過ぐるものがあらう。

國辱を知れ 「國辱」といふ言葉は近來日本から支那へ輸出されてしまつて、本家本元には些も無いかに見える。果して國辱が無いのならば國家の大慶であるが事實に於ては國辱があり餘る程あるのだ。然るに一向に世人が口にも筆にもせぬ。此無關心な世相を何と見るべきか、吾人は他國の走狗となつて我國礎を危くせんとする徒輩や、一身の享樂を知つて國家民族の隆替を思はぬ者共を相手にしやうとはせぬ。唯だ我國の建國の歷史を誇りとし、世界の光たる我祖先をして後あらしめんとするの信念に燃ゆる大多數の同胞に對して此言をなすのである。

少くも長江沿岸一帶に於ける今春以來の出來事は、我國の絕大なる耻辱である。帝國の代表ともいふべき領事が受けたる凌辱、引下されたる領事館の國旗、南軍によりて占領されたる領事館、我主權の延長たる海軍將士の蒙つた忍苦、未だその一に對してすらも何等支那側から具體的賠償の實を示されぬ。之に伴ふ形而下の損害は言ふまでもなく、形而上の失ふところ絕大といふべく、國威の毀損計り知るべからざるものがある。吾人は山東出兵によつて北支那に於ては決して其轍を再び踏まぬことを得ば、纔に以て至幸とせねばならぬ心境にある。それにつけても心なき世間の批議に對して一言を欲したのである。

四、「山東出兵の総勘定」

『外交時報』第四六巻五四八号 昭和二（一九二七）年一〇月

山東出兵の總勘定

松井石根

一、出兵有終、自主的撤兵

燎原の火の如き南軍北伐の成功は、術數に長じた馮玉祥をして横あひから中原に進出せしめ、機を見るに敏なる晋督閻錫山を驅りて北を離れ南に就かしめた。かくて何人にも南軍の勢焔は北支滿蒙を燒かでは已むまじと見え、遂に北方の總帥張作霖をして京津死守の計に出でしめんとした本年初夏、我同胞二萬の安住の地たる山東省が將に雪崩打つ北軍、疾風の如き南軍の爲に一大修羅場と化せんとするに際し、我廟議は兵力を以て南京、漢口等の不祥事件の再演を防止せんとし、第十師團四千の將卒は茲に此困難なる任務に就いたのであつた。

山東南半はやがて南軍の蟠居する所となり、山東鐵道の沿線は各種系統を異にする北軍の殺倒割據に非常なる混亂を見、居ながら敵に降り戈を倒にするもの、友軍互に相撃つもの等所在に頻出するの勢あり、殊に青島、張店の如きは危機一髮の間に迫り、内外人の心膽を寒からしめたが、儼として其任を守る我派遣軍隊の威重は、遂に敗兵驕卒や匪賊の一指をも我同胞に觸れしめぬのみならず、地を兵火の間に救うて支那人外國人から熱誠なる感謝を受けた。其間に處する第十師團將卒の苦心辛勞は知る人ぞ知るである。

今や形勢再轉、南軍の內訌は其北伐の事業に頓挫を來し、江北安徽江蘇の地は北軍の手に復し、山東は一時安定の姿となつたので、此潮時を利用して我派遣軍隊も引揚歸還を命ぜられ、此九月十三日の宇品上陸部隊を最後とし、一兵も山東に駐らぬことになつた。これは出兵の際「帝國政府は斯くの如く自衞上已むを得ざる措置として派兵を行ふと雖も初めより永く駐屯せしむる意圖なく、同地方の邦人にして戰亂の患を受くるの虞なきに至らば直に派遣軍全部を撤退すべし」との聲明を實行したものであつて、出兵の目的に就て世上種々の揣摩臆測が行はれたけれども、之等は此の撤兵によりて自然に消滅したであらう。幸にして今日に至るまで邦人の保護を全うし何等不祥事の發生を見ずして撤兵し得たことは聊か自ら安じ得る次第で、山東出兵は茲に其終を完くし得たといひ得ると思ふ。

走馬燈の如く、萬華鏡を轉ずるやうな支那戰局將來の變化は、迚も豫斷を許さぬ。最近、北軍孫傳芳部隊が長江渡河に失敗し、却つて後方に危險を感じて兵を班さんとしてゐる如き、吾人は一刻も眼を離すことが出來ぬ。

我山東出兵と共に、支那南北各地の政府は形式的にもせよ徹本主義にもせよ皆抗議してゐる。彼等は其國民に對して外交上の成功として我が撤兵を誇るかも知れぬ。又例によつて一時日貨排斥騷ぎも起つた、吾人豫見の通り日ならずして終熄したが、一時過敏な我言論界其他の方面に相當の衝動を與へたことも事實であるから、排日者流は自分達の手柄として我撤兵を宣傳の材料とするかも知れぬ。固より世界の識者は最早かかる兒戲に類する言議に耳を藉すべくもなく、現に昨今傳へられる英米其他の輿論も十分吾國の眞意を諒解したやうであるが、一部邦人中に、從來の出兵非難の行がかりから、恰も撤兵が國內の輿論、換言すれば自分達の論議の結果、無用の出兵なるが故に政府が其過を改めた如く言觸らす者があるのは遺憾千萬と謂はなければならぬ。對外的に國民の不一致を表し、内兜を見透かされ、乘ずべき隙を與ふるのみならず、支那側に好辭柄を提供し他日の事を妨害し、惹いては外國識者の物笑の種になることを怕れざるを得ぬ。吾人は此出兵事件に於ける帝國の措置は出兵當初より撤兵の終末に至るまで、全然自主的であつて毫も他の動機に左右されてゐないことを確信し、從つて將來に對する聲明も此意味に於て十分に生きてゐることを信ずるものである。

尚此派遣軍撤退の機會に於て、重ねて此に本誌を借りて其勞を犒ふと共に、出兵問題當初よりの種々相を回顧し、二三の所懷を述べたいと思ふ。

二、派遣部隊の功績――撤兵に關する内外の輿論

我山東出兵は、支那以外の國の言論機關によつてよく諒解され、賞讃されてゐる。此問題に就て我國と最も利害の相反する露國新聞すら日本の出兵已むを得ずとし、又は沈默してゐる。事實に於ては、被出兵國たる支那に於てすら、政爭戰亂によつて得る所なき大多數の民衆は衷心此出兵に感謝してゐたのである。

然るに我國内では、一時「拔いた刀をどうする」の「出兵の立往生」のと、冷評皮肉の筆を弄んだ人達が尚其行掛りにこだはつて、出兵の効果を認める樣な、認めぬ樣な曖昧な前提の許に、依然出兵にけちをつけ、撤兵に微溫的な誣謗を浴せる者がある。撤兵に對する支那以外の外國の輿論は、まだ詳報に接せぬけれども、九月一、二日頃に於て相當紙面を賑はしてゐる如く、米國ではニューヨーク●タイムス、バルチモア●サン、ニューヨーク●ヘラルド等皆機宜の撤兵を認め、支那側の宣傳の謂はれなきを非難し、ことにタイムスの如き

は「日本軍隊の派遣により不祥な事件の發生を防いだことを認めなければならぬ、その當然の歸着として再び外國人の生命が危險となつたらまた兵力を出さねばなるまい」と、全然我當局の聲明した樣なとを論じてゐる。吾人は此等の論調と我國內一部の言論とを對照して、吾人は何故に我國の輿論はかくまでこだはらなければならぬのかを訝るものである。山東出兵の効果に就ては本誌の前々號に其一班を書いたけれども、吾人は我言論界の傾向に鑑み、玆に更に山東出兵が如何に彼地の擾亂を未然に防いだか、如何に我同胞を安心させ、所在の支那人外人に感謝されたかを述べる必要を信ずる。

最近上海に於て南軍の白崇禧は、八國領事招待の席上で、「自分は七月初め、濟南から四日行程南方のところまで進入し、濟南を略守するのはもう兩三日といふとき不幸にして南に歸らなければならなくなつたのだ」と言つてゐる。實に北軍が上海南京を失つたあとは、支那軍の常習を遺憾なく如實に示し、韓莊臺兒莊の險要すら一たまりもなく、孫傳芳軍も亦海州を一擧に敵手に委ね、兩方面から殆ど勝手に山東鐵道沿線さして雪崩込む敗兵は、數千百群をなして沿道に、掠奪を恣にし、六月初旬には孫軍四千遂に青島に乘り込んだ。青島には張宗昌部下の祝軍ありと雖も兵力足らず彈藥に乏しく、將に青島は阿鼻叫喚の巷とならんとしたのであるが、幸に我鄕田旅團の儼存するあり、其山の如き威重が之を未然に防止したのである。其他山東鐵道沿線に殺倒した孫傳芳軍は約七萬に上り、張宗昌軍との地盤爭、掠奪は避くべからざることであると思はれたに拘はらず、遂に其事なくして終つた。殊に孫軍に附隨した周蔭人部下陳以燊軍が青島から十數里、山東鐵道沿線の高密で南軍に寢返りを打んとした場合の如き、流石の張宗昌孫傳芳も色を失ひ、乾坤一擲の覺悟で討伐を實行せんとし、我軍濟南前進、第十師團殘部の出動の動機となつたのであるが、幸に陳の屈伏で濟んだ。此等の災害を未然に防止し得たことは吾派遣軍存在の暗默の間に於ける効果と斷言して憚らぬ。

當時孫傳芳が七月六日訓示した次の一節を見れば立派に此間の消息を裏書きしてゐると思ふ。曰く、

「今日本軍隊此地方にあるに際して、若し擾亂を起したならば、日本居留民に危害を及ぼし、終には日本の爲に吾國權を失ふことがないとは言へないから、決して擾亂等を醸したり、殊に日本居留民に迷惑をかけたりしてはならない。」

かくて陳軍も反亂の擧を已め、青島は未然に兵火から救はれ、我同胞の各種の經營も無事に繼續が出來たのである。

濟南から東二十里許に在る山東鐵道一驛張店（我紡績工廠もある）の居留民會評議員某氏の手記に、

「七月四、五、六の三晝夜は老幼婦女共に帝國國民として耻かしからぬ樣との覺悟はしたが、糧食は數日を支ふるに過ぎず、武器としては拳銃數挺あるのみ、通信は絶たれ交通は勿論出來ず實に二百の同胞は坐して死を待つのみであつた……そこへ思ひがけなくも皇軍到るとの吉報……迎ふる者も迎へられる者もたゞ涙……見よ皇軍の威力に壓せられてか、將さに火蓋を切らんとしてゐた南軍の退却、北軍亦自重して動かず、遂に戰にならなかつた。」

又紡績工廠長某氏の手記にも當時のことを、

「此支那軍隊對峙の中を突破し來りて、炎熱燒く如き此天候に嚴正秋毫も犯さぬ王師を迎へ、何れも終生忘れ難き印象を腦裡に刻めり……女子の如きは皆ハンケチを以て双眼を覆ひ、感極つて哭聲を發するあり、男子と雖も首を垂れて暫時は面を擧げ得ず……陸軍の出兵せらるゝに及び我等居留民も

亦國家に救はるゝの恩………」

と述べてゐる。

當時に於ける我在山東同胞の心裡は、これ以上に縷述する必要もあるまい。我居留民が最も不安を感じたのは北軍敗兵の掠奪、兩軍戰禍の中心に捲きこまるゝこと、殊に漢口南京等の如き南軍の常習的惡業であるが、中にも懸念されたのは便衣隊の活動である。便衣隊といふのは最近支那戰爭に於て常用される一の戰法で、敵方の都會を攻擊するに際し、武器を匿し持つたる平服の一隊を避難等の樣にして豫め紛れ込ませ、都城内の同志の手引合力で不意に起つて放火、破壞、掠奪、敵軍背後の擾亂をやり、暴民之に和して大事に到るのである。南軍が長江沿岸の各都城の攻陷には皆此方法を利用し、成功の大なる原因としてゐる。當時蔣介石から直魯宣撫使を命ぜられ、北方軍の舊部下等の煽動に餘念なかつた李景林は、殊に此戰法の名人で、彼の大正十五年早春、馮玉祥軍から天津を恢復したときの如きも、全く此手によつたのであるが、彼及其他南軍各領袖が濟南其他に便衣隊を入り込ませてゐたことは確實であり、邦人の深く怕るゝところであつたのである。

此種の危惧は勿論邦人のみではない、外人も支那人も一樣に、支那人中の良民は更に甚だしく恐怖に捉はれてゐた。我同胞中、山東沿線の各小驛にある者、稍奧まつた地方にある者は皆婦女子幼年者を避難させ、西洋人も日本其他へ去る者が多かつたが、支那人に至つては財產ある者はあるが爲に、無い者は無いが故に外國人の樣には行かぬ。彼等はたゞ戰慄しつゝ皇天無情を恨んでゐたのである、そこへ我出兵の聲をきゝ其保護の傘下に入り來る者はひきも切らず、たとひ來らざるも向後の安全を期待して愁眉を開いたのである。

當時濟南の商務總會が表に出兵反對の決議をしつゝ、裏面から私に出兵を感謝し、我軍を犒はんことを求めた如き、又山東首腦者が内心我軍の出動によつて地方の靜穩が保たるべきを豫期し、我軍に感謝の使を送つた如き、皆彼等の心情を裏書きするものである。ことに其後、我軍の眞價が次第に知れ渡るや、支那人は乳兒の慈母を慕ふ如く寄つて來、外人も亦賞讃の聲を惜まなかつた。南軍側では眞に誤解したのか、或は爲にするところあつてか、日本の出兵は北軍援助の爲とか、山東占領の野心があるとか宣傳したが、此等は其後の事實により漸次諒解されたであらう。北軍側では日本軍の援助がある樣に流布して、沮喪した士氣の恢復や、南軍の威嚇に利用した疑もあるが、七月五日、陳以燊の反逆に際會した在青島祝司令から我郷田旅團に對し、從來の好誼を謝しつゝ、百方有形無形の援助を乞ひ來つたのに對し、旅團長は不偏不黨、陳祝兩軍は勿論、支那人、外國人から一點の猜疑を受ける餘地のない公明嚴正な態度を持したことの如き、兩軍に於て十分諒としてゐる筈である。

太陽冲天にかゝり、萬物を哺むとき誰かこれを立往生と呼ぶものがあらう。張飛戈を廻して敵の百萬を居すくませたとき、之に戈の始末をどうするとは彌次れまい。山東出兵に對して假令微温的にもせよ、理由根據のない漫罵をきくといふことは實に心外千萬といはねばならぬ。山東に在る同胞が之を耳にして憤慨するのは實に無理がないのである。

三、無形の效果――好箇の國民的體驗

邦人の支那に於ける事業の經營は、戰亂の蔓延彌久と共に益々悲觀されてゐる。吾人は戰亂其ものゝ直接の影響の至大なるを數字を以て説明することが出來る、然るに更に恐るゝ所は、目に見えぬ無形上の損害で

ある。

事大性をなしてゐる支那人に對して、邦人が共存共榮を圖らんが爲に、利害關係による外、國家の權威を其背後に有することが是非必要である。抑も外人が支那に於て、支那人から受ける尊敬を失つたならば、其立場は如何に憫然たるものであるか、獨り邦人のみならず、各國人共に此數年來體驗したところである。歐洲戰爭當初に於ける獨墺人、帝政露國の崩壞後に於ける北滿露人、最近動亂に於ける中南支の英人其他、皆歷々として其例證を示してゐる。

中南支那地方に於ては五三十事件以後頻繁に不祥な現象を演出し、南京、漢口、蘇州等の我受辱に於ては獨立國家として到底忍ぶべからざるに立到つたに拘はらず、我國が飽くまで隱忍の態度に出でたる爲め、世界の事情も、我國力をも知らぬ一般支那人は、忽ち日本は弱小爲すなしと輕蔑する樣になり、將來に於ける邦人の發展の前に一大障壁を築いてしまつた。長江一帶の居留民の愁訴、邦人旅行者の體驗皆此傾向を物語らぬはない。現に可なり自由主義的な立場にあつた有力な視察員、新聞記者が彼地を一巡して符節を合せる如く皆我國獨自の立場から爲さんと欲することを爲すべく、或は一大彈壓を加ふるの要あるを說き、然らざれば邦人は永久に長江一帶から引揚げ、經濟的にも支那と斷つの已むを得ざるを說いてゐる如き、確に吾人の反省を要する點である。

其日本蔑視、邦人侮辱の傾向は獨り中南支に止まるものではない、古來外人外力の桎梏に惱みぬいてゐる支那人は、その外人外力與し易しと見て直に之に對して多年の鬱憤を霽らすの暴擧に出づべきことは北清事變を回想する迄もない、實に近年比々として應接に遑ない程に起つてゐる。例を昨今年に取るも、天津に於ける我紡績工場は理由なく暴民に破壞され、楊村では我軍服の下士が公務中支那將帥の爲に其面前で虐殺されれ、太沽では我軍艦が支那砲臺(實は佛蘭西の占領地たる砲臺に據れる支那兵)から射撃されて艦長が負傷し本溪湖では我守備隊長が暴動團の爲に負傷し、今や奉天に於て數萬の市民が排日の行列中である。實は日本の北方に於ける威重も決して昔日の樣ではない。若し邦人が濟南青島に於て南京漢口の如き凌辱を受け、或は之を避けて他に移る如き處置に出でたとしたならば、北支に於ても邦人蔑視の空氣が濃厚となり、之を矯正することが非常に困難となるであらう。今次の山東出兵は斯の如き支那人の排外的傾向を防止する上に於て相當の効果があつたことを疑はぬ。

以上は邦人の尊嚴を國力を以て維持し、或は來るべき必然の不祥事を未然に防いだ消極的方面を述べたのであるが、尚見逃すことの出來ぬのは、戰々兢々、戰亂其身に及び、生命財産を風前の燈の危きに置かれんとしてゐた山東地方の支那人に、我軍の餘威を以て此危難を免れ得たるを感ぜしめ、而も我軍の軍紀嚴肅、秋毫も犯さぬのみか、進んで避難民を救恤し、老幼のたよりなきを勞はり、山東の良民をして倚るべく頼むべきは日本の天兵であるとの觀念を深からしめ、之を深く牢記せしめたことである、これが在留邦人に對する尊敬となり、信用と化し、將來に於ける發展の動機となるべきは一點の疑もない、吾人は山海關、秦皇島附近の住民が、年々の戰亂毎に我守備隊の附近の畑地に集まつて露營し、其數を以て戰局の大小をトするを得べきを知り、彼等が毎秋、村長などを代表として守備隊に來り伺候し、來年も宜しくと哀願するを聞く、山東撤兵の報に接し、失望したるは或は邦人よりも寧ろ山東の支那良民の方であつたらうと思ふ。此等は勿論出兵の目的とは何等の關係はないけれども、間接の効果として閑却すべからざる重要事の一つである。

四、派遣軍の軍紀、衛生狀態に對する誣妄

飽くまでも山東出兵にけちを附けやうとする一派の者は、一時頻に派遣部隊の軍紀頽廢、衛生狀態不良の結果患者多發等の宣傳を放つたものである。軍紀が至嚴に保たれたことは今や吾人の說明を待つ迄もなく、周知の事項であるから之を省くが、時恰も盛夏、北支第一の炎熱の地にして水利に不便な濟南地方に於ける衛生狀態に就ては、吾れ人共に杞憂を抱いた次第であつたが、士氣揚り、任務に對して極度に緊張し、軍紀嚴正に保たれた結果、幸ひ傳染病患者の如きも非常に少かつた。四千の將卒中傷病の爲めの後送纔に二十餘名、病死一名に過ぎぬ。死者は固より悼むべきであるが全體から見れば、內地勤務に比して遜庭のない數字である。これといふのも上は師團長から、氣分は敵前にある如く緊張させ、內務諸勤務は平時內地に於ける以上に嚴格に維持し、邦人將來の爲に國家の威重と、邦人の信用とを維持增進し、支那人外人をして進んで我に信頼せしめんが爲に絕大なる努力を敢てした結果に外ならぬ。吾人は此意味に於ても派遣軍隊に對し感謝しなければならぬ。

五、結言に代へて――（出兵を再たびせぬ用意　國の生存を危くする者）

結言に代へて一言する。

吾人は此度の出兵が其終を完したことを欣ぶと共に、尙既往に遡り、何が故に出兵の擧に出でねばならぬ樣になつたかを考へねばならぬ。隣國に兵を出すことは事の成敗に拘らず、本體に於て決して祥事ではなく將來出來得る丈此種の事象を避けなければならぬ。否寧ろかゝる動機を造ることを未然に防がねばならぬからである。

出兵の動機は支那の内亂によつて生じた。此内亂が終熄すれば問題はないが、それは當分望まれぬ所である。して見れば支那と切つても切れぬ緣を持ち莫大な投資、幾多の利權、在留民を有し、經濟的に共存共榮の立場にある我國としては、自主的に此問題を解決する外仕方がない。吾人は既往を回顧して、此度山東に出兵しなければならぬ樣な動機を馴致した經緯を考へ、將來斯の如き事態を再現せざらむことを祈らざるを得ぬ。支那が如何に政爭内亂に沒頭しやうと、不逞の徒四方に横行しやうと、煽動の魔手之に乘じやうと、支那官民が十分に我國力を理解し、我國威と國益とを尊重し、我國民を敬信してゐたならば、先づ我國が出兵を必要とする樣な動機は大に減ぜられるであらう。之が爲には我國が擧國一致、正義に基き我國威と在支權益とは飽迄之を擁護するといふ毅然たる態度を持することが必要である。

或程度迄彼の侵犯を看過し、増長させ、後に非常の處置に出でるといふことは、假令計畫的にやつたことで全然ないにもせよ、支那に對しても不親切の誣を免れぬ。これは彼の國民的要望、これは彼の内政、それ故に暫く不干渉などゝ皆放任無爲にして過したならば、將來と雖も今回の如き最後の手段に出でなければならなくなる、或は遂に政略出兵以上の手段に出なければならなくなるかも知れぬ。

國家の保護なき民族の行末は如何。吾人は此處で支那人をかれこれ言ひたくない。試みに猶太人を見よ、世界から如何に觀察され、如何なる取扱を受けてゐるか、それが猶太人の如何なる民族性が齎らしたのであるか、管々しく說く迄もない。此猶太人と雖も、其太古に於ては幾多困難なる國步を運び、民族の大半を擧げて埃及の俘虜奴隷となつたのを、先覺者モーゼが堅忍不拔、四十年の努力を以て故國を恢復し、自ら世界の選民と誇つた歷史を持つてゐる。それが羅馬の爲に國を失ひ、人民故地を追はれて四方に流轉する間に、自らの力を以て自ら守るの外ない様になり、遂に物慾の爲には自己の人格を滅却して怪まぬ「金奴(マンモン)」となつて仕舞つたのである。日本人の血には大和魂が宿つてゐる、然し米國に生れて母國の有難さを知らぬ者は如何なる狀態になりつゝあるか、支那に居て暫く國家の保護に浴し得なかつた同胞の思想が如何になりつゝあるか、吾人は言ひ憎いが、日本人必ずしも猶太人に化する者が絕無と斷言し得ないのである、國土は狹く人口は多く、四方の形勢極度の緊張を要する我國此世紀の境遇に照し、心ある者は三省四思せねばならぬ。

更に一言する。

將來我國が國家の生存を全うせんが爲に、擧國一致の大覺悟を以て總動員乾坤一擲の大事業を試みなければならぬとき――世界の變局は何時之を要求するかも分らぬ――必ずや少數ながら國民的團結を妨碍する如き言動に出づべきものあることは、今日の世相から判斷して、吾人の惧れてゐるところである。蟻の孔から千丈の堤も破れる。歐戰に於ける獨逸其他の國々も痛い經驗がある。此度の山東出兵に於て、非國家主義の一部の人士が如何に謂はれなき荒唐無稽な宣傳を放つたか、或は此出兵は支那の國民的要望に基く改革を破滅する陰謀であるとか、或は支那の國土、利權侵略の野心に出でるものであるとか唱導したり、或は青年學徒の理想論者を煽動すべく、日本政府や軍部が支那の軍閥を助けて支那貧民の幸福を蹂躪せんとするものであるとか、我同胞の膏血血稅を以て日本と支那とのブルジョアに奉仕せんとするものであるとか宣傳したり或は派遣部隊の軍紀頽廢、衛生狀態不良等の揑造報道を以て國民の耳目を欺かんとしたり、實に憎むべきの至りである。尤も彼等の中には日本國家の破壞を以て終生の目的とし、之が爲め外國の奴隷となつてゐるやに疑はるゝ者すらあるのであるから、眞面目に議論することを潔しとせぬのであるけれども、吾人が最も遺憾とし、沈默出來ぬのは、必ずしも彼等と同一視することの出來ぬ、平生國家の事を以て自己の憂とせねばならぬ立派な政客論客にして、濫りに猜疑を挾み、一時誤りたる判斷の下に輕卒な議論を吐いて悔いることを知らず、却つてその體面にこだはり、批議を續けやうとするけれども、正面から堂々の議論を吐くことも出來ず、卑怯にも陰險惡辣な筆を弄し、不知不識の間に國民間に或種の空氣を釀成し、自己の先見を誇らんとする徒輩も見えることである。其善惡は讀者の判斷に任せて多言せぬが、吾人は國家將來、擧國一致的の大業の曉を豫想し、此種の妄動が遂に我國を救ふべからざる窮地に陷るゝことなきやを深く怕れ、識者に警告する次第である。（九月六日）

五、「支那より見たる赤露対支政策の功罪と今後」

『外交時報』第四七巻五五六号 昭和三（一九二八）年二月

支那より見たる 赤露對支政策の功罪と今後

松　井　石　根

一

ロマノフ王朝專制の鐵鎖がハチ切れた時、西伯利瑞西の冷たき多年の流轉から浮び上つた赤露の新政權者流は、餘りの歡喜に冷靜なる自己を失つた。

新赤色政權の威を內に示すべく、西歐獨、佛、英の資本帝國主義を一擧に突き崩すべく、無謀なる彼の波蘭攻擊に突き進んだ。

其敗軍と共に悲哀は彼等の面上を掩ひ、彼等に歡喜した善良なる衆愚はツアイニコセロの廢墟に興奮から返つて茫然自失した。新政權の危機である。

此處を先途と狂氣になつて內に血の滴る兇刄を、外に赤毒の爆彈を投げに投げた。

ロシア多數の民衆は此に白色專制に代はる赤色恐怖を發見し、世界は恐怖と呪咀の限りを盡した。

地軸轉じ物移りて玆に十星霜、ロシア國內の白黨も其の影を沒し、不俱戴天と罵りし英米も之を白眼視し乍らも其商船は自ら浦鹽にバルチックに入るに至る。實に人の噂さも七十五日なる哉。

人智の進んだ現世紀の文明人は最早幽靈の非科學的出現には驚かずと豪語せし筈なるに、嗚呼、自ら科學的なりと最高度に傲倨して人類何萬年の文化をも一介の塵芥と冷視する赤露の科學神人、之を呪へる世界の多數俗人、ロシアの一角に起れる世相の急變に面し、一は自ら造り出せし幽鬼の力に眩惑し、一は其狂舞に魅惑せられ或は恐れて萎縮し、共に人たるの我れを忘れむとす。第二十世紀の人間はまだまだ若き哉と言ひたい。

成佛衆生濟度の釋迦、基督、無宗貧人救助のマルクス、エンゲルス、時に人は其叫びに首を廻らすありと雖も、ムッソリニーの鐵血、レーニン、トロッキーの兇猛、其聲其力の强大なる情勢にある時、彼等少數强權は眞に多衆を率ゐつゝあるが如くにして而も純眞なる多衆はその意識せると否とを問はず、天の命ぜる人間自然の生活行程を自ら意の儘に辿りつゝあるのである。

二

新經濟政策、それが資本主義への降伏か無產獨裁戰略の一時的逃避か、何れともあれ其渦中に熱せる小さき人間の主觀的氣持のみである。之を論難批議して强ひて心を安んじ或は强ひて威を示さむとするは各自の勝手であつて愚かである。

レーニンは赤衆の尊崇する樣な學聖に非ずして政略家の尤なる者、自らマルクスの嫡流本宗を名乘り乍ら其マルクスの訓戒に反して農業國ロシアに赤旗を押し立てた。

吾人を以てせばレーニンは彼自らが彼の所謂左翼共產主義小兒病患者であつたのだ。

ロシアの生產事情、社會經濟の實情がレーニン一派を新經濟政策へ引戻したのだ。そこに戰略も逃避も何もないのである。

さればこそ彼等は今や盛んに小地主、小資本家を養成しつゝある、否地殼より噴き出す清水は堰き止め切れぬのだ。

彼等赤露の政權者は其勢力の確立を俟つて此等ブルジョアジーの芽生えを摘み取り摘み取り其處に無產獨裁を完成し　やがては政治國家は死滅して無產階級の樂園　庶民享樂の國家が現出すると御託宣を述べる。

各國の青年學徒を興奮せしむる丈けの理窟はある否現社會がそれ丈けの缺陷を有するのだ。

然し人類社會の基礎構築は時代と場所に依つて異る。それが故に各民族各國民は自己の有する特異に從つて、外部構層の改良を不斷に行つて居るのだ。

地球上には民族と言ひ國家と呼ぶ大きな且つ多數の色彩や土臺の異つた大家屋がある。

赤露政權者流は隣人の好むと好まざるとを顧みず彼のマルクス流の幾何學的家屋改造方法を、而も時と處とを擇ばずして洽ねく人類社會に强ひむとして來た。

今や彼等は計畫的退却と唱へつゝ明かなる自己僞瞞の結果を暴露せむとしつゝも、尙益々外に向つて聲高に叫ばむとするを止めない。

春秋二千年の昔、支那に墨子出でゝ飛機を發明し空中にあること三年と稱す。

人智の向上、將來の發達を豫言せるは墨子の功績なるべし。

若し夫れ師を信ずること厚くして其の飛艇に坐し岩山に墜落慘死せし忠良なる墨子の學徒は可憐ならずや。罪や誰に。

可憐なるはロシアの多衆なり、支那の四億なり。

而も此慘事たるやマルクスの幾何學的定理を肯定せる上に於ての痛恨事なり。

況んや吾人はマルクス、レーニンを以て釋迦、基督、孔子の言ふ處が彼等の時代に於ての一部、而して後世に於てはヨリ少き一部の識者の禮讃を博し得べき一哲理となすものと目するの人多きを信ずるに於てをや。

宗教を否定する赤露政權者流に神の存在を强ゆるは吾人之を爲さず。

然れ共エンゲルスの所謂人類歴史前紀の末段たる「第一ページ」に近づくべく現代人は餘りに神に遠きなり。

只夫れ現代に生きつゝある赤露の現政權者流よ、自己の新政策への退却の、天理に因するを見、神ならぬ現代の人の子等が生きむとしつゝある欲求を冷靜に認識して、墨子的飛機の試乘を多衆隣人に强ゆることの慘なるを自覺せよ。

自ら悟りつゝ非理の虛勢を持續するは愚なり。

三

赤露の左翼共產主義小兒病患者等は自國内に於ける失敗の焦燥を支那に依つて醫せんとした。

社會革命の成功性と自國の實相との對比に於て非科學的觀測を敢てした彼等は、歷史的驚異である支那社會の潛勢力を無視して、國民黨を僞瞞しつゝ支那の社會革命を急いだ。

マルクスは既に古く「西歐資本主義文明が黃土國の隣境まで壓迫せられて亞細亞大陸に生存の餘地のなくなる日が來ること遠からず」と言うたのであるが、方に其通りである。

然し彼れは自己の科學的新說と同じく此の黃土に來ては木乃伊と化する事までは氣が付かなかつたらしい。

吾人寡聞にして露人の支那研究に關する世界的權威の存在を知らない。

河南省開封にある猶太人や、北京にある淸朝時代の傭兵ロシア人は完全に支那化して、只其處には紅色青眼の支那人の村があるのみであるが、世界は猶太人を恐れても此猶太人を吸ひ込む支那の驚奇的存在には瞬目しない。

元朝の毒矢も、滿淸の精銳も、熱國印度の釋迦牟尼尊も、羅馬法王の使徒も、あの廣き古き沙漠の支那に何者を殘せりや。

歐米基督敎の勢力は支那の山間僻地に大說敎堂と附屬學校、病院の眼醒しき伽藍を殘して、只支那人の最も尊崇する財神廟の堂守に白人夫妻一對の宣敎師を雇傭したるの結果たる憾みなきや。

支那は世の社會科學の研究家達に中世ギルドの社會相共儘を活資料として提供してゐる。

赤露や第三インターのマルクス宗徒は上海、廣東の烟突の林立を見てギルド産業の末期、社會基礎建築の根柢的動搖なりと、所謂彼等の科學的結論を獨斷したが、其處には漢族獨創の支配拒否――それは有產と無產とを問はない――無政府庶民社會への憧憬を、彼等支那人はマルクス、エンゲルスに先立つて數千年の試錬を經たる其累積が今日の此の始末であることをよく知りぬいてゐる體驗者であることを見逃がしてゐる。

新來科學の赤色說明が我が支那人に何の新來の福音ぞやである。

昨春來上海、南京、漢口方面に於ける蔣介石、唐生智等軍權の共產黨壓迫と共にボロヂン去りガロン逃れ、支那共產黨の巨頭等も亦身を容るゝ處を失つて、玆に赤露の國民黨利用赤化政策は全く失敗に幕を閉ぢた。

然り彼等は今や眼のあたりに彼等の科學的應用論の支那に不適なるを確認せざるを得ざる次第となつた。

彼等赤露の指導者達は自己の冷靜を回復せりや如何に？

四

蔣介石等支那軍政權者が彼等を裏切つて右化した昨年五月三十日、コムインテルンは左の決議をなしてゐる。

(1)支那革命は依然として世界革命の前提たる意義を失はざる事。
(2)從來のブルジョア軍政權者との提携を廢し專ら勞働者、農民に對する大衆運動を以て將來の行動方針となす。
(3)實行は勞働者殊に農民の大衆的武裝行動による。

則ち從來彼等が副作用としてゐた勞農運動に全力を盡して、勞農大衆の武力的暴動によつて社會不安を誘起し無產革命を遂行することに旗幟を鮮明にしたのである。

昨夏以來の湖南、湖北、江蘇方面の無頼の農民暴動や、上海の罷業運動、殊に昨年末十二月十日夜の廣東暴動の如きは、實に此の政策の顯著なる發露である。

コムインテルン議長ブハリンは昨年十二月共產黨大會の演説中に

「今や支那ブルジョアは勞働者及び農民を賣り反革命に加擔し英國は廣東租界を回復し、日本は滿洲及び內蒙に根據を張りたりと雖も、支那革命は顚覆せられたるに非ず、支那問題は依然未解決の儘に殘れり、支那ブルジョア亦內爭を事とし全支的大問題解決の力なし、從て支那に對しては眞に革命的なる勞働者及び農民を援けソビエットを組織せしめ、目下既に三萬五千乃至四萬(內一萬五千は青年共產黨)の黨員を有する支那共產黨の勢力を助長せしむべきなり。」

と說き、又蘇聯邦の第一人者スターリンは新聞紙上に對支政策を發表して曰く

「支那ブルジョアとの提携は失敗に終れるも、支那共產黨は四五千より四、五萬に發達し、今や革命は新局面即ち農民の廣汎なる大衆をヨリ近く革命に集中し農業革命の圏內に侵入せり、支那革命今次の失敗は單に局部的失敗に過ぎず、恰も是れ千九百十七年七月に蒙れるボリシエヴイキの敗北に比較すべきものなり、當時ソビエットはボリシエヴイキを裏切りボリシエヴイキは地下に隱れざるべからざりき、然も其後數個月にして革命は再び露西亞帝國主義政府を顚覆すべく勃發せるなり云々。」

廣東の暴動は南北支那に大なるショックを投げた國民政府は赤露機關に退支を命じ、赤黨の勞農武裝大衆を以てする支那赤色攪亂策は僅に三日天下の哀愁を留めて先づ其第一步に於いて敗れたのである。

赤露の政權者流、第三インターの指導者等は其冷靜に返つたであろうか?

五

廣東事件直後外務人民委員長チチエリンは新聞紙上に聲明して曰く

「廣東の革命者に對する流血並に蘇聯邦人に對する蠻行は、國民政府の責任なるは勿論、同時に蘇聯邦に反對する世界的反動

勢力の赤分つべき責任なり、然して支那四億民の解放運動は之を中途に停止し得べきものに非ず、國民運動の領袖より國民運動の絞殺者に急變せる軍閥は、早晩其後を絕つに至るべく、解放せられたる支那國民は南支の反革命に死せる蘇聯邦人民を忘れざるべく、其死は兩國民結合の楔子となるべし云々。」

更に又同共產黨大會に於てロミナッゼは、廣東暴動事件の大成を期する爲に從來よりも一層强力なる援助指導を支那赤色職業同盟に與へ、且つ農民一揆と勞働革命との統一を建言し、ブハーリンは之を是認したと傳へらるゝ。

赤露政權の對支赤化政策の方針以上の如くにして尙彼等が最近の失敗から手を引かずして、寧ろ廣東事件に於て共產黨の獨力攻勢が一時的にも成功せるのを以て、却て其希望を將來に强めしやの感もせらるゝのである。

六

支那南方の國家革命を援助する事は被壓迫民族の解放てふ赤露の大旆にぴッたりと合ふ。

之に依て英米日等の資本帝國主義の一翼を挫折せしむる赤露自身の主目的をも併せ達し得る合理性の對支政策であつた。

支那の國家革命その者も實は可能性は甚だ薄いけれ共、支那の實情に迂にして自己の科學的主義なるものに逆上せる彼等の採る處としては、中世紀的支那に赤色社會革命を考へるよりは此の方がまだ合理性が大であつた。

さればこそ北伐軍の揚子江進出は、或程度に外國勢力を驅逐して、今日では兎にも角にも、支那の大衆愚蒙の徒にまでも中華民國なる輪廓の想像を描き得る迄に智識づけてやつた。

之は國民黨利用の赤露の對支政策の眞目的であると否とを問はず、支那人から見て少くも赤露が支那人に寄献した功績の部に屬する——國家抔と騒ぐ程若々しい國民でないから、之が將來の爲に善か惡かは別としても、少くも現在に於いては爾か云ふべきである。

然るに彼等は今やすツかり悟り、國民黨ブルヂョア軍政權を見限つて、勞農浮浪人の手に依て毒瓦斯爆彈を全支に投げ付けて、其虚に乘じ「プロ」獨裁の政權を樹立しようと言ふのである。

玆で吾人は考へさせられる。

それは赤色社會革命と、赤色混亂恐怖破壞その者との二つである。

吾人の體驗に依る支那社會の實情では無產獨裁權の確立などは出來るものではない。

蓋しロシアは產業の發達幼稚乍らも王政專權の永續と徹底とで、國家經濟が或程度の統制流通を得てゐたのである。

それと違つて、見方は種々あるであろうけれ共、今日の支那のはまだ〳〵局地分立經濟で、國家經濟ではない。

上海や天津の外國人工場の烟突の大許りに迷つちや間違ひである。

玆に於て掠奪軍政權の局地分立割據を支那の社會自體が可能付けてゐるのである。

況んや古い社會の傳統と民智の一般的保守下低なるに於て彼等新舊軍閥に跟隨する有識者も浮浪無識の徒も社會に充滿してゐる。今後廣東事件に似た暴動は、南北各地に見らるゝであろうが、何れも廣東事件と同一の三日天下たるべき宿命を有してゐるのである。

然らば支那に社會革命は行はれぬ、「プロ」政權の獨裁等さへも永くは續かぬと言うて安心してゐることが出來るか？

昔から支那では戰亂が續くと必ず迷信宗敎的の暴動が一時大に蜂起するを常とする。

民國以來の支那人は有智も無智も十幾年の戰亂に產ある者は奪はれざらむとし、產なき者は奪はむとし、此間意氣地なきは僻陬なる山間又は安全なる外國租界に避難し、勇氣ある智者は新看板を案出して奪はむとし、無智浮浪之に從ふ。其處に赤も白も右も左も主義的存在の餘地がない。

彼等は科學的赤露式の共産社會建立を容れざれども破壞混亂の釀成及び逃避には數千年の經驗あり、殊に赤露の侵入以來南支の勞農浮浪の徒は、從來兵員と土匪にのみ許されたる特權たる武力破壞の快味を味ふの機に會し、今やパルチザン式吸血騷亂の發生、暴動破壞の眞味を追及するの念に燃えあるが如くに見ゆる。

幸に御幣を打ち振り口呪を切る洪秀全が未だ現はれない許りである。玆に赤露の破壞陰謀は正に現代支那一般の民心に投じて一芝居を打ち得る好機を捕捉せるものである。

然り、支那を破壞混亂、蜂の巣を叩きたる如き狀態に導くとは此機會に於て可能と認むべきである。

七

赤露の政權者は非科學的に其主義を自國内に實行して失敗し、退却政策に依て漸く其地位の顚倒を喰ひ止め、今日は彼等の憎む資本主義的の麵麭を善良なる一億五千萬人に與へてゐる。

ロシア民衆の多數は不自由なる孤立經濟に默つて居る。

蓋し最近緩慢乍らも資本主義的施設の復活に伴うて漸次昔に立ち歸るべき樂みもないではないからであろう。

則ち赤露の政權は一面不充分乍らも自國の民を此く幾分か安堵せしめつゝ、一面之とは全く反對に、外我が東方に對しては、從來よりも尙獰惡なる、戰慄すべき慘禍の到來必然なるべき潜入的破壞を策しつゝあるのである。

冷かなる幾何學的哲理の外には人文の一切を否認した彼等に向つて國際道德の如きを言ふものが野暮

である。蓋し實質は兎もあれ、赤色保持は彼等の生命であるからである。

其政權一度破れむか、猶太人虐殺は更に凄慘なる歴史のページを彼等に見せ付けべきである。

さればこそ內には桃色なると否とを問はず、外に向つては狂犬的咆哮を一日も休むる譯には行かぬのである。

今や支那の解放も救助も破壞も犧牲も何もあつたものではない。

救ふ可らざる生地獄に支那が陷ること明かなるに拘らず、彼等は之を攪亂に陷れて無產獨裁の日を現出せしめ得ると信じてゐる、否現出せしめむとしてゐる。

蓋し孤立包圍の內にある彼等の赤色主義政權を世界に强ゆるが爲に東方は今や殘されたる唯一の活路であるからだ。

若し夫れ現政權者中に幾干かの高踏達識の士ありて、支那赤化行動の運命の將來を豫見しありと假定するも、彼等現政權者は其際に於ても露國一國內に赤色國の餘命を維持する爲に、自命防護の爲に支那の混亂、破壞夫れ自體の永續、擴大を必要とするは想像に難くはない。

何れともあれ赤露の支那叩き壞しは今や彼等の爲に手段として最後的の必要である。

八

北京ロシア大使館の閉鎖、南支ロシア公共機關の撤去等赤露は今や大に其活動の手足を跪ぎ取られてしまつた――勿論彼等の魔手は此位の事に辟易しまいけれど――殘る處は東支鐵道沿線である。

之も奉天側數年來の壓迫に依て其根柢も怪やしからむとしてゐる。

此最後の足溜り保持の爲に、赤露は當分此方面では奉天側をしてこれ以上硬化せしめぬ爲に、暫く消極保善の態度を採る樣にも思はるゝが併し……?。

そして一方支那本部に對する活動の本源を外蒙古に擇ぶであろう。

今や外蒙は赤軍を駐屯せしめ、多數の政治及軍事顧問等を入れて外蒙古の內外政は事實赤露の壟斷する處である。

ボロヂンは昨年支那より去つて更に庫倫に入つて居る。彼の在る所南米、土耳古、南支の何れを問はず何事かゞ持上がるのである。

昨年十二月中に於て內蒙古の林西、經棚方面に有力なる匪賊の一團が襲擊して來た如き、それが外蒙古と果してどれ丈けの關係があつたかは未だ明瞭でないけれ共、北方支那に於ても逐次不穩の兆候の發生が豫感せらるゝ様になつて來た。則ち赤露が今後南北支那の各地に向つて、勞農大衆の暴動を以て社會不安と混亂を釀成することに努力するのは明かである。

更に彼等の日本に對する態度であるが、彼等は資本主義各個擊破の作戰上目標を英國に限定して來たが、支那に於ける形勢有利でない今後に於ては、更に一層赤色憎惡の世界的團結を緩和すべく、一と先づは我が日本に對して表面親和の態度に出づるのであろう。

勿論彼等の對支政策の引續きの失敗から、其國內に於ては之が失敗を日本の新舊支那軍閥援助呼はりに結び付けむとしてゐる者もあるけれ共、現政權は兎に角親日的態度を裝うてゐることは事實であるらしい。

さればこそ北樺太や東支南線云々の仔馬も飛び出す譯でがなあろう。

彼等は苦しい乍らも自給自足で絕大の困苦を切り拔けて來てゐる。

貧乏の日本人が相手の誰彼れを問はず、御得意様に引張り込まうとする程の焦燥はない筈である。

今對露新積極親善論者の中には動もすれば『日露

兩國は赤とか白とか言ふ老人の世迷ひ言を超越して地理的に東洋開發に努力提携すべき運命を授けられてゐる。國内の事は彼れは彼れ、我れは我れなり、何日までも舊式の老人式赤白論に心配する時代ではない、進め西伯利、北支の開發に！』と言ふものがある。言や善い哉だ。只此に赤露の眞相を解するものと、然らざるものとの取るべき手段に大なる逕庭があるのである。

或は又『如何に赤露の指導者等が紅蓮の毒舌を吐いても、人の世は彼等少數暴力の指示以外に辿るべき人の途を天理づけられてゐる、恐るゝことはない』と言ふのが今の我が世間の一部に受ける進取的新人の言であろう、否日本の現狀的悲哀の幻想から來る新日本論であろう。

然り吾人とても徒に彼の赤き叫號を恐れもせぬ、又干渉もせぬ。只夫れ彼等赤露政權が、支那四億の大衆を救ふと唱しつゝ、自己も認めねばならぬ現況に在る對支科學的赤色革命の不成功、そして救はれざる恐怖混亂、阿修羅地獄の必然的到達、明々白々たる今日及將來、尙其危險極まる彼等の發明を試驗せむとして、支那を試驗臺上のモルモットたらしめて恐るゝなきが如き昨今を如何に見むとするか？

於此吾人は言ふ――赤露の政權諸君よ、如何に怒號すとも諸君等六十萬の黨勢と、其人倫無視の幾何學的科學は現世の東洋には容れられぬのである。

支那を混亂、阿修羅の焦熱鬼地獄に導くことに只幾何かの可能性があるのみである。

かくて諸君六十萬の我黨なる者は、自國の良民に赤色の威を誇示し、又一は外國資本主義なる諸君の仇敵を支那に困らせる事も可能であるかもしれぬ。併しその時は我が日本の親愛なる無二不可分の黄色四億民も共に苦しむのである。

赤色誇張の必要は今日諸君眼前の焦眉の急なのであろう。然し乍ら事玆に至るの日に於ける諸君六十萬の赤黨は勿論、諸君の親愛なる一億五千萬の温良なる無辜の上に落ち來る運命を恐れよ。

神を認めざる迄も刻下に於ける自己の歩みを熟視顧念し、須く現代人類の希望と人間の行くべく天理づけられたる將來道途の到底を靜思し、我が善隣日本と共に東洋國民の繁榮に努力せよ。

吾人新日本人は日露兩國の永久的使命の高大なるを認め之が實現を熱望しつゝも、舊式權變技巧的の親日表示を喜ばざるなり、感激せざるなりと言ふ。

九

以上の卑見を目して多分に漏れない老人組の赤色恐怖病、杞憂と笑ふ新人も少からぬと想像する。老若新舊の表看板を以て事相の冷視を誤る勿れだ。

我が日本農村等の現狀に關しては吾人は敢て多くを言はないであろう。

第三インターの東方日支赤化の潛水艦的行動は我が親善なる隣露の關せざる所なりと辯するか。

遮莫、近く來るべき支那の全國的恐怖騷亂は、今や黄海を距てたる彼岸外國に於ける社會的一火災なりと事務的觀察を弄すべく事態は餘りに密接なる事を高唱するのが予の眞意である。

六、「支那共産党の過去現在及将来」

『外交時報』第四八巻五七三号 昭和三（一九二八）年一〇月

支那共産黨の過去現在及將來

松井石根

一、はしがき

大正十五年の夏から翌十六年の春にかけて、南方北伐軍が總司令蔣介石氏の采配の下に連戰連勝眼覺ましき成功を收めつゝ北進してをつた間に、工會や農民協會は勿論のこと、國民黨といはず革命軍といはず、南方のあらゆる組織の中に潛入してをつた共產黨が、恰もあぶり出しをあぶつた樣に何時とはなしに表面に現はれて傍若無人に振舞ふ樣になり、はては蔣介石氏の立場さへ頗る危險に瀕して來たことを看取せられた。當時吾々は種々の實證を擧げて支那共產黨の恐るべき所以と、支那政局の重大性とを大聲疾呼して世間に警告したけれども、當の蔣介石氏や戴天仇氏などさへ愈々となる間際迄極力之を否認し、日本人の中にも國民黨は決して共產黨と關係はないといつて御丁寧にも新聞や雜誌に意見を發表し、國民黨の爲に辯疏之れ努めた篤志家もあつた樣な始末で、吾々の警告は不幸にして餘り世人の耳に這入らなかつた。然し事實は何よりも雄辯である。湖南湖北方面に於ける共產黨の暴狀は其事實を蔽ふべく餘りに重大となり、蔣介石派と武漢政府側との關係は日に日に險惡を加へ、南京事件は勃發する、上海や杭州や廣東で對共產黨クーデターが行はるゝ終に國民黨は共產黨非共產黨の二派に分解作用（記述の便宜の爲に以下之を第一次分解といふ）が起つて、南京政府（非共產）と、武漢政府（共產）との對立となり、更に武漢政府自身の對共產黨クーデターにより第二次分解作用が行はれ、ボローヂン、鄧演達等露支共產黨の有力者が驅逐せられ、國民黨中央執行委員中多數の共產黨員が除名處分に附されるといふ樣な出來事があつて漸く危機を脫することが出來た。昭和二年四月に北京で行はれた露西亞公使館捜索の結果、露西亞と支那共產黨との關係が明るみに出され、眞相は寧ろ吾人の想像以上であつたことが明かとなつたのである。

又當時吾人は支那共產黨の盛衰は、直に我國のそれに關係して來るから、支那共產黨のことを他處事の樣に無關心で居つてはいけないといふことを警告したが、果然本年三月には我國未曾有の共產黨大檢擧事件あり、全國に亘り多數の共產黨員が檢擧せられた。日本共産黨の創立大會が山形縣の五色溫泉に開かれたのは大正十五年十二月で、恰も支那共産黨の過去に於ける最盛時と一致して居るのを見ても、兩者の間に密接な因緣のあることが推測されるのである。即ち支那共産黨の動靜に注意することは、單に支那の政局を觀察する爲めばかりでなく、それが直に我國の思想運動なり、社會運動なりに影響する點に於て非常に必要なことであり、又た支那共産黨の活動狀態や其結果を明にするといふことは、之を前車の轍として自らの戒めとする點に價値あることである。

世人動もすれば昨年春以來の上海、廣東、武漢等に於ける蔣介石氏等の共産黨彈壓を以て、共産黨は綺麗に支那から一掃されたかの樣に考へて居る向が少なくないが、數年の間に非常な努力を拂つて培養された勢力といふものは、そんな簡單な手段で拭ひ去らるゝものではない。我國に於てさへ大檢擧後間もない今日尚一味の活動は中止されてゐないではないか。――私は以下支那共産黨の過去、現在、及び將來を研究して再び大方の注意を喚起したい。

二、第一次國共分離から廣東共産黨事件まで

(國際共産黨の支那赤化方針)

支那といはず日本といはず、世界的プロレタリア革命運動が其の指導中心機關たる國際共産黨(コムインテルン)(第三インターナショナルのこと、露國の一外交機關と認むべきもの)執行委員會の決議に據る方針を以て、指導されてゐることは申す迄もない。殊に支那共産黨の指導に就ては、露西亞は世界の何れの國に於けるよりも、最も力瘤を入れてをるとは世間周知の通りである。故に支那共産黨の動靜を知るには、先づ國際共産黨の指導方針を知る必要がある。

支那共産黨と國民黨との第一次分解(昭和二年春)は、露西亞及國際共産黨に取りては何といつても重大なる打擊であつて、其結果從來の方針を更むる必

要が起つた。昨年五月十八日から同三十日迄開かれた執行委員會定例總會に於て、支那赤化の新方針に關する決議が行はれた。その長文の中から要點を摘記すると(共産黨機關紙五月三十一日紙上に據る)

前略、蔣介石の政變後ブルジョアは單一國民黨革命戰線に龜裂を生ぜしめ得たので、支那の狀態は幾分變化を生じて來た。よつて我國際共産黨の對支政策も、この新形勢に順應して改變せねばならぬ。蔣介石や國民黨の右傾分子とは絕對に妥協を夢みてはならぬ。現在の支那は

第一、外國帝國主義と支那軍閥との勢力

第二、支那ブルジョアの勢力

第三、國民革命(勞農、職工、小ブルジョア)の勢力

の三つに區別することが出來る。蔣介石の政變によつて、支那革命は部分的に敗北したが、之を以て支那革命全體の敗北だと見做してはならぬ。若し外國軍隊の妨害がなかつたならば、蔣介石の軍隊の如きは一擧の下に打破ることが出來たのである。これ故に國際共産黨は一層民衆の間に反帝國主義の煽動を行はんことを望むのである。

又たとへ支那革命が困難に遭遇したとはいへ、武漢政府及左翼國民黨は、都市村落の小ブルジョア民衆とプロレタリア民衆との團結に努力し、着々民衆の革命化の成績を擧げてゐるから、國際共産黨は勞農民衆の組織化に努力しなければならぬ。それが爲には村落に於ては、大地主の土地所有權無効、地代廢止、小作人との契約破棄、稅金の低減、富豪に對する重稅要求、を標語として農民革命運動を起さねばならぬ。しかして農民革命運動を行ふに當つても共産黨員自ら之を行ひ決して農民側の奮起如何を當てにしないで、率先奮闘するを要する。都會に於ては、勞働者の賃銀增加、工場に於ける職工の權利擴張、八時間勞働制、勞働者の團結權要求を爲さしめ、更に進んで勞農民の武裝一揆を起さしめねばならぬ。次に都會及村落に於ては……(略)

即ち此の指導方針中注意を要するは

一、蔣介石のクーデター位ゐで支那赤化運動を斷念してゐないこと

二、武漢政府、左翼國民黨、都市村落の小ブルジョア民衆、プロレタリア民衆――此の四者の團結に期待してをること

三、指導の重點を勞農民衆の組織化に置き、農民運動と勞働運動の進展に力を注ぐこと

四、勞農民衆の武裝一揆を企圖してをること

の諸點であるが、その後の國民革命運動の表裏兩面に實際現れた種々の現象も亦右の諸點に外ならぬのであつて、湖南、湖北、江西、就中湖南の農民運動の如きは、頗る過激な、そうして殘忍なテロリズムの形で急速度に進展し、到る處戰慄すべき光景を演出した。然し餘りに激烈で、例へば唐生智氏等の如き第一線に出て革命戰爭に奮闘してをる軍人の家族が、土豪劣紳の惡名の下に嚴罰に處せられたり、殺されたりした樣な事件が隨處に起つたので、中産階級以上の一般人民や軍隊、殊に高級將校等の間に共産黨に對する反感が生じ、又種々の經緯から汪兆銘一派の國民黨極左派と共産黨との間に指導權の爭奪といふ樣な一種の勢力爭ひも行はれて、七月には武漢政府は共産黨と分離の意思を表明することになつた。斯の如き情勢の下に八月上旬漢口にて共産黨中央緊急會議が開かれ、在武漢中央執行委員、共産主義青年代表、湖南湖北上海代表、國際代表（我國からも數人列席した）が集まり、種々の決議を行つた。其中、國際共産黨の支那共産黨員に對する指示事項なるものを擧ぐると

1、共産黨は武漢政府を脫退す
2、脫退原因を明かにする爲め政治的宣言を發表す
3、國民黨の內部に留つて其下層と密接に連絡し國民黨中央に反對す
4、工人組織の完成
5、ブルジョア・デモクラチック革命を無產階級の指導下において實行し、工農及貧民の聯盟と農工の武裝を期す
6、……（略）

斯くて武漢に於ても共産黨と國民黨とが分離の已むなきに至り、露西亞の期待は又々裏切られた、之が第二次の分解作用である。

分離後に於ける共産黨は、ひと先づ國民黨中央に見切りを付け、大正十三四年即ち容共政策を採つた直後の狀態に立ち歸り、再び共産黨の看板を引ッ込めて國民黨の內部に潜入し、秘密に其下層部に手を

延ばし一面依然主力を農民運動、勞働運動に注ぐことゝなつた。こんないきさつで賀龍及葉挺の共産軍は江西省を經て福建の南部に出で、福建廣東の省境地方に盤踞し、該地方の土匪と結んで時々汕頭邊を脅かして居つた。

一方武漢方面は南京の方から攻めて行つた廣西派軍に占領されて、武漢派軍の總大將唐生智氏も日本に亡命するといふ騒ぎで、國民黨極左派も同地を去り、十月下旬汪兆銘氏を始めとし何香凝、陳公博、顧孟餘、王法勤等同派の猛者連は相前後して廣東に入り、張發奎(廣東派系たる第四軍)、李福林兩氏も之に參加したので、廣東に於ける國民黨極左派(廣東派)の勢力は急に增大し、南京政府と對抗の形勢となり、從來同地の政權を握つて居つた李濟臣一派の廣西派との間にも自然暗闘が生じた。而して廣東派は廣西派に對抗する便宜上共産黨分子を利用した爲に、共産黨は何かに付けて便宜を得る様になつた。共産黨が斯の如き好機會を見脱がす筈はなく、武漢方面で一時姿を隱してをつた共産黨の連中も、國民黨極左派の後を追うて逐次廣東に集まり、多數の露西亞共産黨員までも乘込んで來た。

斯様に情勢が進みつゝある間に、十一月十五日汪兆銘氏と李濟臣氏とが呉越同時に廣東を出發し、上海の國民黨第四次全體會議に出懸くることゝなつたが、兩氏出發の翌晩に廣東派は黃琪翔(張發奎の部下)、李福林、薛岳等の軍隊を以て廣西派政權に對しクーデターをやり、十七日には廣東の兵權は既に廣東派の張發奎氏に歸し、廣西派軍隊は田舍の方に逃げて行つた。廣東派の軍隊は之を追擊して茲に兩派の對戰となつたが、之より先多數の露西亞共産黨員の指導の下に、露西亞領事館を本據として切りに畫策して居つた共産黨は、廣東廣西兩派軍の廣東市外に出でゝ戰爭をして居る虛に乘じ、十二月十日夜賀龍等の共産軍と之に呼應した勞・農一揆軍とを以て突然暴動を起し廣東の要處を急襲し、翌十一日には市の大部を占領し公安局を本部として、茲にソヴエト政府を樹立したのである。然し十三日には廣東派軍が急遽歸つて來て恢復攻擊をやつたので、共產軍共產黨員は廣東を捨て共西方及西北方に遁入し分散してしまつた。之が廣東の共產黨事件である。

此ソヴエト政府は明智光秀の樣に三日天下に終つたけれども、此事件は吾々に種々の敎訓を與へた。

一、國際共產黨の指導方針の一要目である暴動が決して紙上の空論ではないといふこと

二、國民黨の極左派（此場合は廣東派）と共產黨とは非常に近似したもので、前者の下層部に於ては共產黨と區別し兼ねる者があるとは此事件の發頭人が廣東派軍たる第四軍參謀長葉劍英、同軍政治部主任廖尙果であつたことによりても證明せられたこと

三、婦女解放協會員、中山大學及中學校程度の男女學生が加擔し活動した者頗る多く、彼等は死刑に臨むで共產黨萬歲を高唱した。即ち共產黨員としての男女學生は決して年齒が若いからといふて輕く取り扱つてはならぬといふこと

等は注意すべき點である。

× × × ×

國際共產黨執行委員會の支那問題決議（國際〇〇〇通信六月號に據る）中には右の事件に關し次の樣に述べてをる。

「コムインテルン執行委員會は黨は支那に於けるあらゆる××運動に對する愼重なる算定と黨のあらゆる細胞に於て經驗に基く實行手段の必要とするものなることを認む

廣東に於ける叛亂の經驗の算定はその重要なる部分を爲す支那にソヴエト政權を確立すべく、且勞働者農民革命の展開に取つて偉大なる役割を演じた勇敢なるプロレタリアの試みであつた廣東革命と、要するに、次の如く全般的に亘る指導上の過誤を含んでゐた、即ち勞働者――黃色勞働組合への誤つた接近、叛亂に對する黨自身及青年同盟の準備不充分、事件に關し全支那黨中央部の通達が完全に行はれなかつたこと、政治的動員の微弱（大衆の政治的結合の缺如、革命機關としての代表者會議の缺如）是である。しかし指導者による此等の過誤にも拘らず、廣東の××は偉大なる支那××のヘーゲモニを正しく歷史的役割の中に求めつゝある支那勞働階級の勇敢なる模範として學ぶべきである。」

右の共產黨事件と相前後して江蘇省南部の各地に

百姓一揆が起り、十二月初旬には上海の電車罷業が暴動化し、同十六日には武漢に於て共產黨の暴動計畫が發覺し、胡宗鐸氏の爲にクーデターが行はれた樣な種々の事件が相踵いで起り、物情頗る騷然たるものがあつた。此等の各事件は各地同時に相呼應して行ふ計畫であつたとも稱されてをる。然し兎も角何れも大したことにならずに濟むだ。

斯の如くにして國際共產黨の支那共產黨指導は、なか〳〵成功の曙光を見ることが出來ないに拘らず彼等は決して支那赤化を斷念はせぬ。本年二月上旬から下旬にかけて開かれた國際共產黨執行委員會に於て、支那に關し新なる決議が採決されたが、今其中の若干項目を擧げると

一、支那革命は、現在の所ブルジョア民主革命に過ぎずして、之を以て共產革命に進展せるものと僞すは當らない。

一、共產黨の指導の下に進める支那勞農民第一期の革命運動は失敗に歸し（廣東事件前後を指すか）、反革命は或る程度の安全を得……

一、支那革命に就き特に注意すべきは、其進展が地方により緩急あることにして、現に幾多の地方に於て農民運動進展しつゝあるに拘らず、勞働運動は衰退しつゝあり。

一、支那共產黨は以上の事情を考慮し、新に革命運動を振興することに努めなければならぬ。而して現在政權を顚覆するに非ざれば革命の目的を達することが出來ないから、民衆を驅つて暴動を起させなくてはならぬ。從つて黨刻下の急務は勞農民衆の人心を收め、之を政治的に啓發し、地主の土地沒收、八時間勞働、支那の國民的統一、外國帝國主義の排除、現在政權の顚覆プロレタリア及農民の獨裁、ソヴエト組織、なる標語の下に之を糾合して前記の暴動を可能ならしむるに在り。

一、支那共產黨は同國革命運動殊に廣東事件の體驗に鑑み、指導上の過失を改めなければならぬ。廣東暴動は頓挫したけれども之はソヴエト政權を樹立せんとした支那プロレタリアの勇敢なる企圖の好模範である。

即ち之によると國際共產黨執行委員會の其後に於ける支那共產黨指導の重點が、依然として農民及勞働運動に置かれ、而して農民及勞働者を以て暴動を起しブルジョア政權を顚覆せんとする企圖に集中され

てをることが察せられるのである。

三、共産黨の現狀 (廣東共産黨事件から今日まで)

廣東の共産黨事件以後、共産黨の活動に就ては餘り世間の耳目を聳動する様な大事件が起らないのであれ以來全く消滅してしまつた様にも見ゆるけれども、事實は決して左樣ではない。左に本年に入つてから最近までの間に於ける共産黨の動靜を窺ふに足るべき二三の斷片的情報を掲げて見やう。(以下掲ぐる所は間接的の情報であり幾分正確でない點もあると思はれる)

△廣東省東部地方

十二月の廣東共産黨事件に敗れた共産軍や共産黨員は、前にも述べた通り廣東市の東北方山の中に退散してしまつたが、廣東派軍の爲めだいぶ打撃を受け、軍隊の如きは其數も餘程減少し殆どばら〴〵になつたかの様に見られたが、彼等は地方の土匪と勾結し、數ケ月の後には廣東省東部海岸地方、香港と汕頭との中間に在る陸豐、海豐、惠來等の重要都市に屢々來寇して地方良民を苦むることゝなつた。今其一班を窺ふ爲に一二の情報を掲げる。

汕頭共産黨員逮捕事件　本年二月中旬汕頭に於て共産黨の陰謀發覺し、三十名逮捕され、其中男女二十名死刑に處せられた。調査の結果汕頭には潮州、梅州地方一帶を管理する共産黨の機關が在り、外に共産黨青年團も出來てをつたことが明となつた。

惠來城の陷落　之れは本月三月中旬の出來事で、當時嶺東日報(支那新聞)に掲げたのであるが、勿論例の誇張もあらうけれども、共産黨匪の實體を髣髴たらしむるものがあるから、冗長を厭はず其要點を記することゝする。

前略、惠來城は一旦共匪の爲め陷落したけれども間もなく我軍隊(即ち官兵)の手に恢復された。然るに峽山の農匪(共産黨の所謂農民自衛軍の如きものか)は惠來城陷落の報を得早速同地に集中せんとして臨門地方まで來たが、偶々同地に守備せる第七十八團獨立營は匪徒の群り來るを見之を迎擊して四散せしめた。けれども紅巾を頭に纏へる該匪軍は奮起勇進、激戰數時間の後軍隊側は衆寡敵せず、惠來城內に退却した。十七、八兩日情況甚だ不利、人心動搖す。十九日拂曉城を距る約十里（日本の一里半）破皮虎山に突如無數の紅旗が出現した。該地は汕頭惠來間交通の要衝に當つてをるから、向團長は一營（一大隊）を率ゐて自ら之が討伐に赴いたが、匪軍教導團は該山に潛伏し、向團長が西檀山に登つて望遠鏡を取出し敵情を視察せんとした所を一齊射擊を行つたから、團長は肺部に負傷した。軍隊は激戰八時間、匪軍に三百餘の損害を與へたが、味方にも多數の損害があつたので惠來城に退却し、廿日午後には匪軍は既に城下近く押し寄せ、登城一望すれば遍地悉く紅旗の赤軍を以つて滿たされた（此邊は支那式誇張たつぷりの所）。廿一、二兩日戰鬪交綏、七十六團は數回出擊を試みたけれども解圍する能はず、廿四日拂曉に至り圍を突いて潮陽沙隴方面に退却、民衆萬餘之に從ひ城を空しくして出走した云々（其後惠來城は再び官軍に恢復された）

尙ほ他の消息には此の戰鬪で共產黨は官軍の下級士卒に對し「新軍閥の走狗となり無益の犧牲となる勿れ」など盛んに宣傳し、又軍隊の給與劣惡、四ケ月の俸給不渡りがあつた等の爲め士氣阻喪したのが敗因だとある。

廣東東部海岸方面の情況は其後概して右の様な有樣で、今日に及んでをる。廣東東北方江西、福建の境界地方に於ける共產黨の情況に就ては詳しい情報がない。

△福建省南部地方

福建省南部、廣東省との境界地方は廣東省東部と同樣昨年冬頃は、賀龍等の共產軍の地盤となつてをつた。其後得た情報の一つを記すると、本年七月廿日頃から永定（廣東省境に近き都市）に共產黨軍蜂起し掠奪を行つたが、同地駐在の獨立第四師第三營は同地鄉民團と聯合し之を擊退し、共產軍は奧地に遁入し、新に同地農民を懷柔し其數五百に餘り勢侮るべからず云々。

七月廿四日頃より漳州方面に共產黨の宣傳行はれ省政府の紛糾に乘じ共產黨活動の兆あり云々。

△江西省南部地方

本年六月湖南共產黨の巨魁毛澤東、朱德等數千の軍隊を率ゐて江西南部から湖南東部にかけ殺人、放火の暴威を逞くした。程潛の舊部下第六軍は師長胡某、李某、張某等之を率ゐ六月下旬突如江西南部に逃走し、漢口に在つた程派の政治分會委員も同方面に去つたが、此等は程軍の政治部主任共產黨員林祖涵の暗中畫策に依るとの說がある。

△湖南省南部地方

湖南省奧地に就て最も注意すべきは、農民運動の其後の情況であるが、之に就ては餘り情報がない。然し該省は共產黨の勢力が一時頗る盛んであつた處だけに、地方政權の政治的色彩は變つても共產黨の勢力を根柢から芟除することはなかく困難であらう。事實共產主義に對する一般下層民の信仰は相當根柢深きものがあるといふことである。

廣東の共產黨事件以來、共產黨の總指揮部は湖南省西南部に在る永州に移り、鄧演達等最高幹部を常駐し支那各地の共產黨を指揮し、又賀龍の共產軍の一部は廣東共產黨事件後湖南廣東の境界地方に竄入し、共產軍第一師長朱某及毛某に收編せられ、爾來逐次其勢力を擴大し屢々廣東西北境を侵すので廣東省からは一部の軍隊を差向けて討伐をしたけれども徹底的効果を擧ぐることは出來ない。而して此方面の共產軍は總兵力約一萬、銃數約六千であるとのことである。(本年七月の下旬には湖南南部省境近くの郴州に駐屯してをつた廣東軍の二團が共產軍に內應し、激戰の後同地は共產軍の手に歸した事件などもあつた)。

△上海方面

昨年のクーデター後一時屏息してをつたが、其後又活動を始め同地勞働界は動もすれば昨年春の樣な恐怖時代を現出せんとする狀態に在ることは、新聞紙上にも時々報道さるゝ通りである。

×　×　×　×

以上の諸情報（前に斷つた様に充分正確とはいへないが）を綜合するときは、中南支那地方の共產黨の現狀は大體次の樣なものであらうと判斷することが出來る。

一、廣東、福建、江西、湖南四省の接境地方は共產黨の地盤となつてをる。其實際兵力は未だ甚しく優勢とは認められぬが、地方土匪と結托してをつて決して輕視するを許さない。元來此地方には農民運動も進んでをり一般にテロリズム的訓練も行はれてをるものと認めらるゝから、此一地方が將來に於ける赤禍の根源と觀るべきで、今後の政情の變化如何によりては之より廣東方面なり揚子江方面に出て來る場合がないとはいへぬこと。

二、勞働運動方面に於ては現在目立つた活動はないけれども、上海（中南支那の其他の都市も上海と大同小異ならん）の共產黨の活動は決して中絕されてをらぬ。取締りの手加減次第では何時暴動が起るかも知れぬ狀態であること。

然らば極最近に於ける國際共產黨の支那問題に對する方針は如何。七月中旬から八月に亘る國際共產黨第六回大會（莫斯科）に於て議長ブハーリンは支那革命の方針に就て左の如く指示をした。（演說の一節要約）

過去の經驗は大民衆運動を起すにあらざれば支那革命を完成することが出來ないことを證明した。故に吾人の主要なる任務は敵が逐次に我プロレタリア軍を擊滅し得ざる爲め民衆を一つに合成結合せしむるに在る。特に必要なるは支那共產黨が即時の暴動蹶起に焦慮するよりも、之が準備行動即ち必勝の機會に暴動を惹起せしむる爲めの民衆的準備に移るに在る。支那の農民運動は支那革命の實際的中心問題であつて其の價値重要である。

即ち前記支那共產黨に關する觀察と、ブハーリンの演說とを對照して考ふると、支那共產黨の現狀を概ね判斷することが出來ると思ふ。

四、第五次全體會議後に於ける支那政局と共產黨の將來

共產黨が國民黨の內部に這入つてから、國民黨その物が一般に左傾的傾向を辿り、國民黨員中に共產黨に赴く者がだん〴〵出來たいきさつは別として、その後に於ける支那共產黨の盛衰といふものは之を

概觀すると南方政權中に於ける左翼派勢力の盛衰と一致してゐることが明かである。

故に支那共産黨の將來が如何になるかといふことを判斷するには、先づ今後に於ける國民黨左翼派の立場を検討する必要がある。

今日國民黨の極左派といふべきものは、黨の上層に於ては所謂廣東派である。此派に屬する中央執行委員中には汪兆銘氏を初めとし陳公博、顧孟餘、王樂平、何香凝、甘乃光、陳樹人諸氏の如き、本年春の第四次全體會議に於ては廣東事件に關係ありとして出席差止め、或は監察委員の一部から彈劾されんとした程の人々が多數を占め、其他宋慶齡、白雲梯諸氏の如きを加へて此一派を準共産黨とさへ呼んでゐる人もある。然るに去る八月上中旬南京で開かれた北伐完成後第一回の意義ある第五次全體會議に於て、蔣介石氏は法定數の委員を揃ゆる等の爲め廣西派の反對があつたに拘らず廣東派の出席を許し、亦其主張を或る程度に容れて兎も角も會議の結末を附けたのであるが、此の關係から廣東派は中央政權中に於て極めて有利な立場を獲得し、今後に於ける活躍の素地を造ることが出來た。

由來社會主義運動に於ける理論的鬪爭といふものは、兎角左翼へ左翼へと走り、今日の左翼派は明日現はるゝそれよりも一層左翼な、而して一層少壯派の爲に破られ、老朽組として淘汰さるゝが常態である。支那の革命運動に於ても御多分に漏れない。國民黨の少壯派（國際共産黨の指導方針に在る所謂下層）の如きは、既に餘程左翼に走つてしまひ、之に反し昔は社會主義だや無政府主義だやといつて仇敵の樣に視られてゐつた蔡元培氏や李石曾氏、吳稚暉氏等の學究連の如きは少壯派連中からは所謂老朽昏庸組として排斥せらるゝ時世となつた。此間の消息は第五次全體會議の經過中に充分看取された所である。斯樣な實情であるから中央に復活した極左派の廣東派は自然によい立場となつた譯である。であるから三民主義の解釋も共運用——即ち實際政治——も自然亦黨の指導方針も左へ左へと變化して共産黨と漸次接近したものとなるであらうといふことは想像に難くない。蔣介石氏が其地位を保つ上に於て是非必要である背景の浙江財閥と緣を切つても此の自然の潮流に乘つて、左へ左へと何處迄も走り得るか否かは頗る疑問とする所であつて、或る程度迄行けば自己の地位を保つ必要上、又々左翼派と手を分つか或は自ら下野するか、何れかを選ばなければならぬ岐路に立つ場合が早晩來るかも知れぬ。今日の南方は恰も十三年春の容共時代に立ち歸つて、同じ途を再び歩みつゝあるの觀がある。序ながら予は蔣氏の友人として、蔣氏が此の難局に處して過去を顧み將來を察し進退を誤らざらんことを祈念して已まないのである。

今一つ注意を要することは、馮玉祥氏の態度である。今日の政治的分野からいへば蔣介石派と覇を爭ふといふ點からは馮氏は廣西派と結ぶのが利益であるかも知れないが、馮氏の今日迄の經歷と其思想的傾向からいへば、寧ろ廣東派と提携するのが自然の樣である。馮玉祥氏の北京なり南京に於ける態度は其本心は兎も角として、下層民衆や少壯派の人達の心を引き附けるものがあつたことは事實の樣である。此點に於て馮氏は蔣氏よりも左翼派と永く道連れになり得る素因を多分に有してをるものと見てよいのであるから、深謀遠慮の馮氏は或は蔣氏と共に廣東派や少壯派と提携して進み、或る距離まで行つて蔣氏がとう〳〵附いて行けなくなり、馮氏のみが自然に國民黨の指導者的地位を獲得するかも知れぬ。若し果して斯の如き結果に到達するものとしたならば茲に國民黨と露西亞との連絡が復活する可能性が生じて來る。露西亞人は今日既に此點に着眼してをるではなからうか。以上の二つの理由——極左派の立場がよくなつて、國民黨が今後左へ左へと變化するだらうといふことゝ、露西亞との關係が復活する場合を想像せらるゝこと――によつて、支那共產黨の將來には新に一道の光明が見えたといつて差支ない。前節に說いた樣に廣東、福建、江西、湖南省境地方の山の中に盤踞してテロリズムの訓練に餘念なき共產黨の武力、上海其他の都市に於ける勞働運動や湖南其他南方各省の農民運動が、中央政權の左傾と相應して又々大活動を開始し各方面に世人を戰慄さする樣な國內的、國際的事件が起ることはないと誰か斷言し得るであらうか。

以上は主として中南支那の共產黨に就て述べたのであるが、更に北支那及滿洲方面の共產黨に就て述べなければならぬ。而して之が爲には馮氏に就て今少しく說明する必要を感ずる。

過去は論ずる必要はないとして、現在馮玉祥氏と露國と關係があるかないかといふことに就ては、二樣の觀察が行はれてゐる。吾人は玆に其何れが眞であるかといふことを斷定する資料を有たないから、之は疑問として置くより外はない。然しながら馮氏と外蒙古との關係が依然密接であるといふこと、而して外蒙古は今日では殆どソヴエト聯邦の一部と見て差支ないといふことは事實と斷定し得る。且又新疆督辦楊增新氏死後新疆省も漸次馮氏の地盤となりつゝあり、而して新疆には露國の勢力が大分に這入つてをることは概ね確實と觀てよい。即ち馮氏が他日中原に乘り出して、直接支那全體の政治を指導する樣なことにはならないとしても、其勢力が河南から山東、直隸に延び、更に西方陝西、甘肅から新疆に亘る西北支那の廣大なる地盤にしつかり扶植されて、直接間接露西亞と境を接するやうになるであらうといふことは、決して根據なき推測ではないのである。

先年馮氏が北京天津地方を領有してゐた當時は勿

論、その後地方を撤退して察哈爾、綏遠方面に居つた頃でも、外蒙の庫倫方面から張家口、平地泉等に對し、露西亞の武器彈藥が盛に供給され、其他諸種の方面に於て露國との關係が餘程密接であつた。又當時馮玉祥氏の手によりて內蒙古國民黨なるものが出來、熱河察哈爾方面から漸次內蒙古に其組織網を擴張しつゝあつた。而して外蒙古に革命を起して之を露西亞の保護國同様にしたのはソヴエト露西亞の手によりて作られた外蒙古國民黨（支那の國民黨とは關係がない）であつた如くに、內蒙古國民黨なるものゝ正體も頗る怪しげなるものであつた。馮氏が陝西、甘肅の方に引ッ込んだ後は自然其活動を中止し、唯々北滿方面に於て馮氏に操縱された馬賊や秘密工作の派遣員が蠢動してをつたに過ぎなかつたけれど、此度北伐完成の結果馮氏の勢力は再び直隸方面に延びて來たので、一時屏息してをつた內蒙古國民黨は首領白雲梯氏等の釆配の下に再び活動を開始したやうである。此の時に當つて滿洲は張作霖の急死で政情不安に陷り、南方との妥協は表面は兎も角として內實如何に進むでをるか分らない。此狀勢は內蒙國民黨の勢力擴張には絕好の機會でなくてはならぬ。一方呼倫貝爾の獨立運動に依つて世上に知れ渡つた樣に、外蒙を通して露西亞の行ふ北滿に對する政治的進出運動は之から度々起るであらう。若しも滿洲が益々南方と妥協し、國民黨の分子が滿蒙に進入し得る樣になつたならば、現に張家口や京津地方の新領地でやつてをる樣な宣傳等の活動を始め、そこに共產黨進入の機會を與へるであらう。更に露西亞の現に企圖してをる滿洲赤化の一手段に沿海州及朝鮮方面よりする朝鮮共產黨員を以てする一方向があることを忘れてはならぬ。

要之東三省の政情如何によりては滿蒙は北、西からは露西亞又は外蒙古より、西南からは內蒙古國民黨により、東からは朝鮮共產黨により共產準共產の包圍攻擊を受くる危險に瀕してをるものといへる。

以上の如く觀察して來ると、革命完成後の支那政情は共産黨の爲め有利に展開したとは確であつて、南北各方面に於て既に活動開始の兆候さへ認められる。勿論今後の過程に於て共産黨と國民黨や實力派との間、恐らくは國民黨極左派との間にさへ種々のいきさつはあるであらう、從つてソヴエト式社會革命が最後的に成功するものとは容易に考へられない。けれども、それにしても共産黨運動の進展は最早や獨り支那のみの問題ではない。直ちに我國の問題たることを免れぬのであるから、私は支那の友人達に對し、共産黨の巧妙なる戰術に乘せられて再び前年の過誤を繰り返すなからんことを勸告すると同時に、我國人に對し支那共産黨はとツくの昔に消滅したなどいふ呑氣な誤つた考へを去つて、之れこそは我國が現に直面してをる重大問題の一つであるといふことに着眼し注視せんことを警告したいのである。

（昭和三年八月三十一日稿）

七、「軍事上より観たる支那の現状」

東亜同文会調査編纂部編『支那事情講習録　昭和三年夏期講習』所収　昭和四（一九二九）年

軍事上より觀たる支那の現狀

陸軍中將　松井石根

一、支那の國家生活

大正元年秋十月、黎元洪が武漢の地に第一次の革命の旗を擧げて以來十有七年を經た。更に我々が京津の地方に擧匪と戰ひつゝあつたのは明治三十年と記憶する、孫逸仙が廣東に革命の所謂第一聲を揚げた年から算へると大凡三十年に垂んとする昔になる、此長い年月非常な革命志士の努力、此間内外幾多の錯綜した事蹟を經て、最近所謂彼等の唱へて居る所の革命は先づ其緒に就いたやうに考へる、否寧ろ革命の長い事業は一と先づ落着したと云ふても宜いかも知れぬ、今や支那の大革命事業は正に建設の時期に入つて、これから我々が見て困難であると思はれる所の建設なるものが正に南北に夫々劃策されつゝあるのである。

そこで此建設といふことの將來を考へるに當つて、私共が先づ自分の念頭に浮んで居ることは所謂支那の國家生活と言ふか、社會生活といふか、其有様が日本帝國は申す迄もなく、其他の歐米諸國と較べて其趣を異にして居るといふことである、要するに世界何れの國と雖も所謂國家生活なるものは社會生活なるものと相並び立つて、爰に國家も立ち、國民の生存といふものが出來て居るのは當然であるが、これを支那の舞臺に當てゝ考へて見ると、過去の支那は尠くも國家の生存といふものと社會の生活といふものが二つ別々になつて居るかのやうに考へられる、もつと極端に言ふならば、國家の生存機關といふものは支那の社會の生活を脅かす所の機關である、國家なきことが支那百姓の仕合せであるかのやうに私共は考へる、即ち支那は古來自治的の機關——或は實業界の方面に於ても、或は政治方面に於ても、或は共同の團結、或は上下の協調とかいふやうなものを基礎にして——自治的の機關があつて、それに依つて支那の百姓は共生存を樂しんだ、國家の機關といふものは寧ろこれがない方がよい、これがあれば却つて偶々彼等の社會生活が脅威されるのであるといふ風に考へて居り、又事實が共通りであつたのでないかと私共は思ふ。

そのやうな事態が支那の眞相としたならば、玆に所謂支那の革命建設に當つて、此建設に從事する所の支那の志士の苦心が如何に多く、又其前途が如何に困難であるかといふことを略々推察し得るであらうと私は思ふ。之等に就きてもう少し述べたいこともあるが、前置きが余り長くなるといけないから、此の邊で措き、直ちに本問題に入りたいと思ふ。

二、建設への第一步は裁兵

御承知の通り七月の初めに革命の巨頭蔣介石を初め閻錫山、馮玉祥、白崇禧などが相競ふて集まつて、先ず革命の盟主であつた孫逸仙の靈を弔ひ、續いては短時日ではあつたが所謂巨頭會議なるものが開かれて、今後の建設に於ける大綱を協議した。其協議した事柄は大體新聞等で御承知であらう、要するに問題は先づ東三省問題より起つて次に所謂裁兵問題、次に支那で新しい政府を建設する政治財政的の諸問題が講究されたやうに思ふ、勿論之等は巨頭の間でほんの顔合せをした序でに、其各人の所見の一端をお互に述べたといふ程度なものに過ぎないので、之等が本問題として講究されるのは八月の一日以後、南京に開かれる所の所謂第五回の大會に依つて議せらるゝことゝ思ふが、之等の巨頭會議、續て行はるゝ第五回の大會が如何なる成果を將來するかは我々が今より斷言することの出來ないのは申す迄もないが、之等の諸問題の內では何れも前述したやうな事情から極めて困難なること許りで、先づ此諸問題を討議するに當つて、第一の問題として他も我も考へることは所謂裁兵問題である、現在の支那は所謂革命の土地が南から北、西から東へ移つて、支那の全土を破壞し盡した、其破壞の狀態からこれを建設するといふ段取りに至りては何よりも大事なことは、此破壞の狀態を整理するといふことであらねばならぬ、もつと具體的に申すならば南の廣東には李濟琛を初め蔣介石あり、他方山西派、奉天派あたりの各軍閥があるので、統一の機運に之を導くといふ爲には先づ何よりも裁兵といふことが必要である、即ち新しく出來むとする統一政府が之等の各軍閥を政府の盡力を以て指導し、又之等の軍閥が相依り相助けて此統一政府の建設に從事することは當然必要である爲に、之等の巨頭が其意味に於て由來破壞の爲に出來た所の澤山の兵力を今後互に協同し協調して、又は統一政府の權力に服從し得るやうな狀態になることが即ち裁兵問題だと私は考へる。

三、巨大なる支那の兵數と軍費

そこで然らば此裁兵といふことを論ずるに當つて、今日斯うい ふ風に割據して居る所の軍隊がどの位のものが何處にあるかといふと、支那に於ける南北各地の軍隊の數は時の狀況に依りて色々增減伸縮されたことは勿論であるが之を所謂黎元洪の革命即ち民國元年當時と今日とを段々較べて見ると、今日支那に於ける兵力は夥しい數に上つて居る黎元洪、孫逸仙あたりが南京若くは武漢政府に隱れ、國民政府を造つた頃の南北の兵力は略々三十萬內外であつたらうと思ふ、それが第二革命、第三革命といふことになるに隨て逐年其兵方を增して、袁世凱が洪憲皇帝になり損ねて南に所謂反袁熱が盛んに起つた當時、これに對抗する所の袁世凱の兵力を合せて、南北の兵力約百萬に及んだ、所が又南北軍閥の相互の確執、就中奉天派と京津地方に居つた直隷派との抗爭等が主なる原因をなして、爾來支那の兵力は年に月に益々殖えても、一日も減る日はなかつたのである、今日の兵力がどの位あるかといふと所謂奉天派の兵力は百二十萬、南軍の兵力百三十一萬、之等を合せて二百五十餘萬と稱せられ、之等は何れも戰場に馳驅した所の大舞臺のもののみを言ふので、尙ロシア國境、蒙古方面から廣東の雲南境に到る迄の各地の兵、又各地間に行はれて居る所の小さい鬪爭に從事して居る所の兵力等を總計すれば、其兵力は殆んど數へることが出來ない。兎に角支那に現存する兵力は約百八十萬乃至二百萬になつてゐるだらうと思ふ、如何に領土の廣き人民の多い支那といつても、二百萬といふ兵數は非常に大きな數であつて世間で動もすれば東洋に於ける帝國主義の棟梁と稱せらるゝ所の我兵力は二十萬に過ぎぬ、丁度此の十倍の兵力を持つて居る、ヨーロッパに於て最も多數の兵力を持つて、今日ヨーロッパの國際的困難なる位置に於て角逐して居る所のロシア若くはフランスの兵を假りに申すならば、フランスの兵力は約六十五六萬、ロシアとても彼の特別の警察官上りの兵力を合せて百七十萬を超えぬ、之等の兵力に較べると、支那の現在の兵力は如何に革命の事業を苦しんでやつて來た結果とはいへ、極めて大なるものである。

此の兵力の多いといふことは只支那に人が多いから澤山之れを狩り集めて軍隊としたといふことを考へて見れば、大なることでもないやうに思ふが、さて此の二百萬の兵力を養ふ國家なり地方なりでどの位の費用を要するかといふことを假りに考へて見るならば、これも地方の狀況又は其時の樣子によつて非常に差のあることは申す迄もないが、昨年の四月頃であつたか、所謂蔣介石が南京を 占領して國民政府を南京に樹立した 頃蔣介石の持つて居つた兵力が約廿五萬と唱へられて居たが、蔣介石が其二十五萬の兵の爲に每月使つて居つた軍費は約千五百萬元に達して居つたと記憶する。日本の金に之を換算すれば、もう少し余計な額になるのである。これは所謂廣東以來訓練された兵隊が勝誇つて上海附近に現れた時の最も景氣の好い場合の軍隊の給與であるから、之を以て其後地方の軍隊の全部を推すことは出來ぬけれども、假りに之を標準にするならば、今の二百萬の軍隊は一ケ月の軍費尠くも一億二千萬圓の高に上ることになる、斯くの如く昨年四月蔣介石の軍隊の經費を以て今日支那の全體の軍隊の經費を推算することは非常におかしな計算の仕方だと考へる人もあらうが、私は殊更に斯ういふ風に計算して見たいと思ふ、それ今日北京天津附近に到着した所の革命軍の勝誇つた勢ひは、恰も昨年四月蔣介石が上海、南京附近に現れた時の有樣と同じである、色々軍隊の内情を調べて見ると、各將帥以下兵卒に至る迄非常な勝誇つた勢ひと又非常に功を爭ふといふやうな氣合、何等か國家から自分達に償はるべきものがあるといふことを期待して居る所の狀態から、各兵各將校が長い間軍陣の間に奮鬪して來た結果とは申せ、今日京津地方の都に入つた後は、各々爭つて酒食を樂しみ、婬樂にこれ耽らんとするやうな趨勢が日に〳〵顯著であるといふことを聞くに於て、恰も昨年の四月頃の國民軍の狀勢と同じである、否寧ろ昨年はこれで一休みさして更に北伐をやらうといふことの爲めに、彼等は將來に大いなる望を囑し又自ら抑制した點があるだらうと思ふが、今日は一番絕頂に登り詰めたのである、彼等は此際當然國家がこれに酬ひなければならぬ、非常に好い地盤を與へ、非常に好い職を與へるといふことを皆が希ふて居るだらうと思ふ、然も反對にもうお前達は用がないからこれから廢めるのである、所謂裁兵をするといふことになつたならば、彼等が如何樣な條件を擔ぎ出すかといふことも相當考慮に余りあるだらうと思ふ、斯やうな意味を以て私は之を論定して一億二千萬圓と勘定して居る所以である。

斯くの如く大きな經費を支那の革命事業が十分に成功した後に於ても却々容易に支出出來得べきものでないことは勿論であるが、今日の建設の場合に於ては斯くの如きものは到底一日も存して置くことは出來ない、一日も速かに處理しなければならぬといふ必要も亦玆に起るのだらうと思ふ。

四、裁兵の方法と其經費

然らば裁兵といふことを大凡どういふやうな計畫に依つて支那の革命當局者は實行せんとしつゝあるかといふに、七月の初めか六月の末であつたか、蔣介石が北京に行く途中、漢口に於て裁兵の方針といふものを發表して居る、それに依ると將來支那に於ける軍隊の費用は國家の歲入の總額を基準として、多くも其五分の二を出でない、少くも今後に於ける支那の兵力は大凡全國南北を合して、五十萬乃至六十萬位の兵數に制限しなければならぬといふことを發表して居る。これが今日迄發表された大凡の兵力に對する制限の標準として私共が承知したものである、然らば之を如何やうに裁兵するか、二百萬もあるものを五六十萬に減らすにはどういふ風にやるかといふことに就ては、これ亦馮玉祥も、閻錫山も亦白崇禧あたりも夫々意見を公式に發表し、色々の言ひ前もあるやうであるが大體に於て各人の持つて居る勢力範圍、地盤と言ふか、其地域から各々勢力維持の必要な數丈けにしやうといふことを述べて居る、只馮玉祥あたりは勿論大體の裁兵の仕方はそれで宜いけれども、裁兵の率は各地方、各地盤毎に平均に行ふことは出來ない、各隊の素質價値等を檢査をして、其價値のない、素質の惡いものを俎上に上せ、各方面に於て撤兵させる積りであるといふことを發表して居る。

之等の言ひ前は一應の理屈はある、併しながら退いて今各將軍の發表した意見を考へて見ると、其述べた裁兵の手段の裏面に於ては、又各人の立場から非常に苦心もした、又は特殊の考へを以て斯くの如きことを發表するのでないかと想像せらるゝやうな節も少くないのである。然ういふやうなことを考へて來ると難かしくなるから、先づ蔣介石のいふ五六十萬の兵力に減らすといふことにして、其問題を研究して見るならば、先づ蔣介石が裁兵の手本を示さんが爲に今持つて居る第一集團軍といふ江蘇から山東附近に亘つて、又一部は直隷附近にある自分の手兵は今日では約廿四五萬もあらう、此內から主として約十六萬人許りを三期に分けて裁兵しやうといふ、其費用として約一千萬元を計上して居る、此費用は見やうに依つては少し多過ぎるかも知れぬが、從來支那の軍隊は屢々解散されたり、召集されたり、それが常ないものであるから、往々必要のない時に軍隊を長官が解散する時には各兵隊に十圓とか二十圓とか三十圓とかやるといふことにして居る、其內の首領とかいふものには多少纒つた金をやらなければならぬといふことであるから、十五萬人を假りにさういふやうな前例に照して見るといふと、必ずしも一千萬元は余りある數でないと思ふのである。

そこで此十五萬に對して一千萬元といふことにすると、假りに二百萬人の現數を六十萬人に減らす＝百四十萬人を減らすといふことゝなると一億數千萬圓の金が要る、此多額の金が此革命の際短時日の內に調辨し得らるゝか、南京政府の財政家あたりは之等の點に就て色々研究し、或は公債を募集し、或は各國の賠償金の濟んだものを之れに當てる、或はイギリス、ドイツあたりの從來の公債の鹽稅の擔保が皆濟になるから、此鹽稅の余りを以て之れに當てやうなど、色々な計畵が出來て居るやうである、併しながら之等を以て果して左樣な大金を短時日の內に調辨し得るや否やは非常に疑問である。

五、裁兵果して可能なりや

而も斯くの如き大金を使つて假りに裁兵を成し得たとしても、其結果がどうなるか、蔣介石は孫逸仙の靈に告ぐるのに兵工兵農政策に依つて軍隊を今より直ちに裁兵致すと報告したと聞いて居るが、所謂兵工兵農政策といふのは、軍隊を或は工業に、或は農業に、夫々道を支へて兵隊であつたものを平和の民に復さうといふのであつて、支那は土地が廣く、滿洲、蒙古、チベツト方面に幾らでも耕すべき土地もあらう、長年革命の後を承けて支那の既成の鐵道其他の事業は多く破壞されて居るから、之等を修繕しなければならぬものも多數あることは事實であるが、之等は人の力のみでは實行は出來ない、之れに多數の資金を要することは勿論である、さうすると却て之等のものをさういふ事業に流用することは言ふべくして到底出來ないことである、只解散をして一遍郷理に歸して父母に見えて來るといふことの爲に此一億二千萬圓が要るのである、更に仕事を與へ之を働かせるといふ爲には、別に一億——二億——幾億の金を要するかも測られぬから、斯くの如きことは後の相談として、取敢へず之を裁兵し得たならばよいといふことにならなければならぬ。後のことは又追々之を經營するやうにしなければならぬことに自然なるだらうと思ふ、果して斯くの如き兵工兵農政策といふやうなことが行はれ得るであらうか、これ亦私が敢ていふ迄もなく、到底不可能のことであると言はなければならぬ。

果して然らば斯くの如き多數の軍隊を裁兵したといふことは取りも直さず斯くの如き多數即ち百四十萬の失業者を新しく支那に作るといふことになる、之等の失業者がどういふことを支那に仕出來すであらうが、如何にして彼等のパンを得る道を講ずるかといふことを考へて見たならば、これ亦寒心に堪えぬやうな感じを多分に持たなければならぬ實情であらうと思ふ、大谷光瑞師が先年上海に於て學匪とか兵匪とかいふ言葉を使つて隨分支那の現狀を譬へて言はれたことがあるが、假りにさういふやうな研究をして爰に考へて見ると、遺憾乍ら最近裁兵される所の兵隊は四圍の事情止むなく又彼等が所謂土匪となり或は馬賊となり、食を得るに努むるより外ないのでないかといふことも相當に考へられるのである。殊に——私は余り支那の實情を惡く言ふことは私の支那に對する信念上好まないのでけれども、實狀をいふ爲めに自然研究を進めなければならぬ事態に至るのは甚だ遺憾である——支那の兵卒は元々傭兵、職業を與ふる爲に傭ふて來た所の傭兵で、それが職を失ふたならばこれから職を得んが爲に手段を擇ばないといふことは支那の事情が之を然らしめて居るのである、勿論傭兵といふことは必ずしも支那許りでない、今日歐米の先進國でも傭兵を使つて居る、强ち日本のやうな徵兵制度の國許りではないが、併し世界の各國では徵兵であると傭兵であるとを問はず、苟くも軍隊と言ひ、國家の防衞に任ぜんとして居る所の兵隊は自ら自分達の覺悟がある、又之に對する制裁といふものも無論行はれて居るのである、之を我帝國の徵兵制度に依る所の、殊に古來武を以て立つて居る所の國と比較することは全く緣が遠いが、支那の實情に似て居るやうな各國と比較しても兵隊と國家との關係が余りに隔絕して居ることはこれ亦言ふまでもない、其大體の根本は一番冒頭に言つた支那の國家組織と社會生活とが全然掛け離れて居ることに原因して居ると思ふ、もう一つは支那の事情として我々が見る所は所謂、支那は古來文化の國であるといふやうな多年の習慣——決して惡い習慣ではない、善い習慣であるが——これに囚はれた爲めか、所謂武人といふものを非常に卑しむやうな習慣が支那にはある、これは支那四千年を通じた習慣ではないが、宋時代には殊にさういふ風が支那に洽く行はれたと私は思ふ、戰に行つて敗れて兵隊が足らぬ場合には監獄を解放して囚徒を軍隊に入れたやうなことも歷史に記してある、現在の支那の兵が多く所謂無賴の徒であつて、所謂懶惰の性に富んで居る所の無賴漢などが多く傭はれて軍隊に入つて居るといふのが、最近の軍隊の實情であるといふことも之れ亦認めなければならぬ事實である、彼等には國家であるとか革命の建設とかいふやうなことに何等の交涉のないことは申す迄もない、勿論今日支那の南北に居る革命軍の全部が必ずしも斯くの如きものであるとは言はない、蔣介石が多年廣東邊りで政治軍官學校等に於て訓練した兵隊——これは兵隊ではない幹部であるが、さういふ人達は其後も非常に政治的に、軍事的に訓練された、さういふもの迄も悉くそれとはいはぬが斯くの如き素質の良い軍隊は恐らくは今日裁兵せられないで殘ると思ふ、裁兵せられるやうな兵卒は大多數今いつたやうなものであらうと考へる、さうすると之等の軍隊は假りに一億數千萬圓の巨額の金の調達が出來て之を裁兵したとしても、彼等に與ふる所の金は各人數十元に過ぎない、一應鄕里に歸つて父母に會ひ、祖先の墓を弔ふて、ちよつとうまい酒でも飮んだならば數ケ月を出でずして囊中何物もなくなるので彼等は其場合に新しく職を得る道がなかつたならば、矢張り再び土匪となり、馬賊となり、或は暴徒になるといふやうなものが大多數でないかと思はれる、革命が建設され、裁兵が行はれ、天下泰平になり、誠に慶ぶべきことであるけれども、其翌月乃至翌々月は支那南北に土匪暴力が起つて來るといふことになる、さうなつて來ると之を取締つて社會の秩序を保たんが爲には、それに相當する武力を用ゆるより仕方がない、兵隊を裁兵して今度は巡査をどの位募るかといふことになるのである、余り悲觀したことをいふやうであるが實際さういふものでないかと想像されるのである。

　そこで、もう一つ裁兵に就て、それ以上困難の事情のあることを私は考へる、今述べた事は蔣介石初め彼等の唱へて居る所の裁兵の計畫が最も順序よく行はれた場合を想像しての話である前にも一寸言つたやうに斯くの如く裁兵が圓滑に所謂軍閥の巨頭の間に行はれるかどうか、今日新聞の傳へる所に依ると、支那の軍閥の巨頭は何れも皆揃ふて一身を捨て、國を念ひ、革命の建設の爲に犧牲になるやうな覺悟を以て行動をするやうに報道されて居るが、それが果して眞相であらうが、又裏面から我々が聞く所の色々な情報に依ると、此革命の巨頭連中は今日より既に盛んに裏面に於て格鬪を始めつゝある、直ちに武力を以て今戰ふといふ迄には無論至らぬが、所謂彼等の權謀術數なるものが今將に盛んに行はれつゝある、それ等の混沌たる狀態をいへば限りがないから、今は言はぬが、山西の閻錫山は蔣介石邊りと相謀つて馮玉祥を殪さう、馮玉祥は蔣介石を排擠し、閻錫山を覆して自分の地盤を擴げやうとして居る山東に居つた白崇禧は革命が北京方面に於て一段落を告げんとする幕の下り掛つた時に、急遽廣東から北に上つて閻錫山、蔣介石などゝ爭ひつゝある、一面には頻りに閻錫山をおだてゝ京津地方の治安維持を慫慂して居るかと思へば又他面には馮玉祥をおだてゝ武力を以て奉天軍を熱河附近迄驅逐しなければならぬといふことを頻りに唱道して居る、李濟琛迄が急に乘込んで政局の推移を企てるといふやうなことを見ると、これ等は又閻錫山、蔣介石あたりが玆で手を握ることを妨げて、李濟琛、張繼あたりの廣西派のものが揚子江以南を今日は占める爲に蔣介石の勢力の大きくなるのを望んで居ないやうに思はれる、斯くの如き事態を研究すればする程、これに依つて裁兵といふことが近く實現するものとは思はれない、現に裁兵々々といふ聲が今日南に起つて居る矢先に、其裁兵の本場に於てすら湖南あたりに於て募兵をして居る、北の巨頭の集つて占據して居る所に遠からざる直隷地方に於て又馮玉祥一派の募兵が行はれつゝある、之等の事態は或は一時的の現象であつて、早晩止むのかも知れぬ、所謂第五回大會等の行はれた上は各將領の諒解に依つて緒に就くかも知れぬが、現狀に於ては斯樣な甚だおかしな事情の下にあるのである、此一事を以て見ても、之等の和衷協力に依つて裁兵を行ふ爲に眞に手を携へて統一政府の建設に從事するといふことがどの點迄出來ようか、非常に疑問としなければならぬと思ふ。

斯やうに研究して見ると、裁兵といふことは今日の革命の第一着手の事業として最も重要なことであり、且つ亦最も困難なことである、此見極めの大凡着くと否とは革命の統一建設が行はるゝか否やを卜するのに最も重要なることゝ考へる。

今日の事態は右のやうに非常な混沌たる狀態である、今や樂しい愉快な平和が來つゝあるやうにちよつと見えるけれども內實は必ずしもさうでないといふことを我々は痛感しなければならぬ、殊にさういふ事態にあり乍ら此革命統一に當つて居る國民政府の國際的態度が誠に我々の豫想する以外に横暴と言はうか、變態を現はして居ることは、誠に支那建設の爲に、支那國民と共に遺憾に堪えない次第であるが、此事態と共に今日支那の各地に列國の武力が介在して居ることを考へるのも一つの參考になるかと思ふので、それをいつて置きたい。

六、支那各地の列國の武力

北京天津方面これは北清事變の結果として多年列國軍が駐屯して居る、現在イギリスが約三千七百、フランスが約二千九百アメリカは色々の事を言ふて居つて、或は丹崙附近の兵を撤して見たり色々なことをするが、現に持つて居る所の兵力は海兵を合せて四千五六百、詰り英佛の兵力を凌駕して居る。其の他イタリー等の諸國がある、日本は從來約七八百人のものが居つたのであるが、戰亂以來遂次兵力を增加して、今日では約六千百人許り居る、此內千人以上は第三師團の豫備兵が居るので、召集解除になるから、最近に五千弱になるかと思ふ。アメリカの駐屯兵より多少多いのである。それから山東方面は、これは所謂喧しい山東出兵で、日本の自衞すべき土地であるから日本兵より居らぬが、これは第六師團の兵が居るので、これが第三師團の增派に依つて漸次內に歸り今では第三師團、第六師團が居るが、次第に交代されるので、支那の事態が多數の兵力を必要としないといふ判斷に基きて、先般來豫備兵は召集解除になつて歸りつゝあるから、現在では約一萬四千許りの兵があると思ふ、今後山東方面の情勢に大なる變化がなければもう少し減らすことになるだらうと思ふ。

それから上海方面、これは昨年例の南京事件以來各國共上海に兵を出した、イギリスの如きは遠く本國から大洋萬里を越えて一萬余りの大兵を上海に送つて居た、事態の鎭靜に赴くに隨て大分歸つて、今日では上海に居るイギリスの兵力は海兵を混ぜて四千六百人、それにアメリカが矢張り海兵を混ぜて千百人フランスも千百人、日本は一時海兵を約二千名も上海に揚げたこともあつたが、それは逐次減らされて、今日では結局五六百の海兵が上海に行つて居る。

漢口方面には列國の兵は居らぬ、其他の揚子江附近に於ては海兵が大分居る、これは矢張り昨年以來又殊に本年の山東出兵に伴つて日本あたりは多數の軍艦を一時揚子江に派遣して、支那の南北を通じて沿岸各地に居る帝國軍艦の數は五十余隻のこともあつたが、これも今日では漸次減らされて、大體支那の沿岸に居る帝國の軍艦は巡洋艦を初め驅逐艦、砲艦迄數へて約二十四隻許り居つて、其の大部分は揚子江の中に入つて居る。アメリカはこれ亦昨年本國から東洋艦隊を増加して巡洋艦其他驅逐艦等を送り、今日は主としてアメリカは青島を根據として居るが揚子江沿岸に持つて居る大小軍艦の數は十六七隻の多數に上つて居る、イギリスは從來香港に根據地がある、又シンガポール根據地があるから、それ等の勢力を除くと支那一帶に現在持つて居る大小軍艦は十六隻に過ぎない。

香港に居るイギリスの兵はこれも昨年以來一時非常に増加し、其後又多少減つたが、今日でも大體四大隊、約三千五六百の兵が居る、斯くの如き列國の軍隊が或は條約上の當然の權利を持ち、若くは自國の自衞的手段として出て居るのである。

滿洲は從來第四師團の外、本年第六師團を山東出兵と共に、一時滿洲に居つたものを遼東に増兵した機會に於て、其缺を補ふ爲に朝鮮から一旅團を送り、今日でも滿洲自體が安全に至らぬ爲に、一ケ旅團殖えて居る、兵數からいふならば七千許りのものが此處に居る。

七、結　論

斯やうにして列國の兵力が支那の各地に居ると同時に、又一面には前に言つたやうに新しい建設事業を監視して居るといふやうな意味も考へらるゝと思ふ。誠に不幸にも最近國民政府の國際的に取つた態度、これは只對日本的の彼の山東事件の解決其他昨年以來殘つて居る所の南京事件の後始末等に對して甚だ面白くない態度を取つて居るといふことを我々は憂へて居つたが、更に彼等の態度は單り日本に止らず、先般彼の所謂通商條約期限の滿了に對する手段として既にデンマーク、ベルギー、最近はフランス、イタリーに條約の期限の滿了と共に、條約の破棄を申込んだやうな次第、のみならず、我日本に對しても去る二十日の期限滿了と共に所謂彼等の稱する臨時辦法なる者に依つて兩國の條約改定をしたいといふことを申込んで居る、さういふことを我々が見て本氣で言ふて居るのが、夢を見て居るのか又はからかつて居るのか、靜かに考へて見ると誠に了解に苦しむやうな次第であるが、一體それが夢でなく、幻でなく、事實支那國民政府の外交手段に依つて紙に白畫書いて之れを外交關係にするといふやうなことである。

此支那の狀態に對して、我帝國としては言ふまでもなく、列國として此際如何なる態度を取るべきやといふことに就ては誠に心配に堪えないことである、更めて言ふ迄もなく我々は多年支那の一日も早く鞏固にして且つ完全なる統一政府の建設さるゝことを希望して列國と共に之等政府の建設に對して凡ゆる援助を吝まないといふので、數年前ワシントンに於て之等のことは列國と共に紙に書いて誓つたやうな次第である、どうか一日も速く之等の事態の來らむことを首を伸して待つて居つたのである、其多年の望みが今日漸く遂げられたから、非常に期待を以て新しい國民政府の建設を望んで居つた際、測らずも此國民政府から斯くの如き夢のやうな問題を我々に持ち掛けられた、實は我々は途方に昏れて爲す所を知らないといふやうな次第である、蓋し支那の問題は支那一國の問題でない、實に我が東亞の大問題、我々は何とかして支那國民と共に斯くの如き事態を一日も速く匡正し、誤れる夢より彼等を醒まして、軌道に一日も速く踏み入つて、東亞百年の大計を立てるといふ時期の來らむことを衷心希望する次第である。

（昭和三年七月二十三日）

八、「満蒙問題と軍縮」

滿蒙問題と軍縮

陸軍中將　松井石根

一、滿蒙資源と帝國との關係

我が自衛權を隨時有效に行使し得べき地域に於て、我が國民の福利を保證し、且つ之を順當に增進し得べき方法ありとせば、獨立の國家、國民として之に勝るの便益はないだらう。

此の意義に於て、明治天皇の宏謨として、開國進取の國是に基く國策が、朝鮮の諸問題を始め、東亞の大陸に向つて積極的に行はれた時代がある。而して此の政策の恩惠に依つて、今日我が國民の享けつゝある餘澤を考へ、現代の我が國力と、明治初年の我が國力とを對比すると、今更の如き感懷が湧くのである。（我が國富――王政復古時代六十八億、西南戰爭時代八十五億、憲法發布時代百三十億、日清開戰時百六十六億、日露開戰時二百二十七億、大正元年三百七十五億、大正十年九百三十億、大正十三年約一千億圓『以上高橋秀臣氏調』、而して現在統計局の調査は一千三百億圓である）。然るに世間往々此の恩澤に馴れ、明治開國進取の大陸策は謬れるものなりと說く向も出でたのは、吾人の解し得ざる所である。殊に滿蒙の問題には我が國の拂つた犧牲も多く（日露戰費二十億圓、死傷二十萬人、爾後の投資十七億圓）、帝國の臣民として歴史的感銘最も深き譯なるが、此の地域に於て國際上合法の形式を以て、我が既得權益となつたものに依り、今日

『外交時報』第六一巻六五〇号　昭和七（一九三二）年一月

までに我が國民經濟に裨益せし所尠少でない。而して更に此の既得の範圍に於て、權益の實際的效果を十分に發揮し得ることゝならば、我が國民經濟の基礎益々固くなり、延いて世界的に一大飛躍を試みることも亦容易であらうと思はれる。(滿蒙の資源は我が國內資源と有無相通ずるもの多く、鑛產、林產、農產、畜產等の滿洲總輸出額の四割を平時日本に於て需要し、就中既得權たる鐵鑛は、埋藏量八億噸(現在生產年八十萬噸)、石炭埋藏量三十億噸(年產九百萬噸)、油母頁岩五十四億噸、其の他我が權益と謂ふには非ざるも、滿鐵の顧客たる大豆は、年產三千六百萬石即ち世界全生產額の六割、我が國生產額の約十一倍等)。然るに若し不幸にして、今日我が國が滿蒙に於ける此等の權益を失ふことありとせば、其の經濟上の打擊や果して幾何であらう。

加之滿蒙の地は已に鮮人百萬を收容し、向後なほ之を容るゝの餘地大なると同時に、此の地方が我が特殊權益地たると否とは、直ちに延いて我が朝鮮統治の上に、重大の因果關係を齎らすべく、即ち日露戰役半面の意義を完成するか否かの問題ともなるだらう。

一方國防上より見るも、將來不幸にして、再び對蘇又は對支の開戰を爲すべき秋に方り、滿蒙は實に我が作戰の爲め重要なる地域であつて、此の地方を豫め我が特殊關係地方として有すると否とは、我が作戰の樹立に支配的の影響を及ぼすものがある。若し夫れ資源の問題に就き、戰時我が軍需及び民需の供給方法を思ふとき、不幸にして太平洋上の我が通商自由ならざる場合には、我が物資は勢ひ大陸より之を補ふを要し、偶々滿蒙の資源が豫め開發を遂げていたならば、二、三の特殊品種を除くの外は、我が國の需要を充足して餘りあり。之れ滿蒙が戰爭遂行と、戰時の國民生活支持の上とに最も深き關係ある所以である。

滿蒙の我が國家、國民に對する價値は、大體前述の通りであるが、玆に東洋の天地に於て、我が隣邦の現時及將來の情勢は、吾人をして果して滿蒙問題の上に無關心なるを得しむるや否や。

二、隣邦の情勢

民國以來の支那の政情不安は、毎年の國內爭亂となり、我が居住民の保護を要すること屢々であつたが、狀況の推移によりては、東洋平和の爲め、今後相當大規模の制壓を要することもあるべく、加之所謂民族的黎明運動の飛沫は、吾人の立場より見れば、國際的にも不當の行爲を惹起すること多く、我が國民の平和的態度は、隨所に支那の虐ぐる所となるの狀を呈し、吾人が所謂大國の襟度を以てせる平和的抗議も、何等所期の目的を達せず、我が國民の實生活上に受けつゝある損害は甚大である。殊に滿蒙に於ては、從來より彼我の關係深甚なる丈け一層深刻にして、既往二十數年間、邦人の努力と十數億圓の投資とは、刻々其の效果を失ひ、支那官憲に對する一億數千萬圓の債權は却つて逆用せられ、我が借款鐵道或は條約を無視して彼れ自ら敷設したる支那鐵道は、今や我が滿鐵の存立を脅かす强敵となつてゐる。

されば滿蒙の事態は、最早や此の儘に放任せば、我が特殊權益の尠くも一半は早晩眞に有名無實のものとなるべく、我が實力の全然驅逐せらるゝの日も亦遠しとしないだらう。故に我れにして滿蒙の特殊地位を放棄するに於ては格別なれど、否らざる限りは、滿蒙の事は今ぞ帝國の文武機關が相協力して、我が國民生活の保護の爲め斷乎たる態度に出づるを要するの秋であらねばならぬ。蓋し支那人は、由來劍とパンとを併示して統治せられし民族なりと聞く。而して近時支那人の恃む所は自己の存在を自覺せる外、特に第三國の感情的或は謀略的の好意である。向後事態の進行に伴ひ、若し此等外人と支那人との間に相互利用の關係密接となり、外人は貸すに軍費と武器とを以てせば、支那人の使用すべき陸軍力は其の質に於ては十分ならざるにもせよ、其の數に於ては平時世界第一の二百二十萬人を有するを以て、たとへ其の全部が我れに向ふものにあらずとするも、帝國としては決して之を輕視すべきでない。

蘇國の現狀よりすれば、當分の內武力を以て他國を侵襲する虞れはないだらうが、其の國力殊に陸軍軍備は着々充實しつゝあるを以て、其の世界赤化運動は、今後更に發展すべき經濟力と相俟つて、表裏兩面に亙り益々積極的となるべきは疑ひなき所である。

又蘇國は最近產業五年計畫の進行に伴ひ、各種のダンピングを開始して、世界の經濟市場を攪亂しつゝある。故に之と關聯して、右五年計畫の第一義となせる重工業の發達に伴ふ軍備充實計畫の完成に伴ひ、今後同國の實力充實向上せば、有形及無形上對外的發展を企圖し來るは自明の理である。然るときは滿蒙も自然喧噪となり、勢の赴く所、我が權益に觸るゝの虞れなしとせない。從つて我が治安維持の爲め、我が國が一部の出兵を爲したる場合、意外の葛藤を惹起するの虞れもあり得ると見られる。

三、帝國の發展と滿蒙との關係

滿蒙は我が特殊權益の唯一の地域と公稱して差支なかるべく、我が旣得權益儼存せるに反し、他の地域には帝國の旣得權益なるもの殆ど無い。故に大和民族の發展を望む大陸政策又は海外發展策(領土慾にあらず)を棄てざる限り、滿蒙は常に國際的交涉の舞臺となるべく、若し此の地方の條約契約に基く旣得權益を、蘇支又は他國が直接又は間接に侵害するあらば、自衞上干戈に訴ふるは、帝國の自存と國際間に於ける條約の威信保持との爲にも寧ろ必要にして、合法的である。況んや滿蒙の地は第二のバルカンの稱あり、日、蘇、支、其他諸國の利害錯綜し、而も我が隣邦には國際道義の信頼すべからざるもの多き現状に鑑み、之が治安の維持に帝國が一臂の勞を惜まざるは、東洋平和保障の第一歩として、國際の道義に適ふものと稱すべく、吾人は我が民族生存上の必要と、國際信義の擁護の爲め、滿蒙の特殊權益は國力を賭しても尚之を擁護するの必要を叫んで止まざるべきものである。

四、帝國軍の使命と所要兵力

國軍は、其の儼存して居ることに依つて、國家生存の爲め、國策を平和裡に遂行せしめ、萬一暴力を以て之が貫徹を妨害するものあらば、自衛上何時にても之に應じ得べき準備に在らねばならぬ。是れが軍備の目的であり、國軍の責務である。之を端的に述ぶれば、帝國が外國に對して當然の權利を貫徹し、殊に滿蒙に於て與へられたる正當なる特殊權益を擁護し、主張することは、帝國生存上必然の事であつて、若し之に對し理不盡なる干渉を受くる場合には、力を以て應ずるも亦已むを得ない。故に帝國軍は、此の場合に於て、敵となり得べき可能性十分なる國々を考慮して、整備せられねばならぬことゝなるのである。

然らば、右の目的に應ずる戰時竝平時兵力は幾何であるかの疑問が挾まれるであらう。

(イ)戰時兵力　軍の戰時兵力、戰時編制は、各國共非常な秘密とせられて居るは固よりの事である。從つて我が國の秘密を暴露することは出來ないが、唯茲に一の場合を假想して聊か説明を試み、研究の基礎たらしめたいと思ふ。

國際關係の複雜化に伴ひ、對手國は單に一國と限定は出來ない。作戰地域も單に一方面と限定は出來ない。然し假に蘇聯邦一國を對手とする場合を考へて見よう。彼が五年計畫の努力振りは既に世間周知の事實である。予は近き將來に於て我が國が蘇聯邦の恐るべき力を直視すべき日の來ることを遺憾ながら信ずるものである。軍備に對する彼の努力振りは、あの素晴らしい蘇聯邦産業五年計畫即國防五年計畫なりとさへ唱へられて居る。殊に軍の機械化、化學戰施設及び飛行隊の増設に力を注ぎ、且つ國民の軍事教育に努力してゐる事實に鑑み、彼が萬一東方に對し眞面目に戰爭を企圖する場合、幾何の兵を使用し得るや。之れは勿論西隣諸邦の向背にもより、又は國內の情勢の如何に依つても違つて來るが、一體蘇國が戰時幾何の師團數を有つかも疑問である。否な彼は平時の部隊數及び其駐屯地すら絶對に秘して居るのである。

併し大體各國に於て調査した所に從へば、步兵師團は平時七十餘を有つて居るから、戰時假りに之を一倍半に擴張したものとするも、約百餘師團となるだらう。其の中西隣諸邦に備ふる爲め及び國內警備の爲め有力の兵力を殘すものとしても、東方戰場に送り得る師團數は五十となる、いくら少なく見積つても四十を超すことゝなるであらう。彼の最も得意とする騎兵は平時十二師團と九旅團であるから、是れも有力なる兵力を持つて來ると考へねばならぬ。此の騎兵は重・輕機關銃に於ても亦砲に於ても、我が軍の相當單位に比し勝つて居る。機械化旅團は四個、外に戰車隊は十五、六大隊ありて、戰車の數は約五百臺もあるから、先づ其の半數位は使用するものと見ねばならぬ。

飛行機も相當數は勿論持つて來るものと考へねばならぬ。

更に化學戰部隊として、平時より特殊部隊を備へて居る。そして其の內容は瓦斯大隊、火焰大隊等の攻擊部隊である。

斯くの如く考察するときは、兵數に於て中々大なるのみでなく、其の內容殊に機械的・化學的裝備に於て恐るべきものあるを了得さるゝであらう。

茲に讀者は、暫く帝國軍の現狀に眼を轉ぜよ。

帝國軍は、其の傳統的の精神と、訓練の精到、指揮の卓越、戰法の選擇とにより、兵力裝備の不足を補ふに努むべきは勿論であるが、それにしても相當多數の師團を要することは想像されると思ふ。而も帝國は全軍を擧げて之に充つることは出來ぬ。戰爭目的から考へて支那二百萬の軍隊も考慮に入れることが必要であるし、又國內防衞及新附地方の警備も忽せにし難いのである。假りに我が軍も蘇軍に就いて計算せし如く、戰時一倍半の膨脹をするものとすると、其の戰場に使用し得る實力は彼我誠に比較にならない。又歐洲大戰に於て、徵兵制度の諸國が示したる如く、二倍の大膨脹をなし得たと想像するも、尙兵力に於て甚だ不十分なるものあるを感得されると思ふ。殊に騎兵、機械化兵團、戰車、化學戰部隊等に至りては、其の貧弱なる一目瞭然であつて、我が國軍は兵數に於て縮減し得ざるのみならず、其の裝備に就ては一大躍進を遂ぐる必要に迫られて居る所以が能く了得さるゝ事と信ずる。

（ロ）平時兵力に就て　戰時兵力及び其裝備に就き、吾人に少しの樂觀をも許さゞるは以上述べた通りであるが、平時兵力は更に縮小し得ぬかと云ふのが屢々議論となる所のやうである。

戰時帝國は速戰即決を旨とし、已むを得ざるも、第一期の作戰を即決せねばならぬのである。之が爲め、英米の方式たる開戰後大兵を新募し敎育することが國情上許されぬ。

然らば平時部隊の內容を一層縮小して、戰時の膨脹を大にするか、又若し許さるゝならば平時の部隊數を減じて、戰時急造部隊を尙增加し得ぬかといふ意見も出ようと思ふ。此の案に對しては、戰時部隊の團結、能力上、動員技術上、及び平時的顧慮等から、反省を要する條件は澤山あるが、我が國は其の忍び得る限りを既に忍びて計畫されて居る。

其の一例として戰時部隊の素質に關して述ぶれば、國民の資質向上し、軍事的能力增進するに從ひ、戰時陸軍には多數の豫後備、又は補充兵を混入し得る理であるが、之には自から限度があつて、緒戰の勝利を必須の要求とし、速戰即決の作戰を旨とし、而も寡を以て衆敵に當るを必要とする國軍に於て、其の素質を低下することは、直ちに戰闘能力の減退となり、戰時軍に與へらるべき任務の要求に副はざる結果となる。

五、國際軍縮と蘇・支の特異性

現在の情勢に於て、帝國軍備が寧ろ寡小に過ぐるも斷じて多きに失せざる所以は前述の通りである。然し軍備は或る程度までは相對的のものであるから、帝國の軍備に密接なる交渉を有する他の國々が軍備の減縮をすれば、帝國の軍備にも相當の減縮を加へ得る筈である。然り、蘇・支の兩國が軍備の制限縮小に關して一、眞實の誠意があり、二、軍縮條約實行の能力があり、三、憲政國治下に於けるが如き內外の監視點檢を可能とすると云ふ三要素を歷然と具へた國情にあるならば、帝國としても安心して或る程度までは互讓的態度に出で得るのであるけれども、熟々彼等の正體を注視するに、そこには幾多の特異なる事情が潜み、端的に云へば、假令彼等が軍縮條約を受諾し調印し批准しても、彼等兩國に對しては實質的に何等の期待をも繋ぎ得ないので、この點が軍縮會議に處する帝國の深慮を要する所である。之を條約文の條項に照して一々詳しく説明することは煩雜に亙り、紙數之を許さゞるを以て、左に極めて簡略に概念的に兩國の特異性を述べて見よう。

（イ）蘇　國　從來蘇國は屢々軍備の撤廢乃至徹底的縮小を提唱し、又制限縮小の方式手段を成る可く細部に亙つて詳密に規定することを主張して居る。之は決して平和愛好と云ふやうな清純無雜な心より發足したものでなく、或る時には會議擾亂の目的もあつたらう、或る時には對內的軍備充實の好餌（故意に實現不可能の案を提議し、列國の反對を逆用して資本國が蘇國に對し武力進襲の意あるやに宣傳し、赤軍の整備を急ぐ）に利用するためであつた。然しこんなことの外に條約上の制限縮小規模を大にすればする程、自國の國防に有利なる理由が存するからで、即ち蘇國は其の特異の國情によつて、自らはよく制限の網を潛り、他國のみを縛つて片務的に制限さしてやらうと云ふ考へがあるのである。

御承知の如く蘇國は秘密一點張りの國である。殊に軍事上のことは驚くべき秘密主義で、一例を擧ぐれば軍事豫算の細目は、立法權を有する共產黨大會に於てさへ公表せず、團隊の平時配置や平時編制の輪廓さへも公開せず、外國人は勿論其國民さへ其の實情を窺知することが六ヶ敷いのである。從つて軍縮會議で彼等に都合のいゝ數字や事實を並べたてられても、それは違ふぢやないかと眞ッ向から振り翳す證憑書類が完全でない（勿論諜報勤務によつて調査は怠つて居ないが）。國土が狹くて國內到る處自由に外人の旅行を許すならば、赤軍の團體數位は數へられるけれども、何しろ我が國の七十倍の面積に一般の旅行を許さず、又假りに十八や二十八の監督者があつて、隨時隨所に檢査點檢をやるにしたところで（斯かる監督の方法は現條約案にては許されてない）、廣漠たる國土全部の建物と運輸機關が國有、交通不便と云ふやうな素質によつて戰車の數千臺や大砲の數萬門を隱匿するのは朝飯前である。

また周知の如く、蘇國は獨裁專制の國である。經濟的にも政治的にも社會的にも凡てに强力なる統制を加へて居るのであつて、言論通信の機關を一手に掌握して彈壓の組織を完備し、全然民衆の口と筆とを封じて居る。從つて假りに其國民が蘇國の條約侵犯を發見しても口にも云へず、筆にも書けないので、この點を利用し要路者は内にも外にも何とでも誤魔化せるのである。殊に凡ての國家の資本竝商工業施設の一切を國家が握つて居ると云ふことが非常な强味で、兵器費を制限されても大砲一門が五十圓で出來たなどゝ云つて、經費と實物とが資本主義國家のものと全然かけ離れたやうなことをも云ひ出し得るのである。

要するに蘇國は其の特殊の國情を利用し合法竝非合法的に各種の欺瞞を弄して自ら制限を免かれ得るものである。

(ロ)支　那　支那は雜多の軍閥が所在に蟠居し、虎視眈々各々地盤爭奪に汲々として自ら裁兵の意思なきは勿論で、中央政府が出來ても其威力を以て裁兵を强行することの出來ない事實は、過去の歷史が明かに之を證して居る。

古來支那には信賴するに足る豫算も無ければ決算もない。中央政府の權力下にある軍隊は、所要經費を中央より支給せらるゝ規定になつて居るが、各軍權は實數以上の兵額を報告して軍費を橫領したり、又は實數以下に兵額を計上して其の裁撤を免れんとするなど、種々欺飾を弄するから、中央政府に屬する軍事費でも到底正解は出來ない。若し夫れ中央政府權力外に立つ各省の軍事費に至りては中央政府財政部の全然關與し得ざる所で、其内容は全然外界の窺知を許さぬ實情である。其他兵員の測定、器材の算定皆之れ非常に困難なことで、要するに一口に申せば、支那は條約を受諾しても實行の能力を有せない國である。

六、結　言

帝國の兵備が東亞全局に於ける平和と靜寧とを維持する唯一の利器たることは、既往の史實に照しても、現在の實情に鑑みても、動かすことの出來ない事實である。かりそめにも我國が他の境遇を異にする國々に引摺られて、不當なる軍備制限を受諾し國防を危うする如きことがあつては相成らぬのである。

去る九月七日よりジュネーヴに開催せられた第十二回國際聯盟總會は、軍縮事業に就て明年二月の本會議に對する各國の前衛戰とも稱すべきものである。此總會に於て我が芳澤大使は帝國政府の訓令に基き、軍縮に關する聲明をせられたが、其内に次の文句がある。

「帝國ハ既ニ華府、壽府、倫敦ノ三會議ニ於テ軍縮ノ精神ヲ體シテ熱心海軍軍備ノ制限縮小ニ努力シ且誠實ニ條約ヲ履行シツヽアルコトハ世界周知ノ事實ニシテ、陸軍軍備ニ就テモ帝國ハ既ニ自發的ニ實質的ノ縮減ヲ行ヒ（中略）現在ノ兵數ハ戰前ノ約六割五分ニシテ之ヲ全人口ニ比スレバ僅カニ二厘八毛ニ過ギズ

而シテ我國軍ハ世界大戰ノ主要戰場ニ參加セザリシ爲メ其兵器及航空ニ於テ國防上ノ要求ヲ充サヾルモノアルヲ以テ目下之ガ改善充實ノ途ニアリ」

此の文句の前段は帝國の軍縮に對する誠意と、其の實際に行ひつゝある結果を説明したものであり、後段の文句は兵器航空に關して現狀に止ることが出來ないと云ふ、强き主張の一端を闡明したものである。尙芳澤大使の聲明中には次の一節がある。

「帝國ハ軍縮會議ノ成功ニ對シ參加諸國ト共ニ最善ノ努力ヲ致スベキモ帝國ノ國防ニ密接ナル關係ヲ有スル諸國ガ締結セラルベキ條約ニ加盟シ且之等諸國ガ誠實ニ條約ヲ履行スルノ必要ニ關シ深甚ナル關心ヲ有スルモノナリ」

辭句は婉曲に且つ抽象的であるが、これが何事を指すやは説明を繰り返さずとも明瞭であらう。此點に就ても亦帝國は兵器、航空の問題と同様、歐洲其他の諸國と全く境遇を異にして居るのであるから、誰に遠慮をする必要もなく、堂々我が立場を明かにし、且つ條約の履行上不公平なる結果を生じない様に、遺漏なき措置を講じなければならぬ。

我が芳澤大使の聲明は、實に帝國が本會議に向つて發射したる第一彈と見るべく、吾々國民は克く其の意のある所を咀嚼玩味し、協力一致、終始一貫、我が公正なる主張を支援して其目的の貫徹を期せなければならぬ。（六年十一月十一日稿）

九、「満州国独立の民族的根拠　附東洋精神文明の勃興」

『外交時報』第六四巻六七三号　昭和七（一九三二）年一二月

滿洲國獨立の民族的根據

附 東洋精神文明の勃興

松井石根

一、滿洲住民の系統

古くより滿蒙、北支那邊に活躍した民族は、人種學上ツングースと蒙古の二民族に分たれる。この二民族は蒙古人種中の北方アジア系のアルタイ民族群に屬する。

ツングース民族は、新シベリア族とも云ひ、それが南、北ツングース、海邊ツングース等に分かれ、滿洲國內に住する者は、南部ツングースに屬し、滿洲人を始めダホール、ソーロン、オロチョン、ビラール、ターズ（ゴリド）等がその代表的のもので、中にもソーロンとダホールとは蒙古族の血を混へてゐる。支那史上ではツングースは古くより滿洲地方に分布し、これを肅愼、挹婁、勿吉、靺鞨、女眞等と呼び、今の滿洲人の祖先である。又、今の內蒙古人の祖族である東胡（後の烏桓、鮮卑）はツングースと蒙古族との雜種であると云はれ、東胡の祖先は山戎、山戎の祖先は貊貉にて炎帝はこの出身であるとも傳へられる。

ツングースは日鮮人とも種族關係が深いのみならず、現在滿洲住民の多くを占める山東人の祖先である萊夷、隅夷、齊、魯の民も多くツングース系の者であることが最近明かになつた。孔子も恐らくこの出身であらう。

蒙古民族は内外蒙古よりシベリア、中央アジア、西藏邊にも伸び、その滿洲國内に住する者は熱河省以東の内蒙古人とホロンバイル地方の巴爾虎人（新バルガ人一名オロト人、陳（舊）バルガ人、ブリアート一名チブチン人等）とである。彼等の中心地はアムール河の上流地方のやうである。支那の史上では蒙古族とトルコ族とは北狄と呼ばれて混同されてゐる。然るに現今の人類學や考古學の研究に據ると、周代以前より今の直隷、山西、陝西邊に居た玁狁、犬戎であるとか、秦漢代の匈奴等もトルコ族ではなくて蒙古族であるとのことである。又黄帝もこの出身だと云ひ、元も蒙古族であらう。戎狄と呼ばれた種族は沙漠を越えて北支那に進入した民族で、山戎の如きは遼西に國をなした北種である。餘り詳しいことは余も専門家でないからよく判らぬが、久米博士は、炎帝や黄帝は沙漠を回つて來た戎狄の出身であらう……その他、唐、虞、夏、殷、周の祖先は皆戎狄に出でたと記してゐるところから比考するに、此等の諸族は何うも膠着語を話すウラル・アルタイ民族であつて、漢民族のやうに單綴語を話す西藏、緬甸民族等とは全く系統の異なる人種であることは確であらう。

次に、朝鮮人の祖先は古の三韓人であり、高句驪、百濟族は古の扶餘、濊貊等に肅愼を收容したものであり、日本人もこの系統の者と頗る深い種族關係にある。以上述べたところを綜合すれば、滿洲國の現住民たる日、鮮、滿、蒙、山東、直隷人は大抵、最初に記したやうにツングース族と蒙古族で、全く同一系統の民族であると云へる。

支那の歴史を通觀するに、統一と分裂との連續史である。支那本土に於ける政治的統一の期間と分裂の期間と何れが長いかといへば、勿論、統一期間の方が長いといへよう。即ち統一が常態で分裂は一時の變態現象に過ぎぬであらう。しかし、尠くとも滿蒙に關する限り、右の論斷は當らない。何んとなれば、秦漢以後現代に至るまでの二千年間に於て、滿蒙が支那民族の完全なる國家の版圖に入つてゐた期間は、秦代の十四年間、漢代の百七十年間、唐代の二十年間と明代の五十年間、計二百五十四年間に過ぎぬ。更にこれを堯舜時代より現代までの四千二百八十七年間の歴史より觀れば、滿蒙が支那本部より分離獨立してゐた期間は四千〇三十三年の長いに反し、滿蒙が支那本部に統一せられてゐた期間は僅に二百五十四年を算へるのみである。かやうに滿蒙は過去の歴史に於て必ず支那より分離獨立してゐるのが常態であつて、支那本土に統一せられてゐることが一時の變態であると云つてよい。隨つて今回、滿蒙三千萬の民衆が軍閥の桎梏を脫して獨立國を建設したのは、これ滿蒙が常態に復したものであつて、將來、漢民族の領土に併合せられるが如きことは、歴史の事實を無視するものと云ふべきである。

　滿洲國民たる五族は多くウラル・アルタイ系の人種に屬することを互に認識し自覺する團體にて、彼等は古來、その地理的、歴史的、經濟的、文化的乃至は民族性情の諸點に於て共通意識を有し、互に結合せんとするものであつて、彼の西藏、緬甸系の支那漢民族とは、全く相反する心理的境地に置かれるものなる事に留意せねばならぬ。隨つて有史以來四千年の長い間、この南北兩人種は互に反目して攻伐を斷たぬ。現在も尚且然りである。これは全く人種を異にするに基因するものにて、今後、この南北兩人種を假に同一政權の下に統一するが如きことあるも、軈てまたそれは分離し獨立するであらうことは、過去の歴史が最も雄辯に證明してゐる。滿洲國と中華民國とが互に獨立した國家を形成するに至つたことは誠に當然すぎるほどのものである。苟も東洋に何等の野心を有せず、心より極東の平和を希ふ者はこれを否定すべき何等の理由なき筈である。この見地よりして余は滿洲國の獨立を以つて東洋に於ける一大平和の招徠として喜ぶ者である。同時に極東に於て經濟的活動を營まんとする歐米諸國民にありても亦、最大幸福の到來として衷心より歡迎すべきものなることを確信する次第である。

二、滿洲國住民の性情

滿洲國の住民である所謂五族は、等しくツングースやモンゴル系の者であるから、各族の性情も略ぼ似通つてゐるが、ツングースの直系である滿洲人は、漢民族その他の隣族の影響を受け、僻地の者を除けば餘程固有の性情に變化を來してゐる。蒙古人も亦、漢民族、滿洲人、土耳古人等と接したため、これもその性情が餘程變化してゐる。

滿洲人の祖先は古くより剛健、尙武の氣風に富み、武藝に長じ、君臣の分限は嚴しく、頗る忠勇、慓悍、困苦缺乏に堪へ、果斷であつて祖先を崇拜し、氏族系譜を尊重し、親には孝養を盡し、貨財には淡泊で、放膽、悠々迫らない大陸的氣風があつて、興雲の志に充ちてゐた。ところが金代の女眞は支那を平定してから放縱に流れる傾が生じたので、雍帝も大に憂ひて再々訓諭を發した程であつた。清朝の滿洲人も、その國初には大に固有の長所を發揮し、天下に驍名を轟し清室の興隆を助けたが、次第に泰平に慣れて再び金代の轍を踏むやうになつた。しかし是等も異民族の影響による民心の一時的弛緩に過ぎぬ。元來固有の民族性は容易に變化するものではなく、滿洲人も今は漢族に同化して漢語を話し、漢服を着けてはゐるが、固有の美點は嚴として保ち、現に滿洲國の要人の多くは滿洲出身で、輝しい未來を背負つて立つてゐる。又滿洲婦人も獨立堅固の性質に富み、漢族婦人の柔弱なのに反して頗る活潑勤勉である事は、大に賴母しく感ぜられる。

今の内蒙古の中、錫林郭勒（シリンゴール）盟を除けば、卓索圖（ジョソト）と昭烏達（チャウダ）の二盟は熱河省に、哲里木（ジョリム）盟は奉天省や黑龍江省に屬するが、これ等の東内蒙古族は昔から滿洲人の祖族や、山東、直隷人等をも包容してゐた。從つて彼等の性情も變化は來してゐるが、固有の俊敏さや聰明さが眼付にも現はれて居り、大體は正直で約束を堅く守り、才能もあり、觀察力もあり、進取的で好奇心が強い。それに純朴ではあるが頓智に長じ、快濶で愛嬌がある。又短氣なところもあるが親切で客を厚遇し、勇敢で死を恐れないといふ美風を具へてゐる。けれども缺點としては、懶惰、鈍重で安逸を貪り、無教育で文字を知らぬ者が多く、ラマ教の影響を受けて消極的になつてゐる。それでも今猶、昔の面影を窺ふことが出來る。

興安嶺の兩側、今事件の起つてゐる呼倫貝爾（ホロンバイル）やチチハル邊の達瑚爾（ダホール）人や索倫（ソーロン）人は、元アムール河邊にゐた頃は頗る根强い發展力を示し、漢民族とは何かにつけ競爭者たるべき才能を備へ、特に商業にかけては漢民族に打勝つだけの優勢な性情を有つてゐた。殊にアムール河域の達瑚爾や滿洲人は、統制力のない漢民族よりも、商略にかけては遙に優れてゐたが、今は農商共に漢民族の下風に立つてゐる。けれども海拉爾邊の者は政治的才能があつて、呼倫貝爾人三萬人の行政權は僅に三百人程の達瑚爾人の掌中にある。彼等は契丹の後裔と自稱してゐる。

次に滿洲の主要住民である山東、直隷人も既に述べたやうに、古代の濊貊——燕、齊の民の後裔であるから、性情の點も滿洲人や蒙古人のそれと同じであるべき筈だが、漢民族との接觸で固有の美風を幾らか失つてゐる。先づ山東人に就いて觀るに、古くから彼等は柔順な天性を有し、今も固有の風習、思想、性情を遺してゐる。貨殖傳にも、『其俗寛緩闊達、而足智好議論、地重難動搖、怯於衆鬪、勇於持刺』とあり、現代の地理書にも、『强悍の風、勤苦の俗、曩昔に異ならず』と記してある。彼等は慓悍で排外崇古の念が強く、北清事變の時、扶清滅洋の旗を掲げた義和團もこの地の民であつた。けれども平和の民としては勤儉で、農商に勵み、頗る從順で、才智に富んだ點は遙に隣族に卓絶してゐる。此の省の者は古くより殷の民を始め、苗族、蒙古族、新羅人その他、昔俘虜として連れて來た各地の異族をも包容し、古くは南鮮邊からの倭人等も盛んに入り込んでゐて、それ等の後裔もあるから、純潔な系統の者とは謂へないが、大體に於て濊貊の後裔であると斷定して宜しからう。從つて彼等の民族性情も容易に變り易い部分は隣民族の影響を受けてゐようが、比較的固定的な部分、例へば信仰、道德とか、種族魂とかいふ方面は依然として今に保存する。一例を示せば、禮記祭儀に孔子が祖先崇拜のことを述べた所を見ても、當時山東の魯、齊の民はシャマンを信仰しそれが家族制度と結合して一種の不變的な民族性を定形してゐて、當時南隣にトーテムを崇拜し、別個の民族性を保存してゐた苗(後の荊蠻)とは頗る性情を異にし、それが今日に至るまで左程大きな變化を受けてゐないが如き、これである。

直隷人に就いて觀れば、此の地方も古くから燕、趙の民の分布した土地で、民族の系統は山戎貊、貉、蒙古等の系統に屬し、山東濊とは兄弟族であつて廣い意味でのツングース族であるから、彼等固有の風習、思想、性情は今もそのまゝ遺つてゐる。古い文献には、『自古稱燕趙多慷慨悲歌之士』とあつて、この性情は正しくツングースや蒙古人の古い特性であると同時に、北支那一帶の民族にも通有のもので、今の直隷人もそのまゝの性情を傳へてゐることは現代地理書に、『民性勇敢有爲慷慨任俠』と記しあるのを見ても判かる。彼等は上古から强悍、敦朴で勞苦に堪へ、山東濊と共に智准武伯と併稱せられ、山東人の智謀に長じてゐたに對し、直隷人は武勇を以て四隣に卓絕し、義を以て鳴らした民族であることは、殷代に今の昌黎邊に國を爲した孤竹の國が伯夷、叔齊の如き義士を出したといふに鑑みても、東洋精神の持主である事が想察される。

以上の如き優れた性情を持つ山東人や直隷人が、現在滿洲國の主要國民をなして居り、而も彼等は俗に漢民族とは稱せられてゐるが、仔細に調べて見れば濊貊、蒙古等北方アジア系のウラル●アルタイ民族で、南方アジア系の西藏、緬甸民族や印度支那民族から構成されてゐる現代漢民族とは、全くその系統を異にすることは、民族心理學上のみよりしても立證し得るのである。それ故、今、滿洲の主要住民たる彼等も、實は滿、蒙、日、鮮人と同一系統の者であるから、一般の者は今後そのつもりで彼等を指導し敎化して行くことがお互ひに滿洲國の基礎を固める所以であつて、彼等を異種族視したり、排斥するが如きは、大國民の爲すべきことではなからう。此點は滿洲の同胞達の頭にも是非徹底させたいと思ふのである。

次に日本人は、何人も知つてゐる通り、忠孝、仁義を尊ぶ國民であるが、外國人の觀るところも亦、頗る優秀民族として尊敬を拂つてゐる。今、全米耶蘇敎聯合大會の報告に據れば、性質は善良で才智があり、清潔好きで親切で、道德を重んじ秩序を尊び、節酒家で勤勉、貯蓄心に富み、精力家で大望を懷き、義理堅くて愛情深く、正直眞實で廉恥心が强くて組織的能力がある、無學者は殆んど無く、智識慾は旺盛であると述べてゐる。又他の調査に據れば、腦力、技術、勇氣があり、勤勞耐苦で、仕事の能率は高くて忠實、規律があつて自制心に富み、衞生を重んじ、又義俠心や忠君愛國の精神に富むとあるやうに、概して善い性質のみで缺點は極めて尠いのである。

最後に、ツングース固有の性情を最もよく保存すると謂はれるエニセイ地方のツングースの性情に就いて觀るも、勇敢にして剛毅、團結は鞏固で祖先を崇拜し、喜怒哀樂をつゝしみ、仁俠濶達、俊敏聰明、樸厚にして爽直、隱忍自重、勤勞耐苦、親切にして謙讓、正直にして眞實な特性を有してゐる。

此等の特性と美點は、分族により夫れ〴〵厚薄はあらうが、先づツングースには通有なものである。かやうに多くの長所を備へた民族は恐らく他に類例を見ない所で、要するに極東民族として東亞の天地を覆ふツングースは、世界に冠絕した優秀民族たることを立證する。ツングースをシベリアの奥なる野蠻人とのみ解するが如きは、立遲れた考へである。この優秀な五族が今回互ひに協和提携し、一丸となつて一國家を結成したことは、滿洲國の前途に、全アジア民族の將來に、一大光明を投ずるものである。それに此等の諸民族は東洋精神文明の承繼者であり、且つこれが復興者であることを忘れてはならぬ。

儒敎は前にも述べた通り、專らツングースや蒙古族の出身である堯、舜、禹、湯、文、武、周公等の說き又は實行したところのツングース固有の思想、道德、政治、經濟に關する敎說を、同じくツングース出身の孔孟が集成したものである。要するに儒敎なるものはツングースや蒙古族固有の特性、風習の理想的極致をその源泉とし、根柢としたものである。孔子は仁を說き、此の仁を備へた聖賢として彼の擧げてゐるのは、堯、舜、禹、湯、文、武、周公を始め、殷の微子、箕子、比干、伯夷、叔齊、齊の管仲と孔子の門弟顏回の十四人であるが、此等の聖賢も一、二人を除けば皆ツングースや蒙古系出身のものであらう。孔子は忠孝を說いたが、これも亦特に貊族固有の特性であると共に、嚴格な君臣、主從の關係を律したもので、忠孝の二字は實に契丹、肅愼、女眞並びに我國に於ける君臣や主從關係と同じである。

要するに孔孟の唱道された仁義忠孝や、修身、齊家、治國、平天下等の諸說は、系統の異なる漢民族の間には大なる發達を遂げ得ないで廢頽を見たのは當然なことで、それが淸滿洲、特に日本に於て最も輝しい發達を遂げ、皇道や武士道の上に大いに貢献するところのあつたのも、全く同一民族の上にその固有の思想、道德の宣揚を見た譯である。

加ふるに、後漢代支那に佛敎の入る以前には、北支一帶の住民を始め、全極東住民の信仰は皆、天神鬼神即ちシャマン崇拜であつた。これが今も猶廣く行はれ、朝鮮では最も發達し、我國でも古神道の研究は結局シャマンの研究に在るとさへ云はれてゐる。右の天神や鬼神の崇拜は死靈崇拜や家族制度、氏族制度等と結合し、東洋に一種特別の祖先崇拜の風習を培養して、祭政一致の觀念や社會的、民族的結合の紐帶をなし、それが又た儒、佛道等の宗敎に漸次結び付いて、遂に現代のやうな滿洲五族の有する民族精神が固定し、特に我國では世界に有名な大和魂といふものが生れたのである。

今滿洲五族の思想、信仰の歷史を尋ねて見るに、何れも同じ經路を通つて來てゐるのは特に留意すべきことで、要するに滿洲五族は、その系統、信仰、宗敎、家族制度、氏族制度、思想、道德ともに夫々同一軌道の上にあつて、滿洲國の民族や社會の結合と、行政的統制上に極めて妥當且つ合理的な根據を與へるものと論定される。中にも滿洲國家の、ツングース系諸民族固有の思想に基く王道政治、儒敎思想の採用は、東洋精神の淵源に遡り、近時動もすれば崩壞せんとする祖先崇拜と家族制度尊重の美風を涵養することにより、五族の統一や協和の德政を徹底せしむることが出來ようと思考せられる。

三、東洋精神文明の勃興時代

東洋の諸國では、何れも家族制度が發達し、血統を重んじ、祖先崇拜の念が强く、國は一家一族の擴大したものとの觀念が旺盛である。隨つて印度にしても、支那にしても、古來、仁愛を以つて民を治めるといふ德治主義が、元首たる者の建國精神になつてゐるのである。我國の如きはその最も理想的に發達した國柄として世界に誇るべきものである。中華民國の如きは、歐米式の國家形態を眞似た結果、治政は悉く民情に副はずして失敗の跡顯著なるものがある。これは東西の思想、民情、文運の相違に因るものであることは云ふまでもない。この點よりして滿洲國が東洋固有の民情に基き王道政治を布くに至つたことは大に意を强うするに足る。

西歐では古くから個人主義的思想が發達して、『一切のものは我がために存す』といふ考へがスチルネルによつて唱へられてから、歐洲民族は人間の理想や愛情といふものより遠ざかり、憐れにも墮落の途に分け入つた。そしてルッソーの如きは人間を自然人たらしめんとし、ニイチエの如きは極端なる個人主義を唱へて『本能に歸れ』と叫び、人間を動物化して、優勝劣敗の生存競爭場裡へと誘つた。又た物質科學の進歩につれて、マルクス等の徒輩が出でゝ唯物主義や共產主義が流行し、人類を階級的對立と鬪爭へと導いた。これが西歐人の辿つて來たところの道程である。

西歐人は物質科學の方面では驚くべき進化があつて、世界人類のために盡した功績の大なることは認めざるを得ないが、その反面には、人間として最も重んずべき精神的、道德的方面に於て退化したことは悲しむべきことで、人類のため一大損失だと云はねばならぬ。吾々東洋人の眼から見れば、個人主義、自然主義、唯物主義、階級的對立などゝ云ふ道程は、結局に於て人間を在るがまゝの自然人に引き戻して放縱にし、動物的な角逐闘爭の社會にするもので、口にこそ平和や協調を唱へてもその眞意は動物的な慾望を滿たし、利己的な幸福を獲得しようとするものであつて、やがては人類を滅亡の境地に拉致するものである。

　此の傾向は特に歐米の民族意識や國際政局の上に最もよく反映してゐる。歐米人が何故かやうな道程を擇ぶに至つたかと謂へば、彼等は狹矮な半島に夫れ〳〵群小國家を建設して、小競り合ふやうになつた結果であらうと思はれる。宛もそれは公園に於ける群猿の生活である。若しこの群猿に餌を與へなかつたならば、若し歐洲諸國の民族に極度の經濟壓迫を加へたならば、如何なる結果を呈するであらうか。歐米文化の行詰りは、結局、我々にこの群猿の社會を聯想せしむるものである。一例を擧ぐれば、彼の歐洲大戰の如きは、あまりに物質的、機械的に走り、精神的、道德的には全く荒廢し切つた半島民族の動物化であつて、列國は各自の野望を遂げむために、無關係な善良國民までも引き入れて戰禍を擴大したが、その終極には相互の疲弊以外には何物をも得るところはなかつた。西歐文明の沒落とは此の境地に置かれた民族の行詰りを指すのである。

　大戰後、物質文明の沒落を覺り、乾燥した民心に潤ひを與へねばならぬといふので、軍備の縮小や世界平和を强調したり、理想主義や人道主義を唱へて、『カントに還れ』といふ叫びの起つて來たことは、歐洲思想界のために喜ぶべき現象ではあるが、何の點まで彼等はその傳統的個人主義や唯物觀の缺陷から救はれるかは、前途尚疑問とせねばならぬ。

　西歐人は客觀的、理智的、唯物的、自然主義的、個人主義的、快樂主義的な思想傾向を有つに反し、東洋民族は、主觀的、主情意的、唯心的、理想主義的、家族主義的、人道主義的な思想傾向を有つてゐる。殊に極東民族は古來、儒敎思想に基く道德を遵奉する點に於て西歐民族よりも著しく優越してゐる。最近の中華民國はとにかく、上古の支那や最近の滿洲國、又は日本にしても皆この思想、主義を建國、治政の精神としてゐるものであるから、それが民族精神にも國際政局にも明瞭に反映し、彼の鬪爭的なのに對し、我は平和的であり、彼の利己的なのに反して我は謙讓的である。この對立する主義思想は、其の中庸を取り、調和を圖るのが最も理想的であるが、尠くとも人類平和と云ふ點よりすれば、明かに西歐の主義思想は東洋のそれに較べて劣等であると思はれる。

印度のタゴールは、非活動的であると云はれる印度思想に、積極的な活力を注入して新東方主義を唱へて起つた。而して『梵に據れ、釋迦に歸れ』と叫んでゐる。今や西歐の物質主義、科學主義偏重の餘弊は、終に歐洲の思想界をして東洋思想の讃仰に向はしめんとする時期に際し、東洋思想の承繼者である極東民族の中より、新しい理想主義、人道主義が勃興して、『道德を重んぜよ、孔孟に歸れ』と絕叫する思想家が現はれ、更に皇道を宣布せよ、建國精神を發揚せよとの國士が續出するに至つた。人間の精神的存在を忘れて、人類をして角逐鬪爭場裡に誘はんとする西歐思想界を革正することが目下の急務である。東西の思想、文化の綜合者たる日本人を外にして何人がその任に當り得るであらうか。

一〇、「支那を救ふの途」

大亜細亜協会編『大亜細亜主義』第一巻創刊号　昭和八（一九三三）年五月

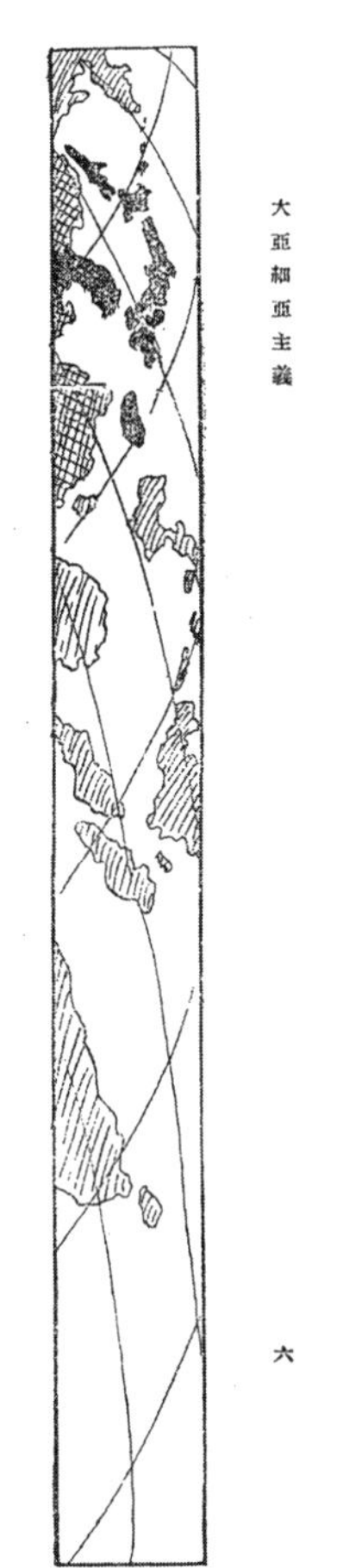

支那を救ふの途

松井石根

一

王道滿洲の建國を前提として、多年吾人の胸奥に抱懷され來つた大亞細亞建設の理想が漸く實現の機會を惠まれつゝある。「大亞細亞聯盟」は、既に單なる概念としてにあらず、今や明確なる經綸として、日本國民の眼前を去來しつゝある。吾人は已に歷史の江岸を隔てたる彼岸に「大亞細亞」を見遙るかすにあらずして、今や文字通りに地に卽して、大亞細亞への歩武を進めつゝあるのである。

二

然も、大亞細亞への途は、決して坦々たる白路ではない。寧ろ荊棘の路である。幾多の障害と困難が前途を扼して居る。而して、大亞細亞への諸障碍の中、最も大なる障碍と目されつゝあるもの實に支那今日の亡狀である、混沌亂離、背戾無慚を極むる隣邦の現狀であり、主としてこれに災ひされつゝある日支關係の現在である。日支兩國の關係今日の如くなるかぎり、否更に精確にいへば支那の亡狀今日の如くなるかぎり、大亞細亞聯盟の實現は得て望むべくもない。滿洲建國が大亞細亞への方途の第一歩なりしとするならば、支那を今日の亡狀より救拯することこそは、まさしくその第二歩でなければならぬ。

三

現狀を以てそのまゝに推移するに於ては、地大物博五千年の舊邦は、遂に歐米列强に依る分割か、國際聯盟の主權下に於ける國際管理か、國際紛擾の坩堝としての第二の巴爾幹か、或は全土共産主義化して第二のソヴイエト聯邦となるか、その運命やまさに知るべきのみ。而して支那の崩壞若くは覆沒は、よし支那の自業自得なりとするも之によりて打撃を蒙るものは日本であり亞細亞全體である。故に、日本としては、抗日反日の暴戾小面憎きが故にとて、支那が自ら墓穴を掘り、自ら深淵に沈淪し行くを袖手傍觀するを得ない。滿洲建國の業略々その緒に就きつゝある今日に於ては、皇國日本の亞細亞擁護の大業は、まさに支那の救拯に向つてその第二手を下さねばならぬ。その第二歩を踏み出さねばならぬ。

四

然らば、支那救拯の途如何。

凡そ、病を醫せんとするには先づその原を究めざるべからざるは言を俟たざるところ。支那の救濟には、先づ支那を今日の亡狀に沈淪せしめたる主たる原因を探らねばならぬ。支那現在の亡狀を招來したる主たる罪責の所在を索めねばならぬ。支那を滅しつゝあるもの、果して何者ぞや。「六國を滅すものは六國なり。秦にあらざるなり」の支那の古語、最もよく支那の現狀に恰當す。支那を滅しつゝあるもの英にあらず、米にあらず、露にあらず、實に支那の政治家それ自らである。吾人を以て觀しむれば、支那今日の亡狀を致したる罪責、職として國民政府と稱する現代支那の少數簒奪者の上にかゝる。支那自らを賣り、亞細亞を裏切る滔天の罪責は、その悉くとはいはざるも少くもその大部分は、繋つて中國國民黨の現指導勢力、蔣介石を首腦とする國民政府そのものゝ上に在る。中國國民黨の現構成の存續するかぎり、現在の國民政府なるものが支那の政權を壟斷するかぎり、支那の更生は望み得べくもない。支那の更生は、中國國民黨の現指導勢力、その形式的表現たる國民政府なるものゝ清算に始まる。從つて、支那の救拯は、支那の志士仁人による國民政府打倒の努力に對して、先づ思想的に、要すれば實力的にも、協力し工作することに始まる。

五

嘗つて帝政露西亞の勢力を東亞に誘引したるもの、北京政府とその官吏團なりしとするならば、今日英米の勢力を、東亞に於て否支那本土そのものゝ上に、不拔に培ひつゝあるものは、實に國民政府と之を構成する國民黨現指導勢力とである。英國の勢力を長江一帶に再建せしめ、之を全支に擴延せしめたるもの國民政府であり、米國資本の侵略的勢力を南支中支に誘引しつゝあるもの、亦國民政府とその黨與とである。而して、その實質に於て獨り滿洲のみならず支那全土をも國際管理下に置かんことを意圖せる夫のリツトン報告書――リツトン報告書を基礎とする國際聯盟總會勸告案を無條件に受諾するに至りては、支那自らを賣り亞細亞を裏切る彼等の罪責亦極れりと申さねばならぬ。

六

然り而して、國民黨現政權によりて支那本土が、英米勢力乃至「國際」勢力の野心前に開放されつゝある他の一面に於ては、國民政府及び中國國民黨の責任と因緣に於て、中國共產黨の勢力が駸々乎として長江流域長江以南の農村を蠶食しつゝある。福建江西兩省の大部分、廣東の若干部分は完全にソヴイエト化し、更に湖北、安徽、江蘇、浙江、四川、新疆の諸地方も亦、逐次共產黨勢力の蝕むところとなりつゝある。國民黨四箇年の容共時代は、今十二分にその惡の果を結びつゝあり、國民政府の無能と所謂中央軍の無力とは所在の共產軍の勢力をして愈々出でて愈々猖獗ならしめつゝある。ひとり過去に於て「容共」の惡因緣あるのみならず、國民黨現指導勢力の腐敗墮落と無力無能と、抗日以外に眼中何ものをも認識せざるその及びがたき狂愚とは共產匪の勢力伸長のためには何よりの養分である。況んや、國民政府が最近に於て蘇露との國交を恢復したることは、共產火の蔓延に更に薪を添ふるものたるをや。國民政府にしてその狂愚を長ずるかぎり、支那は遂に英米と赤露とによりて分割するところとならんと稱するも、未だ必ずしも誇張の言となすを得ないのである。

七

國民政府及びその黨與によるアングロサクソン勢力の誘引と東亞赤化の罪責之れ斯くの如し。然も、更に一步深く之を勘考せんか、國民黨現政權の斯くの如き罪責は實に三民主義思想の根底に其の秧を見出すのである。卽ち、三民主義に於ける民權主義は、英米流のデモクラシイであり、民生主義は社會主義と異語同義にしてマルクス主義の申し子ならずんばあらず。英米と赤露による支那の天下兩分は、先づその思想的分野に於て然るを見るのである。然も、吾人の斯くいふは決して孫文の思想そのものを今日に於て非議せんとするものにあらず。孫文の最も力點を置きて主張せんとしたるところは、寧ろ民族主義にありしこと明かなるも、後進その先帥の遺訓を心讀するを得ずして、民族主義の根幹瘠せて民權主義民生主義の枝葉徒らに繁茂するを見るに至ったのである。

八

國民黨に人あらば、孫文の徒に人あらば、孫文の友に人あらば、或は黃興門下の後進に人あらば、今日に於て先づ而して最も力を致すべきは、三民主義の王道化であり中國國民黨の指導精神の再建でなければならぬ。孫文の原唱三民主義は、吾人の見解にして誤なくば、恐くは王道の註脚なりしならん。今日三民主義を醇化して支那民族主義、支那民族精神の淵源たる王道に還元するの努力こそ、最も孫文に忠實なる所以である。論語讀みの論語知らず、孫文禮讃の孫文知らず。今日三民主義を聖典の如く熱唱大呼しつゝある南京政府の要人なるもの最も孫文の精神を知らずと申さねばならぬ。宜なり、孫文と共に國民黨創立の事に與りたる廣東の老國民黨員の間に於て、王道的大亞細亞主義による日華提携論の最近漸く擡頭しつゝあるの報あるや。吾人としては、此の報まことに、日支關係の嚴冬裡、南枝の一輪已に綻ぶるの花信を得たる思ひを禁ぜざるものである。

九

要するに、支那救拯の大業は、國民黨現政權の清算、三民主義の醇化、王道的大亞細亞主義の復活に關する支那の志士仁人の努力に、我が日本が溫き協力と支援の手を差し伸ぶることより始められねばならぬ。內政不干涉とや。王道滿洲の建國は皇國日本の道義力、組織力、秩序力の協戮、畢竟道義の干涉に依らざりしとせんや。皇道の世界宣布とは皇道精神の積極的働きかけによる世界の建て直しを意味す。況んや、混沌と亂離の極に在る善隣の再建をや。王道支那の再建に關する思想的並びに政治的工作、皇道の儔王道國家の支那本土に於ける新なる建設。中國の志士仁人と倶に日本の志士仁人の今日の支那に施すべきところは實に茲に在つて存する。

一一、「「満洲人の満洲」の確立」

大亜細亜協会編『大亜細亜主義』第一巻二号 昭和八（一九三三）年六月

「滿洲人の滿洲」の確立

松井石根

一

恭しく、去る三月二十七日帝國の國際聯盟離脱に際して賜りたる大詔を拜するに、「今次滿洲國の新興に當り帝國は其の獨立を尊重し健全なる發達を促すを以て東亞の禍根を除き世界の平和を保つの基なりと爲す」と仰せられあるを見る。

滿洲國に對する我が國策の基調は、此の大詔によりて、昭々乎として日星の如くに明かである。

二

滿洲事變は、精神史的に之を觀れば、久しく枉屈せられたる皇道的大亞細亞主義の理想が、機に激して喚發發現したるもの、何ぞ權益の擁護と謂はむや。何ぞ自衛權の發動と謂はむや。而して滿洲國の發祥は、我が皇道的民族的精神の躍動に觸發誘導せられて東洋民族古來の政治理想たる王道の理想が、茲に復古的新生を見たるもの。從つて滿洲建國は實に亞細亞精神文化復興の先驅をなし前提をなすものと謂はなければならぬ。滿洲國の獨立を尊重し、その建國目的を助成して健全なる發達を促進することは、かくて、亞細亞文化の復興、畢竟世界文運のルネスサンスを翼成促進することに外ならぬ。

三

故に、我が對滿施策の一切は、每に此の思想的大本に率由し、此の文化史的根本認識に立脚しなければならぬ。然も、吾等の觀るところにして誤なくば、我が國朝野の滿洲國に對する思想的並に現實的態度には、此の點の認識と自覺に關して甚だ明徵を缺くの遺憾なきを得ない。滿洲事變を經、滿洲新國家の發祥を觀、此の滿洲新國家を正式に承認し、而して之に關して國際聯盟離脱を敢行したる今日、猶ほ滿洲國に臨むに所謂權益觀念を以てするの厭なきや否や。張學良政權時代の滿洲に對すると擇ばざる精神を以て今日の滿洲國に對しつゝあるの厭なきや否や。既得の特殊權益を墨守して更に之を擴張することを以て所謂滿蒙の產業開發なりとする顚倒認識を把持しつゝあるの厭なきや否や。眞に滿洲國の獨立を尊重しつゝありや否や。よくその獨立を尊重しつゝあるものとするも、之を現實の諸施設の上に具體化するの用意を講じつゝありや否や。之等の點に關し吾等は甚だ遺憾なき能はぬものがある。

四

思ふに、滿洲國の獨立性を確認尊重してその自主的自律的發達を促進する襟度を以て臨むにあらざれば、眞の日滿合作は得て望むべからず、眞の日滿合作成らずしては大亞細亞主義の經綸も結局空文に歸することゝなる。日滿合作とは日本人が恣に滿洲に干渉を行ふの謂にあらず、相互にその自主獨立を尊重しつゝ共同の目標に向つて戮力するの謂である。彼の獨立を敬重すればするだけ兩者結合の紐帶は益々緊密を加ふるのである。行政の整備も、産業の開發も、文化の啓發も、外交政策の遂行も、日本人自ら眞に滿洲新國家そのものゝ内容となり血肉となり細胞となりて之を助長促進すべく、日滿議定書に規定する軍事的事項以外、日本國家そのものに直屬する行政的活動と滿洲國人にあらざる日本人の特權的地位はなし得るかぎりその範圍を縮小限定し、若くは漸次之を撤收して、滿洲國並に滿洲國人の自律的活動を暢達ならしむの途を考慮せねばならぬ。要するに「滿洲人の滿洲」を强化徹底せしむることに、日本の朝野は深甚の考慮を拂はなければならぬ。而して、ここに「滿洲人」とは、いふまでもなく漢人にあらず、また單に先住の滿洲蒙古族をのみ指すにあらず。之等の種族と共に滿洲在住日本人朝鮮人及び露西亞人を含む滿洲國民の謂であつて、在住日本人が眞に滿洲國民として滿洲國を以て新しき祖國として献身することを通じてこそ、日本民族の大陸發展といふことも始めて緒に就き得るのである。

五

日滿の合作は、日本民族の世界史的使命達成の前提であると共に、また日本民族を試練する天の課題である。日本民族の滿洲に施すところは、直ちにまた、北支人の、南支人の、安南人の、印度人の、中央亞細亞諸民族の、押しなべて全亞細亞諸民族の、齊しく凝視しつゝあるところである。「滿洲人の滿洲」を確立することは、實に、全亞細亞諸民族の日本に對する信頼を確立することである。

一二、「亜細亜連盟論」

『外交時報』第六五巻六七九号　昭和八（一九三三）年三月

亞細亞聯盟論

松井石根

一

滿洲問題を中心とする這般の日支紛爭事件は、我が國にも、支那にも、歐米諸國にも、總じて國際政治全體の上にも、數々の敎訓を與へたが、就中その最も大なる敎訓は、國際聯盟の本質的缺陷、國際聯盟そのものに內在する矛盾を如實に知らしめた事であつた。國際聯盟若くは多邊的不戰條約といつたやうな國際生活の規範は、本來歐羅巴人の政治哲學から出發し、歐羅巴諸國民の民族心理に適合する如く作爲せられたものであつて、これをそのまゝ、人種も違へば文化も異り、社會的環境も國民心理も亦從つて著しく相違して居るところの東洋人、亞細亞人に當て篏めようとしたところに初めから非常な無理がある上に、現實の機能の上に於ても、一切の問題を、每に歐羅巴的視角から、歐羅巴的尺度の下に、歐羅巴的範疇に於て、歐羅巴的心理を以て取扱ひ來つた憾みを蔽ひ得ないのである。國際聯盟の基本構成の上に於ける本來的不自然さと、現實の機能の上に於ける斯くの如き矛盾とは、偶々今回の日支紛爭事件處理に當つて遺憾なく暴露されたのである。即ち、日支紛爭事件なる試鍊に會して、國際聯盟は端なくも致命的破綻を示すに至つたのである。之を譬へて見れば、國際聯盟は聯盟規約といふ歐米の白晳人種の體格に合ふ樣に作つた一着の洋服を、亞細亞人種たる日支兩國人に着せて見たところ、ツンツルテンのところや、ダブつくところやらが出來て、どう着直ほさして見てもシックリ似合はない。而して似合はないのは亞細亞人の責任ではない。然るに洋服屋たる國際聯盟は、之を似合ふやうに修正することに努力をせずして、只管自己の面目を立てることにのみ忙しく、日本人は腕が太過ぎる、胸圍が過大であるとて、日本人の體格を難ずることを以て能事となしつゝあるのである。亞細亞人には亞細亞人特有の體格があり、心性があり、習慣がある。それに似合ふものを作ることによつてのみ亞細亞人の着物が出來る。亞細亞人は何處まで行つても亞細亞人で、歐羅巴の裁縫師が歐羅巴人の體格と氣持に合はせて作つた洋服を、是が非でも亞細亞人に着せようとするところに無理が生ずる。洋服が身に合はないからとて亞細亞人の胸圍を削り、脛を伸ばす譯には參らない。亞細亞人の着物は、亞細亞人自らが之を裁ち之を縫はねばならぬ。是れ、亞細亞聯盟の必要ある所以である。

二

更に、現實の國際政治の動向は、必然に數個の大國家群、若くは數個の政治的大陸の割據並立の狀態を導き出さんとする形勢を示して居る。

思ふに、英帝國は本國を中心とする雄大なる國家群をなし、國際聯盟内に於て本國の外、愛蘭、加奈陀、南阿、印度、濠洲、新西蘭等の屬領を引率して一號令の下に進退して居る。聯盟加入國五十六國中、一國を以て其の七分の一の勢力を占有して居るものは他にない。聯盟中更に聯盟を作つて居るものと謂ふことが出來る。是れ英國が聯盟の重鎭として押しも押されもせぬ一大勢力をなす重大原因の一である。

又た佛國は波蘭及び小協商國たるチェッコ・スロヴァキア、ユーゴー・スラヴィア及びルーマニアの三國に號令してその態度を左右し得る地位にある。是れ亦明瞭なる小聯盟であつて、聯盟に對する佛國の勢力の淵源をなすものである。

更に聯盟外に在つて米國は、モンロー主義を標榜して南北兩米大陸を統制し、是れ亦一個の雄大なる政治的並に經濟的ブロックを形成して居る。蘇聯邦も亦同樣である。

國際聯盟といふ公然たる機關の外に、以上の如き小聯盟が幾つもあつて、世界は政治的及經濟的ブロックの境に從つて區劃せられて居り、その內若干の大國が主體となつて國際聯盟が利用せられて居るのである。

亞細亞に於て日支兩國の如き鮮明なる政治的大陸を形成するものが、相互の間何等の諒解もなく、個々別々に聯盟に加入し、兩國間の直接交渉によつて解決せらるべき問題をも、本來極東には緣もゆかりもなき、從つて認識も理解もなき歐羅巴諸國の手に掀飜せられて、日支相互の反目と抗爭を激成するの具に逆用せられたこと、せられつゝあることは、東洋永遠の平和の爲めにも、亞細亞復興の爲めにも、遺憾至極と云はなければならぬ。

三

世界の平和を理想とする國際聯盟が、日支紛爭の調停に方つてその無能を曝露したのは、是れ迄掲げ來つた看板があまりにも實力以上に誇張されたものであつたのと、歐洲の定規を亞細亞に當て嵌めんとしたからで、約言すれば機構上大なる缺陷が最初より包藏せられて居たに拘らず夫れに氣が付かずに居たのである。

世界永遠の平和を建設せんとするならば、須らく世界各國民は原則として同等の立場に立ちつゝ、各局地の問題は局地毎に、その特異の事情に適する手段方法を選んで解決を圖り、聯盟は普遍的問題のみを取扱ふ樣に建て直ほす必要がある。現下の情勢に於ては、聯盟外に有力なる二大政治的大陸があり、聯盟內にも偉大なる二個の國家群がある。聯盟は是等の國家群若くは政治的大陸直接の問題に對しては、殆んど威力を及ぼす事が出來ぬ。それで居て、それ以外に起つた國際問題には悉く手を染めて干涉しようとするのは、自家撞着も甚だしいものである。

從つて少くとも亞細亞に在る諸國は、聯盟加入によつて失ふところこそあれ何等得るところはない。即ち亞細亞として殆んど關心もなく理解もない歐羅巴の少數民族問題や國境問題にかゝり合はされて靑筋を立てて論議し、その代り同樣に亞細亞の緊急問題に對し全く認識の不足な歐米諸國から、空論的な机上論を以て容喙せらるゝは、啻に不合理であるのみならず不愉快至極である。

亞細亞の問題は須らく亞細亞をして解決せしめよ。而して亞細亞問題中世界的解決を要するものに就いてのみ、世界的機關の議に附すれば足りる。

之れが爲めには現在の如く亞細亞諸國が國際聯盟內に個々に存在するのは甚だ不利であつて、どうしても一致團結し、一の國家群又は政治的大陸として國際社會に一單位を結成する必要があり、唯だ斯くする事に依つてのみ、眞の亞細亞の平和と福祉とを確保することが出來るのみならず、他の國家群又は政治的大陸と相携へて平和の建設といふ高遠なる理想に向つて進一歩を劃する事が出來るのである。

四

亞細亞の諸邦は第十六世紀以後、特に第十八世紀以後歐洲勢力の東漸に伴ひ、その侵略主義の犧牲となつて、殆んどその自由を奪はれ、彼等の羈束の下に僅かに餘喘を保つに過ぎず、將に自立の氣力を失はんとして居た際、適々日露戰爭が勃發して、それまで世にあまり認められて居なかつた日本が美事强露を制して亞細亞人の氣魄を示したのみならず、亞細亞甦生の進路を開いて、その必然的に辿るべき方向を指示した。爾來牛步遲々としながらも亞細亞は無言の間日本を盟主と仰ぎ、東洋に日本を有つことに誇りを感じつゝ一步一步自立の地步を築き、亞細亞人の亞細亞を實現せんと努力を續けつゝある。亞細亞人の亞細亞、若くは亞細亞モンロー主義等の標語もそれから後屢々繰り返されて、普く人口に膾炙するに至つた。惟ふに亞細亞をして亞細亞に歸らしむる爲めの道に二つある。その一は歐米勢力への對抗意識を鋭くする亞細亞の結束であり、その二は國際協調をヨリ以上有力にし、世界平和の基礎を一層鞏固ならしめんが爲めの、即ち歐米と協力せんがため有力なる亞細亞勢力を作らんとするものであつて、從來唱へられたものは多く第一種のものであつた。然しながら弱國が如何に多く結束しても到底强國に拮抗する一大勢力となり得ぬ如く、亞細亞に於て歐米制覇の鐵鎖の下に呻吟し、容易に獨立獨行の境地に進み得ないでもがいて居る各國を糾合したところで、歐米勢力を壓倒する丈けの强力を構成するの可能性は生れて來ぬのみか、却つて之が盟主たる日本は徒らに過重の負擔を背負ひ込み、歐米諸國からは白眼視され、國際的窮境に陷るの結果を招徠するに過ぎぬ。

斯樣に、歐米と對抗する意味に於ての亞細亞聯盟結成の時機は將來に於ては來るであらうし、又その速かに來らんことを望むや切なるものがあるけれども、現下に於ては尙その時機が熟して居らぬ。蘇聯邦は豫てから亞細亞の隸屬民族解放をスローガンとして居るが、之は資本主義國家倒壞を目途とする亞細亞赤化の一方便であつて、固より眞面目に亞細亞救援を試み居るものにあらざるや明かである。故に現下に於ける亞細亞の團結は、どうしても第二種的性質のものでなければならぬ。卽ち英本國を中心として英帝國を構成する國家群、佛國の周圍に集つた中央歐羅巴の國家群、モンロー主義による亞米利加の國家群と同樣に、亞細亞に國する國家を橫に連絡する集團を以て一大聯合を結成し、各種の聯盟及び國家群と協調し戮力して、以て人類の福祉と世界の平和建設とに寄與する事を目途として進むものでありたい。

五

斯樣な亞細亞聯盟は如何に意義附けられるか。抑々亞細亞には亞細亞の文明があり、文化があり、人種的類緣があり、感情があり、歷史があり、傳統があり、共通の利害がある。過去百年間亞細亞人は自ら斯くの如き貴重なるものを所有してゐることを全く忘れ、自卑自屈、徒らに歐米に模倣し追從して、亞細亞の本然に還元するの努力を怠り、甚だしきに至りては自己の問題を解決するに歐米人の手を借り、その審判に聽從せんとすら試みるの愚を敢へてした。その好例こそ今次の日支紛爭問題である。

亞細亞の政治、經濟諸問題中には、亞細亞のみが解決し得るものがあり、亞細亞のみを以て解決するを有利とするものがあり、又た國際的に解決しなければならぬものもあり、或は亞細亞外の諸國に對して亞細亞共通の問題として一團として解決すべきものもある。之れを大別すれば、亞細亞聯盟内部の問題として取扱ふべきものと、該聯盟の對外的問題とすべきものとに區分することが出來る。嘗てヴェルサイユ會議に於て牧野子が青天の霹靂の如くに提出した有色人種待遇平等案が、假りに亞細亞共通の問題として全體の名に於て提議されたとするならば、その反響は果してどうであつたらうか。又た米國の移民制限、濠洲の白人主義設定の際、亞細亞聯盟の名を以て反對の聲を擧げたら如何なる結果に到つたであらうか。勞働問題は如何。關稅問題は如何。今迄亞細亞が個々に取扱つて來た問題中、當然共同の戰線を張るべき問題が餘りにも多かつた。又將來も多いであらう。

今日に於ても共通正面を作る事は必ずしも遲きに失するものではない。

然し既述の如く、茲に提唱せんとする亞細亞聯盟は排他的對抗的のものではないから、獨立主權國のみを集めて歐米諸國の息のかゝつた諸國を除外し、且つ純粹なる亞細亞人のみをして之に參與せしめ、又た亞細亞人のみを以て之を運用せんとするが如き狹量のものではなく、苟も亞細亞の興頽に關心を持つ國はその獨立國たると然らざるとを問はず、又た亞細亞の發展と復興とに貢献せんとするものは亞細亞人であると歐米人であるとを顧みず、廣く門戸を開いて歡迎し、大手を擴げて大亞細亞を抱擁せんとするものである。斯くて出來上つた亞細亞聯盟こそ、單に他の干渉に依頼することなく亞細亞自身の問題を解決するのみならず、眞の國際協調に協力して世界の平和を進める上に有力なる機關となり得るものと確信する。

六

遮莫、日支兩國を除いて亞細亞聯盟はなく、この兩國が何時迄も現下の如く抗爭情態を繼續するに於ては亞細亞聯盟の結成は百年河淸を待つに等しい。即ち亞細亞聯盟には日支兩國の提携が必須の條件である。

日支兩國は今滿洲問題の爲めに激甚なる反目と抗爭を續け、兩國民の感情は最高潮に達しては居るが、之は毫も日本の對支提携の意思と不兩立のものではない。日支抗爭は一家族内の爭ひの如しとはリットン卿でさへ認めて居る。我等は支那が鷸蚌の爭は徒らに漁夫に利を提供するの事實を反省して、遠交近攻策とか、以夷制夷策とかいふものを一掃し、も少し高所から客觀して亞細亞に於ける自己の地位の重要性を自覺し、蝸牛角上の鬪ひを止めて內政を整頓すると共に、日本と相携へ、以て亞細亞の復興に向ひ邁進する事を熱望して已まない。

滿洲は經濟上竝に國防上帝國の生命線であつて、之が擁護の爲めには國を擧げて焦土と化するも厭はざるべきは云ふまでもなきところ。その權益を無殘に蹂躙せられたが爲め這般の事變は起つたのである。他面から考へると、日支關係を淸算し規整するには本事變は好箇の機會を供しつゝあるものである。日本としては滿洲問題さへ滿足に解決せらるれば、支那本土との關係はどうなつても構はぬとは決して考へて居らぬ。滿洲は大切であるが、日支の提携は同樣に大切である。日支は世界に於ける有力なる政治的大陸を形成し、唇齒輔車の關係にある事は過去の歷史が實證する如く、何人も否定し得ざるところである。現在は兩國人の感情が激突し齟齬しては居るが、然もいつまでも斯くあり得ない境遇にある。政治的に經濟的に是非共相提携し、所謂兄弟牆に鬩げども外侮を防ぐの實を擧げねば、極東の平和は望まれない。兩國の合流は一種の宿命である。然るに日支親善を高唱して此に三十年の歳月が流れ去つたが、兩國の親善關係は一向に增進せらるに至らなかつた。努力は少しも酬いられなかつた。然しそれ故にとて絶望してはならぬ。努力を斷念してはならぬ。も一度目標をもつと高い所に置き直ほし、努力を新たにして先づ支那の識者の覺醒を促す必要がある。假りに絶望したからといつて夫れで濟む譯のものではない。腐れ縁と謂へば腐れ縁かも知れぬが、兩國相互の宿命的關係上、斷交の狀態を永續することは、親善の狀態を持續すること以上に困難である。

支那にして若し依然として過去の非を悟らず、日本が差し延べる手を握る事を峻拒するに於ては、支那は遂に分割か國際管理か、國際紛擾の坩堝としての第二の巴爾幹か、或は赤化して第二の蘇聯となるか、その運命や知るべきのみである。支那の沒落は支那の自業自得としても、之によつて打擊を蒙るものは日本であり、亞細亞全體である。故に日本としては現在確執を續けてゐるからといつて、支那が自ら墓穴を掘り益々深淵に沈淪して行くのを袖手傍觀して居る事は出來ぬ。支那の覆沒は延いて日本の存亡に關する問題であるが故に、同文同種とか兄弟民族とかいふ感傷的命題から離れて、日本は自國の存立を確保する爲めにも、支那の轉機的覺醒を促すことを努めずには居られないのである。

過去に於て日支が提携出來なかつたのは、餘りにも近眼で目前の利害にこだはり過ぎて、大局から觀望する餘裕がなかつたからである。今や日支關係の總勘定をする時機に達した。吾人は須らく世界の平和人類の福祉といふ高所に立ち、亞細亞復興の觀點から見下ろして、小異を捨て大同に就き、日支互ひに肘を執つて亞細亞聯盟の核心となることに一切の努力を傾注する必要がある。

七

翻つて日支關係の現在を見るに、滿洲問題を繞つて兩國は壽府に於て必死の鬪爭を續け、支那本國に於ては南京政府及張學良は抗日策の徹底、武力を以てする失地恢復を決心し、各地に於ける排日排貨の氣勢は毫も衰へずして却つて益々猖獗になり行く觀がある。此の情勢から觀察すると、果して日支兩國の提携は事實上可能であるかと疑はれ、或は殆んど絶望狀態と見る方が眞に近いかも知れぬ。併し此の狀態の繼續によつて一體兩國は何物を得るか。支那の國際管理の端緒は旣にリットン報告書にさへ示されてゐる。世界政局の現狀こそは日支提携の必要を最も強く要請するものではあるまいか。成る程、僅少日時の間に兩國が一切の過去を清算して新たなる提携の實現に進むことは困難であるかも知れぬが、先づ兩國識者にして眞に亞細亞の復興、兩國共存共榮の必須性に目醒め、國民大衆の感情を此の方向に指導することに撓まざる努力を續けるならば、逐次その目標に向つて歩み寄る事は、假令困難ではあつても斷じて不可能ではないと思はれる。

日支兩國民が政治的にも經濟的にも文化的にも、互に相提携して、自ら双軸となつて他の亞細亞諸國民を連衡し、こゝに一大聯合を結成し、此の團結せる一單位を以て世界の平和的建設に協力するならば、國際聯盟を通じての努力よりは、どれ程有意義であり、どれ程効果的であるか知れないのである。

要するに吾人の所論は、日支兩國は過去一切の行き懸りを可及的速かに、而して他人を交へずに膝つき合はして清算し、亞細亞の自主自彊といふ大きな着眼を以て提携し、自ら核心となつて亞細亞聯盟を結成し、東亞の政情を不動の根基の上に安定せしむると共に、一致團結したる強き一單位として世界の平和建設に貢獻すべしといふに在る。日支兩國の先憂識者諸賢の叱正を得れば幸甚である。

一三、『亜細亜連盟論』

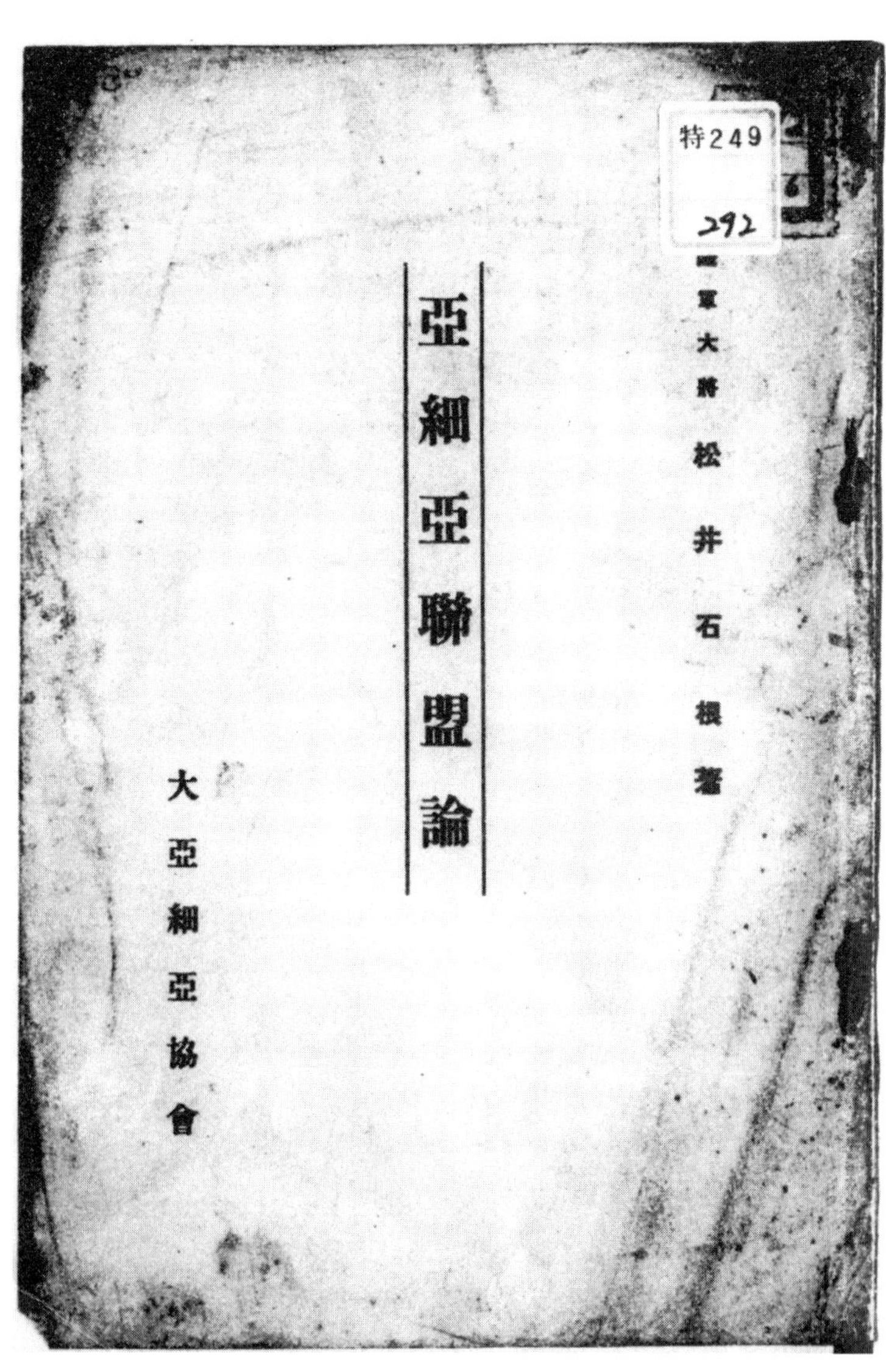

大亜細亜協会　昭和八（一九三三）年四月

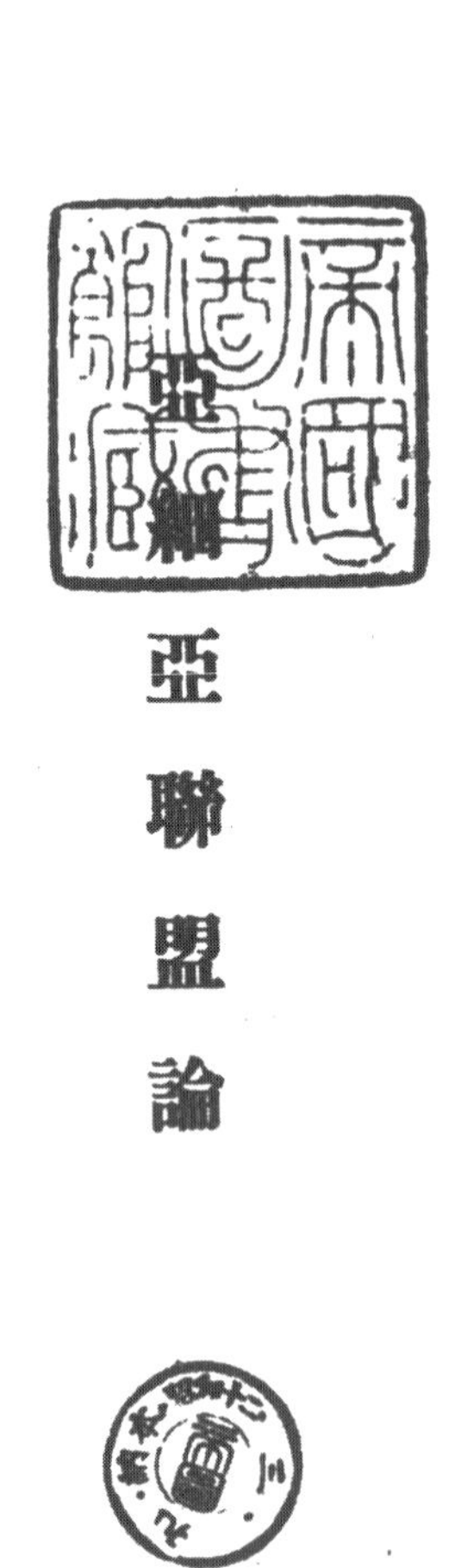

亞細亞聯盟論

陸軍大將 松井石根

亞細亞聯盟論

松井石根

一

帝國は昭和八年三月を以て正式に國際聯盟を脱退した。聯盟脱退後の帝國外交方針に關しては識者の間に種々論議を上下せられて居るのであるが、吾人は、聯盟離脱後に於ける帝國の進路はたゞ一すじ、大亞細亞主義の經綸に邁進するに在ることを確信するものである。以下若干所懷を披瀝して識者諸賢の批判に愬へたいと思ふ。

滿洲問題を中心とする這般の日支紛爭事件は、我が國にも、支那にも、歐米諸國にも、總じて國際政治全體の上にも、數々の教訓を與へたが、就中その最も大なる教訓は、國際聯盟の本質的缺陷、國際聯盟そのものに內在する矛盾を如實に知らしめた事であつた。國際聯盟若くは多邊的不戰條約といつたやうな國際生活の規範は、本來歐羅巴人の政治哲學から出發し、歐羅巴諸國民の民族心理に適合する如く作爲せられたものであつて、これをそのまゝ、人種も違へば文化も異り、社會的環境も國民心理も亦從つて著しく相違して居るところの東洋人、亞細亞人に當て嵌めようとしたところに初めから非常な無理がある上に、現實の機能の上に於ても、一切の問題を、毎に歐羅巴的觀角から、歐羅巴的尺度の下に、歐羅巴的範疇に於て、歐羅巴的心理を以て取扱ひ來つた憾みを蔽ひ得ないのである。國際聯盟の基本構成の上に於ける本來的不自然さと、現實の機能の上に於ける斯くの如き矛盾とは、偶々今回の日支紛爭事件處理に當つて遺憾なく暴露されたのである。即ち、日支紛爭事件なる試錬に會して、國際聯盟は端なくも致命的破綻を示すに至つたのである。之を譬へて見れば、國際聯盟は聯盟規約といふ歐米の白皙人種の體格に合ふ樣に作つた一着の洋服を、亞細亞人種たる日支兩國人に着せて見たところ、ツンツルテンのところや、ダブつくところやらが出來て、どう着直ほさして見てもシックリ似合はない。而して似合はないのは亞細亞人の責任ではない。然るに洋服屋たる國際聯盟は、之を似合ふやうに修正することに努力をせずして、只管自己の面目を立てることにのみ忙しく、日本人は腕が太過ぎる、胸圍が過大であるとて、日本人の體格を難ずることを以て能事となしつゝあるのである。亞細亞人には亞細亞人特有の體格があり、心性があり、習慣がある。それに似合ふものを作ることによつてのみ亞細亞人の着物が出來る。亞細亞人は何處まで行つても亞細亞人で、歐羅巴の裁縫師が歐羅巴人の體格と氣持に合はせて作つた洋服を、是が非でも亞細亞人に着せようとするところに無理が生ずる。洋服が身に合はないからとて亞細亞人の胸圍を削り、脛を伸ばす譯には參らない。亞細亞人の着物は、亞細亞人自らが之を裁ち之を縫はねばならぬ。是れ、亞細亞聯盟の必要ある所以である。

二

國際聯盟は爾來兩三年幾多の試錬を經て、今や其機構組織改革の議各處に釀成しつゝあり、其因て來る所多々あるべしと雖、要は世界の現情維持を欲するものと、時世に應じて自然的の現狀變革を冀ふものとの撞着に外ならない。蓋し、現實の國際政治の動向は、必然に數個の大國家群、若くは數個の政治的大陸の割據並立の狀態を導き出さんとする形勢を示して居る。

先づ、英帝國は本國を中心とする雄大なる國家群をなし、國際聯盟內に於て本國の外、愛蘭、加奈陀、南阿、印度、濠洲、新西蘭等の屬領を引率して一號令の下に進退して居る。一時聯盟加入國五十六國中、一國を以て其の七分の一の勢力を占有して居るものは他にない。聯盟中更に聯盟を作つて居るものと謂ふことが出來る。是れ英國が聯盟の重鎭として押しも押されもせぬ一大勢力をなす重大原因の一である。

又た佛國は波蘭及び小協商國たるチエツコ・スロヴアキア、ユーゴー・スラヴイア及びルーマニアの三國に號令してその態度を左右し得たのである。是れ亦明瞭なる小聯盟であつて、聯盟に對する佛國の勢力の淵源をなしたものである。今や歐洲國際關係は著しく變轉せんとしつゝあり、獨伊の團結並に之に伴ふ歐洲國家群の離合集散は遽に之を判じ難しと雖、要は其國民の思想若しくは民族關係に基く抗爭の對立に因し其現狀を維持せんとする國家群と之に反するものとの確執制據である。

更に聯盟外に於ても米國は、モンロー主義を標榜して南北兩米大陸を統制し、是れが亦一個の雄大なる政治的並に經濟的ブロツクを形成して居る。蘇聯邦も亦同樣である。

國際聯盟といふ公然たる機關の外に、以上の如き小聯盟が幾つもあつて、世界は政治的及經濟的ブロツクの境に從つて區劃せられて居り、その內若干の大國が主體となつて國際聯盟が利用せられて居るのである。然らば亞細亞に於て日支兩國の如き鮮明なる政治的大陸を形成するものが、相互間の何等の諒解もなく、個々別々に聯盟に加入し、兩國間の直接交渉によつて解決せらるべき問題をも、本來極東には緣もゆかりもなき、從つて認識も理解もなき歐羅巴諸國の手に擬議せられて、日支相互の反目と抗爭を激成するの具に逆用せられたこと、せられつゝあることは、東洋永遠の平和の爲めにも、亞細亞復興の爲めにも、遺憾至極と云はなければならぬ。

三

世界の平和を理想とする國際聯盟がまづ、日支紛爭の調停に方つてその無能を曝露し、其後獨伊の非協力的態度により今日見るが如き危機に立至つてゐる。これは是れ迄掲げ來つた看板があまりにも實力以上に誇張されたものであつたのと、歐洲の定規を亞細亞に當て嵌めんとしたからで、約言すれば機構上大なる缺陷が最初より包藏せられて居たに拘らず夫れに氣が付かずに居たのである。

世界永遠の平和を建設せんとするならば、須らく世界各國民は原則として同等の立場に立ちつゝ、各局地の問題は局地毎に、その特異の事情に適する手段方法を選んで解決を圖り、聯盟は普遍的問題のみを取扱ふ樣に建て直ほす必要がある。現下の情勢に於ては、聯盟外に有力なる二大政治的大陸があり、聯盟内にも偉大なる數個の國家群がある。聯盟は是等の國家群若くは政治的大陸直接の問題に對しては、殆んど威力を及ぼす事が出來ぬ。それで居て、それ以外に起つた國際問題には悉く手を染めて干渉しようとするのは、自家撞着も甚だしいものである。

從つて少くとも亞細亞に在る諸國は、聯盟加入によつて失ふところこそあれ何等得るところはない。卽ち亞細亞として殆んど關心もなく理解もない歐羅巴の少數民族問題や國境問題にかゝり合はされて徒らに論議を重ね、その代り同樣に亞細亞の緊急問題に對し全く認識の不足な歐米諸國から、空論的な机上論を以て容喙せらるゝは、啻に不合理であるのみならず不愉快至極である。

亞細亞の問題は須らく亞細亞をして解決せしめよ。而して亞細亞問題中世界的解決を要するものに就いてのみ世界的機關の議に附すれば足りる。

之れが爲めには現在の如く亞細亞諸國が國際聯盟內に個々に存在するのは甚だ不利であつて、どうしても一致團結し、一の國家群又は政治的大陸として國際社會に一單位を結成する必要があり、唯だ斯くする事に依つてのみ、眞の亞細亞の平和と福祉とを確保することが出來るのみならず、他の國家群又は政治的大陸と相携へて平和の建設といふ高遠なる理想に向つて進一步を劃する事が出來るのである。

四

亞細亞の諸邦は第十六世紀以後、特に第十八世紀以後歐洲勢力の東漸に伴ひ、その侵略主義の犧牲となつて、殆んどその自由を奪はれ、彼等の羈束の下に僅かに餘喘を保つに過ぎず、將に自立の氣力を失はんとして居た際、適々日露戰爭が勃發して、それまで世にあまり認められて居なかつた日本が美事强露を制して亞細亞人の氣魄を示したのみならず、亞細亞甦生の進路を開いて、その必然的に辿るべき方向を指示した。爾來牛步遲々としながらも亞細亞は無言の間日本を盟主と仰ぎ、東洋に日本を有つことに誇りを感じつゝ一步一步自立の地步を築き、亞細亞人の亞細亞を實現せんと努力を續けつゝある。亞細亞人の亞細亞、若くは亞細亞モンロー主義等の標語もそれから後屢々繰り返されて、普く人口に膾炙するに至つた。惟ふに亜細亜をして亜細亜に歸らしむる爲めの道に二つある。その一は歐米勢力への對抗意識を鋭くする亜細亜の結束であり、その二は國際協調をヨリ以上有力にし、世界平和の基礎を一層鞏固ならしめんが爲めの、即ち歐米と協力せんがため有力なる亜細亜勢力を作らんとするものであつて、從來唱へらたものは多く第一種のものであつた。然しながらこれは畢竟するに反動的、方法論的意義以下に止るものであつて、眞の大亜細亜主義は世界の全體的協力を可能ならしむるためにまづ地方的自治を充實する所にある。のみならず弱國が如何に多く結束しても到底强國に拮抗する一大勢力となり得ぬ如く、亜細亜に於て歐米制覇の鐵鎖の下に呻吟し、容易に獨立獨行の境地に進み得ないでもがいて居る各國を糾合したところで、歐米勢力を壓倒する丈けの强力を構成するの可能性は生れて來ぬのみか、却つて之が盟主たる日本は徒らに過重の負擔を背負ひ込み、歐米諸國からは白眼視され、國際的窮境に陷るの結果を招徠するに過ぎぬ。

故に現下に於ける亜細亜の團結は、どうしても第二種的性質のものでなければならぬ。即ち英本國を中心として英帝國を構成する國家群、佛國並びに獨伊二新興國を中心として周圍に集つた中央歐羅巴の國家群、モンロー主義による亜米利加の國家群乃至北方ソキエト國家群と同樣に、亜細亜に屬する國家を橫に連絡する集團を以て一大聯合を結成し、各種の聯盟及び國家群と協調し戮力して、以て人類の福祉と世界の平和建設とに寄與する事を目途として進むものでありたい。

五

斯様な亞細亞聯盟は如何に意義附けられるか。抑々亞細亞には亞細亞の文明があり、文化があり、人種的類縁があり、感情があり、歷史があり、傳統があり、共通の利害がある。過去百年間亞細亞人は、自ら斯くの如き貴重なものを所有してゐることを全く忘れ、自卑自屈、徒らに歐米に模倣し追從して、亞細亞の本然に還元するの努力を怠り、甚だしきに至りては自己の問題を解決するに歐米人の手を借り、その審判に聽從せんとすら試みるの愚を敢へてした。その好例こそ今次の日支紛爭問題である。

亞細亞の政治、經濟諸問題中には、亞細亞のみが解決し得るものがあり、亞細亞のみを以て解決するを有利とするものがある。又た國際的に解決しなければならぬものもあり、或は亞細亞外の諸國に對して亞細亞共通の問題として一團として解決すべきものもある。之れを大別すれば、亞細亞聯盟內部の問題として取扱ふべきものと、該聯盟の對外的問題とすべきものとに區分することが出來る。嘗てヴェルサイユ會議に於て牧野子が青天の霹靂の如くに提出した有色人種待遇平等案が、假りに亞細亞共通の問題として全體の名に於て提議されたとするならば、その反響は果してどうであつたらうか。又た米國の移民制限、濠洲の白人主義設定の際、亞細亞聯盟の名を以て反對の聲を擧げたら如何なる結果に到つたであらうか。勞働問題は如何。關稅問題は如何。今迄亞細亞が個々に取扱つて來た問題中、當然共同の戰線を張るべき問題が餘りにも多かつた。又將來も多いであらう。

今日に於ても共通正面を作る事は必ずしも遲きに失するものではない。

然し既述の如く、茲に提唱せんとする亜細亜聯盟は排他的對抗的のものではないから、獨立主權國のみを集めて歐米諸國の息のかゝつた諸國を除外し、且つ純粹なる亜細亜人のみをして之に參與せしめ、又た亜細亜人のみを以て之を運用せんとするが如き狹量のものではなく、苟も亜細亜の興氣に關心を持つ國はその獨立國たると然らざるとを問はず、又た亜細亜の發展と復興とに貢献せんとするものは亜細亜人であると歐米人であるとを顧みず、廣く門戶を開いて歡迎し、大手を擴げて大亜細亜を抱擁せんとするものである。斯くて出來上つた亜細亜聯盟こそ、單に他の干涉に依賴することなく亜細亜自身の問題を解決するのみならず、眞の國際協調に協力して世界の平和を進める上に有力なる機關となり得るものと確信する。

六

然らば如何にして亜細亜の聯盟を結成すべきや、謂ふ迄もなく亜細亜の核心は日本と支那との外になく、自然日支兩國を除いて亜細亜聯盟はなく、この兩國が何時迄も現下の如く抗爭狀態を繼續するに於ては亜細亜聯盟の結成は百年河清を待つに等しい。即ち亜細亜聯盟には日支兩國の提携が必須の條件である。

日支兩國はなほ激甚なる反目と抗爭を續け、兩國民の感情は最高潮に達しては居るが、之は毫も日本の對支提携の意思と不兩立のものではない。日支抗爭は一家族内の爭ひの如しとはリットン卿でさへ認めて居る。我等は支那が鷸蚌の爭は徒らに漁夫に利を提供するの事實を反省して、遠交近攻策とか、以夷制夷とかいふものを一掃し、もう少し高所から客觀して亞細亞に於ける自己の地位の重要性を自覺し、蝸牛角上の鬪ひを止めて内政を整頓すると共に、日本と相携へ、以て亞細亞の復興に向ひ邁進する事を熱望して已まない。

滿洲は經濟上並に國防上帝國の生命線であつて、之が擁護の爲めには國を擧げて焦土と化するも厭はざるべきは云ふまでもなきところ。その權益を無殘に蹂躪せられたが爲め這般の事變は起つたのである。他面から考へると、日支關係を淸算し規整するには本事變は好箇の機會を供しつゝあるものである。日本としては滿洲問題さへ滿足に解決せらるれば、中華民國との關係はどうなつても構はぬとは決して考へて居らぬ。滿洲は大切であるが、日支の提携は更に大切である。日支は世界に於ける有力なる政治的大體を形成し、唇齒輔車の關係にある事は過去の歴史が實證する如く、何人も否定し得ざるところである。現在は兩國人の感情が激突し齟齬しては居るが、然もいつまでも斯くあり得ない境遇にある。政治的に經濟的に是非共相提携し、所謂兄弟鬩に鬩げども外侮を防ぐ、の實を擧げねば極東の平和は望まれない。兩國の合流は一種の宿命である。然るに日支親善を高唱して此に三十年の歳月が流れ去つたが、兩國の親善關係は一向に增進せらるゝに至らなかつた。努力は少しも酬いられなかつた。然しそれ故にとて絶望してはならぬ。努力を斷念してはならぬ。も一度目標をもつと高い所に置き直ほし、努力を新たにして先づ支那の識者の覺醒を促す必要がある。假りに絶望したからといつて夫れで濟む譯のものではない。兩國相互の宿命的關係上、斷交の狀態を永續することは、親善の狀態を持續すること以上に困難である。

支那にして若し依然として過去の非を悟らず、日本が差し延べる手を握る事を峻拒するに於ては、支那は遂に分割か國際管理か、國際紛擾の坩堝としての第二の巴爾幹か、或は赤化して第二の蘇聯となるか、その運命や知るべきのみである。支那の沒落は支那の自業自得としても、之によつて打擊を蒙るものは日本であり、亜細亜全體である。故に日本としては現在確執を續けてゐるからといつて、支那が自ら墓穴を掘り益々深淵に沈淪して行くのを袖手傍觀して居る事は出來ぬ。支那の覆沒は延いて日本の存亡に關する問題であるが故に、同文同種とか兄弟民族とかいふ感傷的命題から離れて、日本は自國の存立を確保する爲めにも、支那の轉換的覺醒を促すことを努めずには居られないのである。

過去に於て日支が提携出來なかつたのは、餘りにも近眼で目前の利害にこだはり過ぎて、大局から觀望する餘裕がなかつたからである。其點固より支那に在りと雖我等日本人に於ても深く自ら反省すべきものありと思ふ。斯くて此兩者の眞摯なる自省と東洋道義の振興とが目下の急務である。今や日支關係の總勘定をする時機に逢した。吾人は須らく世界の平和、人類の福祉といふ高所に立ち、亞細亞復興の觀點から見下ろして、小異を捨て大同に就き、日支互ひに肘を執つて亞細亞聯盟の核心となることに一切の努力を傾注する必要がある。

七

翻へつて、顧るに、滿洲建國以來已にあしかけ七年である。この間日支兩大國民の感情に多少の起伏はあつたにもせよ、概して、滿洲帝國建設の世界史的意義は今猶如實に支那國民によりて把握されず、日支聯帶の大理想と相距る遠き線に於て、兄弟鬩牆の爭ひを繰り返へして居るの現狀である。此の情勢から觀察すると果して日支兩國の提携は事實上可能性を疑はれ性急に觀察すれば殆んど絶望狀態とみる方が眞に近いかもしれぬ。然し、吾人は、世界歷史の長き流れに從つて常に日支關係を大所高處から俯瞰する用意を怠つてはならぬ。日支關係の現狀の如き繼續によつて、一體兩國は何物を得るか、然して、日支兩國を中心とする所の東洋全體は如何なりゆくのである乎、支那の國際管理論の端緒は既にリットン報告書にさへ示されてゐるし、エチオピヤ問題以後の歐羅巴の現狀は、多角的波紋を描きつゝも、終極に於て、ヨーロッパ的意識の擴大復活に向つて發展しつゝある。この世界政局の現狀こそは、却て日支提携の必要を强よく要請するものであり、又日支相爭ふの現實なるが故に、却て、日支提携の大理念を燃やすべきでなからうか。實に知るといふことは行ひの端緒であり、行ひは知の完成である。日支聯携の實の行はれざるは日支關係に對する徹底的認識の缺乏せるが故であり、自家傳來の珍寶を質に置いて、徒らに隣家の麥飯を羨む如き主客轉倒の見の致す處である。成る程、僅少日時の間に兩國が一切の過去を清算して新たなる提携の實現に進むことは困難であるかも知れぬが、先づ兩國識者にして眞に亞細亞の復興、兩國共存共榮の必須性に目醒め、國民大衆の感情を此の方向に指導することに撓まざる努力を續けるならば、逐次その目標に向つて步み寄る事は、假令困難ではあつても斷じて不可能ではないと思はれる。

日支兩國民が政治的にも經濟的にも文化的にも、互に相提携して、自ら双軸となつて他の亞細亞諸國民を連衡し、こゝに一大聯合を結成し、此の團結せる一單位を以て世界の平和的建設に協力するならば、國際聯盟を通じての努力よりは、どれ程有意義であり、どれ程效果的であるか知れないのである。

日支兩國現在乖離の原因は尙他に存する、蓋し現在支那の國民が其傳來の東洋の思想、道德を忽せにして西洋舶來の思想、文化に惑溺したることの其主因たるを疑はない。斯くて我等は此に兩國民協力して我等固有の東洋文化、道德、思想の復興を圖る事が緊要である事を信ずる。之に關しては別に名論あり此に詳論する事を省略する。

要するに吾人の所論は、日支兩國が過去一切の行き懸りを可及的速かに、而して他人を交へずに膝つき合はして清算し、亞細亞の自主自彊といふ大きな着眼を以て提携し、自ら核心となつて亞細亞の團結を促進し、東亞の政情を不動の根基の上に安定せしむると共に、一致團結したる强き一單位として世界の平和建設に貢獻すべしといふに在る。洽く東西の先憂識者諸賢の叱正を得れば幸甚である。

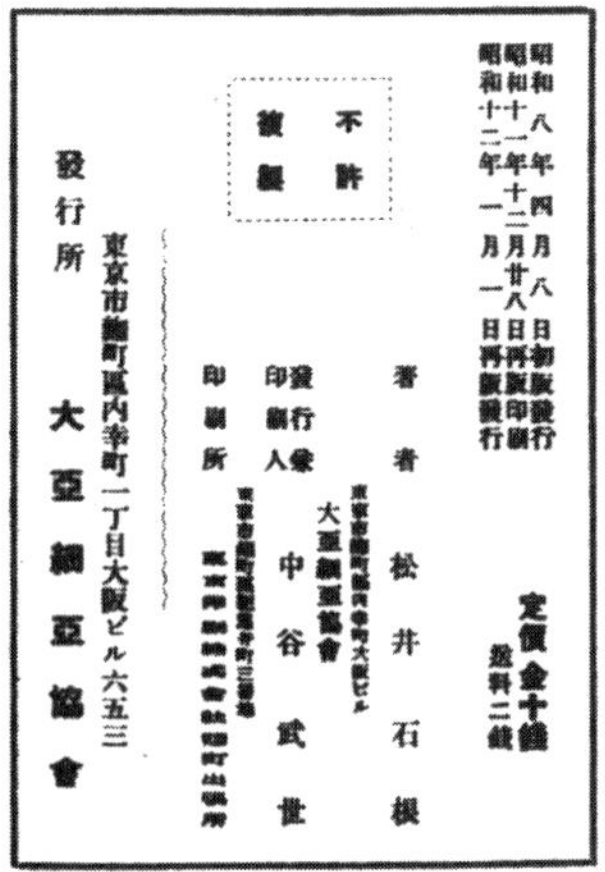

昭和八年四月八日初版發行
昭和十一年十二月廿八日再版印刷
昭和十二年一月一日再版發行

定價金十錢
送料二錢

不許複製

著者　松井石根

發行兼印刷人　大亞細亞協會　中谷武世

印刷所

東京市麹町區内幸町一丁目大阪ビル六五三
發行所　大亞細亞協會

一四、「現下時局の検討と国民精神の作興―国民精神作興詔書煥発十週年紀年日に於ける講話要旨―」

大亜細亜協会編『大亜細亜主義』第一巻八号 昭和八（一九三三）年一一月

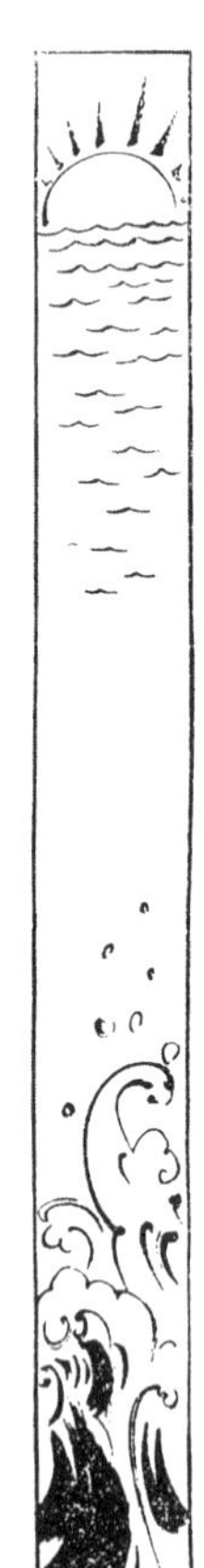

現下時局の檢討と國民精神の作興

―國民精神作興詔書煥發十週年紀念日に於ける講話要旨―

松井石根

一

大正十二年關東大震災は甚大なる精神的物質的衝動を全國民に與へ、人々動もすれば帝國の將來に關して疑惧杞憂の念に陥らんとするものある時、畏くも　先帝陛下には之れが狀勢を軫念あそばされ、同年十一月十日所謂國民精神作興に關する優渥なる詔書を一般國民に下し給ひ、民心の嚮ふべき所を昭示あそばされたのである。

當時國民は、老幼男女の別なく只管聖旨のある所に感激恐懼すると共に、國家の前途に偉大の光明を認め、茲に一大勇猛心を發奮して只聖訓を遵守して奉公の實を擧げんことに勉め、爾來十年國運日に益々伸展し、國基年に鞏强を加へ、今日の隆盛を致すことを得たのであります。

而かも、本日茲に本詔書御煥發十週年記念日を迎へるに當り、不肖靜かに當時を回想し、轉じて帝國現下の内外情勢を熟視し、更に思を帝國の將來に及ぼす時、洵に感慨新たなるものがあるのであります。

蓋し、帝國現在の時局の重大なる到底十年前大震災の時のものに比すべくもなく、世俗に所謂非常時と稱するもの眞に故ありと申すべく、吾等國民が如何にして其の難局に當らんとすべきやを思ふ時、思はず十年前　先帝陛下の下され給ひたる所謂國民精神作興の御聖旨を追懐し、其の詔書に所謂此の御聖訓に恪遵して、其の實效を擧ぐることこそ、眞に時難を救ふべき唯一の道途たるべきことを痛感致すのであります。乃ち、今日の記念日に當り、不肖自ら揣らず、我が親愛なる臺灣在住同胞に對し、現在の時局に對する所感の一端を開陳することを光榮とする次第であります。

於此私は、今其の所感を述ぶるに當り、先づ所謂現在の時局なるものに就き若干の考察を致したいと思ひます。卽ち現在帝國の時難なるものが果して如何なるものであり、又其の原因が何處にあるものなるやを考ふることは、此の時局を正確に認識する爲めに尤も緊要なるものと信ずるが故であります。

二

私の觀察を以てすれば、現在の時局なるものは、決して我が帝國自體の現狀のみではなく、又固より滿洲事件に起因する極東の政治的紛糾のみではなく、實に世界的に、政治は勿論、經濟思想各般に亘れる一般の大問題であるのであります従つて、之れが因て來れる素因を遠く深く考究致しますれば到底一夕の講演の能くこれを盡し得べきではないのでありますが、茲に私は、先づ歐洲大戰以來、世界の形勢が兎に角現在の時局に關する直接の原因なりと認め得ると思ふのであります。御承知の通り、歐洲大戰は全世界の政治經濟諸般の狀勢に一大變動を與へたのであります。先づこれを政治的に觀察致しますれば、歐洲戰爭の結末は、之れを歐羅巴に於て見ますれば、實に英佛兩國、之れを世界的に觀ますれば所謂アングロサクソン民族跳梁となつたのであります。卽ち世界のアングロサクソン若くはラテン民族國家は、此の歐洲大戰の結果を利用し、先づ歐洲に、更に全世界に亘り、其の優越なる國力を以て、其他の小國家小民族を頤使するの基を作爲したのであります。國際聯盟の組織は固よりそれであり、所謂戰債整理案なるものもそれであつたのであります。乍然如此一部民族國家の利己的政策は、到底永く天地の容れる所でないことは勿論で、戰爭終結以來十餘年、歐洲は勿論、世界各地方の狀勢は、漸次之れに反抗するの趨勢に向つたのであります。

曩にムッソリーニの伊太利、最近にはヒットラーの獨逸の奮起は、歐洲に於ける其の直接の現象であり、滿洲獨立は、東方亞細亞に於ける其の間接の事件であり、蘇聯邦共產國の成立は實に歐亞兩洲に亘れる其の反動的作用であります。

更に南米と云はず、西部亞細亞と云はず、所謂小民族小國家の擡頭も亦此の形勢に應ずる反映であるのであります。斯くて世界は、洋の東西を通じて此の戰後のアングロサクソンの專制に對し、反抗の氣運年と共に擴大しつゝあり、世界全般の形勢は、今や其の角逐正に酣ならんとしつゝあるのであります。今後全世界の各民族各國家が、如何なる體勢と、如何なる組織により、此の紛糾せる狀勢を整理調整すべきやが今日に於ける重要なる問題であるのであります。

三

次に、經濟的に世界の現狀を洞察致しますれば、今日全世界の經濟的狀態は、實に多年自由資本主義經濟の破綻行詰と申し得べきであります。既に久しく此の資本主義經濟に反抗しつゝあるのが所謂共產主義經濟でありますが、是亦人生の實際を離れたる架空論にして、其の實效の望むべからざることは、蘇聯邦十餘年の狀態がこれを證明して居ります。斯くて、現下の世界的經濟的紛糾は、或は國家的に、或は國際的に如何にこれを統制し、如何に之れを協調し行くべきやが目下の問題であるのであります。更に思想的に世界の現狀を達觀致しますれば、現二十世紀の世界は、僅かに過去一世紀間に於ける個人主義自由主義の大動搖時代であります。民主主義政治は斯くて世界の東西に亘りて既に一大變動を來し、自由主義經濟は洋の南北に於て一大破綻を招きつゝあるのであります。其の後限りある世界の上に、無限に伸展し行く人類が如何に共存共榮し得べき方途を自覺することが現下の根本問題であるのであります。以上は、現在の世界時局に對する私の大體的觀察であります。而して、茲に帝國目下の時難なるものが、只に滿洲獨立擁護の局地的問題のみにあらず、又決して聯盟脫退に伴ふ帝國單獨の孤立狀態のみにあらざることを察知し得べく、要は今や、世界は政治的經濟的思想的に一大革新の道程に在り、此の大勢を自覺し、速かに之れに應ずるの方途を確立することが、現時局に應ずる根本的重要要件であり、一日世界に先立ちて之れを達成するものは榮え、逡巡迷惑して決せざるものは、滅ぶべき運命にありと斷ずるも過言ではないと信ずるのであります。觀じて茲に至り、私は今更乍ら茲に世界に超絕せる國家の傳統と、國民精神を有する我が大日本帝國の前途に關し、其の當然の期待と希望を感得すると共に、吾等此の國に生を享くるの幸福と、之れに伴ふ責任をしみじみ感知する次第であつて、茲に所謂、此の非常時に處する吾等日本國民の覺悟が自ら湧湃するを禁ずる能はざらしむるのであります。

四

帝國は、往年歐洲戰爭平和會議に於て、所謂人種平等權なるものを提出したことは、今尙深く吾人の耳朶に印して忘れ能はざる所であります。然も歐洲諸强國は、此の天地の公理に對して一顧だも與へなかつたのであります。滿洲事件は其の形態に於ては、實に日支兩國の紛爭でありますが、其の因て來る所を察すれば、實に歐米諸國の東方亞細亞に對する利己政策の顯現であるのであります。吾等東亞の同民族同胞が徒らに異民族國家の使嗾により、所謂兄弟墻にせめぐの愚を演じつゝあることは、眞に厭ふべく恥づべきことであります。況んや三千年來、仁義の國としての大日本帝國臣民たるもの此の現世界の暗憺たる狀勢に處し、所謂我等獨得の皇道精神と、古來優越せる我等の東亞の文化とを宣揚して、我等の亞細亞は勿論汎く全世界の上に光宅して、洽く世界全人類の福祉と、安寧の爲めに貢献せずして已むべきでありませうか。先帝詔書の冒頭に宣はく「國家興隆ノ本ハ國民精神ノ剛健ニ在リ」と。又宣はく「是レ實ニ上下協戮振作更張ノ時ナリ」と又更に詔書の結尾に訓へ給ふて宣はく「入リテハ恭儉勤敏業ニ服シ、產ヲ治メ、出テハ一己ノ利害ニ偏セスシテ、力ヲ公益世務ニ竭シ、以テ國家ノ興隆ト民族ノ繁榮社會ノ福祉トヲ圖ルヘシ。朕ハ臣民ノ協翼ニ賴リテ彌々國本ヲ固クシ以テ大業ヲ恢弘センコトヲ冀フ」と拜讀玆に至りて覺えず背汗一斗、身肌粟を生ずるの思ひに禁ぜず。況んや、今や現在の時局は過去詔勅煥發の時に比し、其の局面の重大なる、其の時難の深遠なる到底日を同うして論ずべからざるものなるに於てをやであります。

五

蓋し皇道を四海に宣布し、天業を八紘に恢弘することは、吾等日本臣民の本分であります。而して、これが達成の爲めには、先づ我等國民の自覺と、國基の完成を先決要件とすべきは勿論であります。前述　先帝の詔書と云はず、後又　今上陛下の最近國際聯盟脱退に伴ふ御詔勅の如き、皆叡慮の存する所、先づ玆に存することを深く感銘せざるべからずと考ふるのであります。

卽ち、私は帝國臣民、就中臺灣在住者の立場に於て、上述聖旨のある所を拜察し、現在の時局に處し、吾等の銘記して遵守せんと欲する所のものを約言し、殊更に玆に上下協戮和衷一致の緊要なること、更に身命を犧牲にして一念皇國に奉仕せんとするの赤誠を、全島同胞各位に熱望することの緊急事なるを痛感し、之れを諸君の前に大呼して、本講演を終らんとす。若し夫れ、これが細說敷衍に至りては、更にこれを他日の好機に讓らざるを得ざるを遺憾とするものであります

一五、「再転機に立つ支那政局と日支関係」

大亜細亜協会編『大亜細亜主義』第二巻一九号 昭和九（一九三四）年一一月

再轉機に立つ支那政局と日支關係

松井石根

一

今春、例の我が外務省情報部長の發したる所謂天羽聲明は、相當列國の外交的視聽を聳てしめたこと周知の如くであるが、支那の政治家、就中抗日派の政治家達は、その大膽卒直なる聲明に驚愕すると同時に、その聲明を逆用して各國の對日感情を惡化せしむることに役立てんとした。併しながら、此の企圖は豫期の如き效果を招來せず、列國は天羽聲明に對し、漸次諒解を示し來つたのであつた。寧ろ歐米諸國の東洋に對する態度としては、次第に支那側に不利となり、最近の國際聯盟總會に於ても、支那は、非常任理事國たるの地位を喪失するが如き情勢となり、さしも頑迷なる歐米派の支那政治家にも相當甚大なる心的影響乃至打擊を與へた模樣である。

是等の對外的國際的事情に加ふるに諸種の國內事情も競合して、今日支那朝野の日本に對する態度には、劃期的なる變化を來さんとしつゝあるかの如く觀取せられ、かの執拗なる抗日運動も、頃にその勢力を減じつゝあるやうである。

二

支那に於ける抗日運動は、無論近頃に至つて發生したものではなく、その由つて來るところ種々の原因はあるが、その根本は、所謂自由主義、民主主義、資本主義を根柢とせる西洋文明に追隨せんとする支那の歐米崇拜者流と、更に又その後ロシアの共產主義に感染したる一部の支那思想家との策動が、その因をなしてゐるのである。

然も、是等の西洋的民主主義、自由主義の思想と謂ひ、またかの露西亞の共產主義と謂ひ、何れも東洋文化、東洋思想に全然相反したる思想であり、斯くの如き思想が支那に於て勢力を占めんとすれば、現實的政治的勢力分野に於ても、當然茲に東洋文化の現實的支柱としての日本の立場、日本の勢力と扞格し衝突し來るは、寧ろ自然の數である。世上、今日支那に於ける排日運動並に日支關係背離の原因として、かの二十一箇條々約を初め種々數へてゐるが、實は是等の諸問題は、江流の水面に生じたる波紋に過ぎず、その底流には、この東西文化、東洋思潮の衝突反流があるのである。

三

一方、滿洲事變が、最近に於ける日支關係惡化の重大なる原因として數へられて居る。併しながら亞細亞全體の和寧と福祉の上に立つて大觀すれば、滿洲事變は上記の如き歐羅巴文化、歐米思想の勢力圏より亞細亞を獨立せしめ、眞乎の亞細亞文化を再建する前提であつて、當然に支那再建の端緒ともなるのである。一部の排日政治家、或は歐米の野心家等、滿洲事變を目して支那に對する日本の侵略主義の現れなりと誣ふる者があるが、是等は漸次事實によつて、その蒙を開かれるであらう。我々日本人は、今更滿洲事變に對して、何の辯明を試むるの必要はない、東亞の新事態そのものが滿洲事變の世界史的意義を説明し證明して行くであらう。

旣に支那の識者の間にも、滿洲事變、滿洲建國の歷史的意義を認識し、支那再建の方途を滿洲建國の範例に求めんとする者の漸く增加しつゝあることは、余の斯くの如き立言を何より有力に傍證するものでなければならぬ。滿洲事變乃至滿洲建國助成のためになされた日本の行動は、寧ろ亞細亞再建のために——從つて當然に支那再建のために——拂はれた日本の犧牲であつた。而して此の犧牲の效果は、亞細亞大陸の一角に、歐米の思想的、文化的、政治的、經濟的勢力より遊離したる純乎たる亞細亞的新國家が創營せられつゝあるのである。我等は支那有道の士と共に此の犧牲の效果を更に支那そのものにも浸透せしめ、徹底せしめねばならぬ。滿洲建國をして支那の自主的再建の先例たり、端緒たり、前提たらしめねばならぬ。眞乎の亞細亞的文化、亞細亞的精神の基礎の上に立つ亞細亞的國家を、支那本土にも建設し創造すべく支那の志士仁人に協力せねばならぬ。これ大亞細亞への長安の大道であり、且つ斯くて始めて、滿洲事變や國際聯盟脫退の史的意義も充足せられるのである。

四

最近、支那では、南京に於て、所謂五全會議卽ち第五次中國々民黨全國代表者會議が開かれるのであるが、吾人は此の會議を契機として、支那の同胞が、如何にして吾人の支那に對する此の眞意を速かに理解し、過去に於ける愧づべき日支兩國間の關係を淸算せんことを翼ふものである。併しながら、今日までに支那の南北各地より得たる情報に照らせば、不幸にして五中全會議が斯かる我々の大なる希望を達成する機會となり得ないのみならず、支那そのもの丶內部の統制と融和についても非常な不安を感ぜしむるものがあり、却つて此の會議が契機となつて、支那南北に亘つて、尠からざる紛糾混亂が捲起るのではないかとさへ察せられる節があるのは甚だ遺憾である。

　即ち最近傳へられるところによれば、支那の西南兩廣方面に於ける南京政府打倒運動は着々と進捗し、その勢力は湖南、貴州、四川省方面にまで擴大しつゝあるとのことであり、更に北方支那各地に於ても、由來南京政府の內外政策に慊らざる政治家達は、この機會に乘じて西南の諸省と呼應して南京政府に對する抗爭の氣勢を揭ぐべく策動を開始しつゝあるやに觀測せられるのである。

　故に來る十一月十二日に、果して豫定の如く五全會議が開催せられたと假想しても、之が支那の統一と結合の機會となるのではなくして、却つて內部的分裂と抗爭、獨立又は半獨立の情勢が各省に起り來るのではあるまいか。この世界的非常時に當り、政治的にも經濟的にも東洋對西洋の全面的な對立が深刻を極めつゝある今日、亞細亞の一大雄邦たる支那が斯くの如き混沌と亂離の情勢の下にあるは、洵に遺憾千萬である。然も十億の我が亞細亞民族の將來を考ふる時、亞細亞の指導を以て任ずる日本民族が、此の善隣の憐れむべき情勢を眼前にして、猶よく袖手傍觀して可なりや否や、支那の病むは猶ほ我自らの病むなりと觀じて大乘的に善隣救濟の大願を樹立せずして已むべきや否や。五全會議を中心として支那大いに動くの報あるに對し、吾人は之を東亞の指導たる日本民族の積極的道念自省振起の機會として江湖の先覺識者に提し置くものである。

一六、「正大の気を伸ぶべし」

大亜細亜協会編『大亜細亜主義』第三巻三〇号 昭和一〇（一九三五）年一〇月

正大の氣を伸ぶべし

松井石根

一

天地正大の氣粹然として神州に鍾る、秀ては不二の嶽と爲り、巍々千秋に聳ゆ、注ぎては大瀛の水と爲り、洋々八洲を環る、發しては萬朶の櫻と爲り、衆芳與に儔ひし難し、凝ては百錬の鐵と爲り、鋭利鍪を斷つ可し、と。東湖の正氣歌、誦して益々味ひ深きを覺ゆ。今人動もすれば其の氣宇に乏しく其の操守を輕んずるもの、顧みて先哲の遺訓に對し果して何の顏かある。

此に方今帝國內外の情勢を述ぶるは寧ろ贅言に邇かしと雖、吾等の信念、吾等の抱負の由を來る所以を明かにすること亦已むを得ざるに出づ。然れども國內各界の情勢に關しては、今暫く之を擱き、之を讀者の熟慮靜觀に委することゝし、以下專ら現下の國際情勢に就き聊か所懷を述ぶるに止めんとす。

二

滿洲國の建設せられてより既に三星霜、我が朝野渾身の努力を致して其の大成に貢献しつゝあること、固より疑なく、其の治安の維持に、内政の改革に、更に經濟の施設に、邊疆の整理に、其の成果の見るべきもの尠なからずと雖、滿洲建國の根本たるべき所謂五族協和一致の理想に關しては、寡聞未だ豐かに其の實現の成績を耳にすることを得ざるは寔に遺憾とする所なり。

蓋し滿洲國內、所謂日滿蒙人相互に於ける眞實の融和團結を遂ぐるに緊要なる指導精神の確立、並に之れが普及に缺くること其の因たるものなきや。予は此に滿洲國に對する根本政策就中、思想政策に關し朝野の反省と熟慮を促すの要あることを認む。

次に滿洲國の現狀に關し吾人の憂慮を禁ぜざるものは、其の比隣諸國との國交狀勢なりとす。滿洲國と隣邦蘇支兩國との關係の如き、表面的には敢て和平の狀態と異るなきに似たれども、實質的には彼此孰れも未だ停戰對峙の域を脫せず、一觸々發の危局に在るを思はしむるものあるは、東亞の事に深く思念するもの丶寔に遺憾とする所にして、事の此の如き其の因、非違の主として蘇聯または支那側に在るによること、固より尠からざるべしと雖、一に亦我が朝野の對蘇支觀念の定まらざるに由ること疑なく、志を滿洲國の健全なる發達に、東亞の友好と和平に注ぐもの丶方に沈思熟考を要するものなることを感ぜざるを得ず。

蘇國果して遂に和すべからざるや、彼をして安じて極東邊境の和平を日滿兩國の誠意に信賴せしめ、志を專ら西方に伸ばさしむるの方途なきや否や、是亦識者の考究を要するところたらずんばあらず。若し夫れ支那に關するものに至りては、之を滿洲國の獨立大成の上よりするも亦支那自體の存立統一の上よりするも、更に東洋全局の平和の見地に基く帝國當然の責務よりするも、我が朝野の眞摯卒直なる決意と斷行を要するものなること論を俟たざる所にして、是れ固より支那自體の覺醒反省に依るべきもの尠からざれども、吾等亦徒らに偏狹自負するところなきやを省思して正大快濶の氣宇を以て兩國澁難の關係を打開せざるべからず。支那の爲政者と軍領は暫く之を措け、その烝々たる大衆を腹中に容るゝの襟度先づ我に無かるべからず。

南洋は吾が國今後の經濟政策上最も緊要なる地域に屬するに關はらず、最近蘭領印度其他に於ける彼此の經濟關係甚だ面白からざる情勢にあるは、心あるもの丶夙に憂慮する所なり。而かも其の原因たる是等地方先住人民の意志に反して現在其の支配權を把持する歐米人の自我的政策に基くこと言を俟たず。吾等の同胞亞細亞民族の生存の爲めにも、延いて將來に於ける世界永遠平和の保持の爲めにも、此の西歐虎狼の心を反省せしむるの途を講ぜざるべからず。我が南方政策の心理的重心は一に玆に繫がる。

吾等は此に姑息なる妥協融和を計ることの前に思想經綸の大本を確立することの喫緊事たることを信ぜざるを得ず。

三

吾等は最近數年歐米諸國の政治經濟諸般の情勢に深き思念を禁ずる能はず。之を國際聯盟を主體とする列國の政治的傾向より觀るも、軍縮會議を中心とする各國の軍事的策謀より觀るも、更にまた各國家民族間に於ける露骨なる經濟的角逐の醜態より觀るも、彼等歐米人の正義感なるものゝ吾等の道德觀と根本的に異なるものあることは、最近に於けるエチオピアに對する歐洲列强の態度に俟つを要せず。吾等は既に宋襄の仁を以て現下の世界的平和を享受することの難きを覺悟せざる可らざることを覺らしむ。

吾等は此に近今國家内外の情勢に鑑み、切に朝野の眞劍なる覺悟を要望す。而して之れが方途は他なし、皇道精神の發揚と貫徹にあるのみ。先哲東湖の所謂天地正大の氣なるものまさに之れなり。其の秀麗なる富嶽の如く、洋々たる大瀛の如く、爛漫たる櫻花の如く、而かも一徹金石をも貫くもの、我が傳統的日本精神なり。之を涵養し之を宣揚して、以て大に世界經綸を行はざる可らず。吾等にして此の操守堅く、此の氣宇や熾なりせば、滿洲建國助成の大業決して難事にあらず。隣邦支那に對する眞平提携の實を擧ぐること亦敢て難きを喫ずるを要せず。若し夫れ歐米諸國に對する國策の遂行に至りては、我に依つて淨化せられ精錬せられたる東洋道德文化の眞粹を齎して、西歐物質文化の根柢に覺醒を與ふることに依り、克く世界文運の興隆に貢献す可きことを確信して疑はず。

四

吾等は近數年大亞細亞主義を唱導して、洽く內外識者の關心を促しつゝあり。之れが根本の思想並に其の經綸の方策に就ては、既に中外に宣布したる所にして今此に之を再言せずと雖、之を茲に更めて我が國民上下に要望する所のものは他なし、我が傳統的民族的精神の喚發宣揚に在り。我等の大亞細亞主義の精神的根帶亦實に茲に在つて存す。近今歐米の識者中吾等の本運動を目して所謂黃禍の再來と恐れ、甚しきは、以て吾等の東洋侵略の術策なりと誣ふるものあるは嗤ふ可きの至なるのみならず、往々我が同胞學徒政客中にも亦之を以て滿洲事件の成功に惑溺せる軍國主義者流の狂奔的錯覺なりと貶するものあるは遺憾の極なり。吾等は宣言す、吾等の大亞細亞主義は固より東洋經濟ブロック主義などと稱すべき小乘的巧利主義にあらず、又東亞モンロー主義などと稱すべき偏狹的隔絕主義にあらず、汎く宇宙を家とし、洽く人類に幸せんと志せる我が建國の精神の繼承發揚に外ならず。鄙人曩に恩命に依り久しき軍職を離れ、爾今より一意本運動に精進せんとするに當り、聊か所懷を述べて更めて大方同志に見えんとし、卽ち宣して云はんと欲するもの他なし、須く正大の氣を伸ぶべし、以て神州の正氣を宣揚すべし。

（了）

一七、「日支国交正常化の途」①〜④ 付 文字起こし

『大阪毎日新聞』昭和一〇（一九三五）年一二月一一〜一四日

「日支国交正常化の途」①

1

日支國交正常化の途

革命完成を急いで 友邦と反目した支那

❶

陸軍大將 松井石根

松井大將

推移を

2

有名な

3

反對の

不用意

本日二十頁（夕刊とも）

1

日支國交正常化の途

革命完成を急いで 友邦と反目した支那

陸軍大將 松井石根

推移を

3

2

有名な

反對の

不用意

本日二十頁

全体図

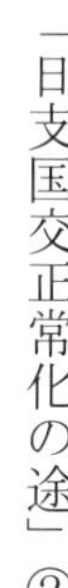
「日支国交正常化の途」②

1

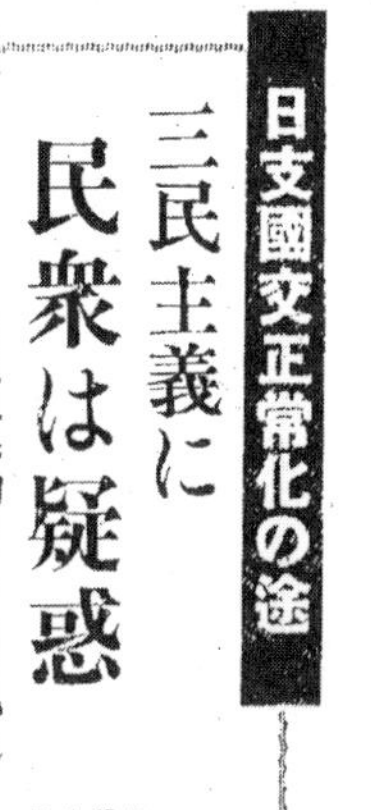
日支國交正常化の途 ❷

三民主義に民衆は疑惑

自治運動はその現れ

陸軍大將　松井石根

吻をもつて夷を制する政策は支那においては古き歴史のあることではあるけれども、近年の國民政府の如く政府の内外政策を[illegible]にせんがために、骨肉相分つ能はざる東亞の同胞の感情を打ちこはして顧みないといふようなことは未だかつてないことであつて、天地神人ともに容す能はざるところであることは勿論である、しかしながら顧つてこの間におけるわが帝國の支那に對する國策の推移をかへりみれば、われ等もまたこの間の事情に對してその責の一部分を分つべきこともあると思ふ、卽ちわが帝國においても維新以後歐米の文物がしきりに輸入せられわが國民の思想にも少からざる變移を來したことは事實であつて、かの歐米の自由主義、資本主義を無條件に取入れんとするがために惑はされたことは少くないのである、これがためか一時わが政治家といはず、經濟家といはず、支那に對してやゝもすれば歐米人の[illegible]政主義、侵略主義に迎合し、もしくはこれに同調せんとするような言動があつたことは否むことが出來ない

根本的

[illegible]つてわれ等が今日帝國の國策を[illegible]へて、この不幸なる帝國の[illegible]を一新して二千年來の國際關係に[illegible]せんと努むるものは深くこれ

2

らの點に關して深く反省しなくてはならない、滿洲事件はかくの如く兩國の感情の惡化した頂點において爆發した、しかして日本の朝野は、この事件を動機として深く覺醒した、滿洲國はすでに成つて、日本が國際聯盟を脱退し、畏くもわが天皇陛下が滿洲の建國を御承認あらせられてその因縁の

完成に

國民一致の努力を傾注せらるるに至つて、わが朝野は翕然として襟を正し、毅然として立つてわが建國以來の精神に蘇生し、滿洲國といはず、支那といはず、アジヤの同胞を救ひこれを率ゐて、歐米人らの間に處して世界的平和の建設に向つて邁進しつゝあるのである、しかも不幸にして支那の朝野はなほ未だかくの如き日本朝野の決意と信念とを悟らず徒らに過去の行掛りに捉はれ一時の感情に走り[illegible]昔年の大計のもとに大衆的決意をなすに[illegible]してゐることはまことに遺憾の極みであるといはなければならぬ

こゝにおいてわれらは今、日支兩國の問題を考究するに先だつてまづ支那の現狀に若干の觀察を下して見たいと思ふ、今や國民政府は過般の五全大會を經へて蔣介石のいはゆる統一政治が漸次その緒につきその内外に對する一般の威望が著しく增大されたことは事實である、しかしながらつまびらかに支那南北の情勢を觀察すれば蔣の支那統一は表面形式的のものに過ぎないその政權の實質に行はれるのは彼の率ゐる中央軍の勢力下に屈伏する地方に過ぎない、南北全般にわたりては勿論、蔣介石政權の眞に實行せらるゝ揚子江沿岸地方においても蔣介石ならびに國民黨政權の内外政策に對しては反對の傾向存在を認めなければならぬ、國民黨の指導精神たる三民主義なるものに關しても、すでに支那四億の民衆は少からざる

3

疑惑を

持つてゐることは事實であるが、さらに英米崇拜、白人文化の崇敬より來れる最近の對外政策に關しては著しく不滿の意を有することも疑ひなき事實である

目下北支において行はれつゝある自治運動ならびに西南廣東、廣西地方において數年來繼續せられつゝある反國民政府運動はたしかにこの現れである、殊に北支那地方における情勢はもはや主義とか理想とかの問題を離れて現實生存の問題にかゝはつてゐる、北支一帶の民衆は南京政府の目下の如き內外政策が繼續せられる限り、滿洲國、蒙古等に接壤する北支地方の民衆はその生存を著しく脅かされつゝあることは、これまた疑ひなき事實である、北支那と滿洲國乃至は蒙古はたゞにその地理的關係の相接續してゐるばかりでなくその民族關係においても、經濟關係においても到底相分つべからざる古き歷史と現在を持つてゐるのであつて、この間の關係は今の[illegible]されてゐる情勢より[illegible]せられ、相互共通繁榮の道に復歸することが北支那民衆の熱烈にして眞摯かつ當然なる要求である、人々あるひは北支における目下の日本[illegible]の行動に歸するなどと稱するものがあるけれども、これらはこの北支の情勢に思ひを致すことなくして徒らに[illegible]國の宣傳に惑はされるものか、しからざれば故意に北支における日滿支の離るべからざる[illegible]の關係を阻止せんがため行はれる策動であるといはなければならぬ

本日二十頁（夕刊とも）

全体図

「日支国交正常化の途」③

1

日支國交正常化の途 ③

統一への過渡 "聯省自治" 認むべき自然狀態

陸軍大將 松井石根

目下北支那において活躍する關東軍、天津軍將校の言動については我等はあへて容喙をさしはさむ限りではないが、私は次の如き觀測をもつ、目下北支那におけるわが軍部の活動なるものは、實に徹底北支の情勢にかんがみ、さらにまた國民政府過去の内外政策にもとづき、滿洲國ならびに間接に日本と關係深き北支の民衆に對してこれに同情し、これを援助して一國民衆の幸福を希ひ、その生存を安んぜんがために努力することのほか何物でもない、しかしてその目標とするところはもとより南京の統治でもなく、國民政府との離脱でもなく、實にわれ等日滿兩國と離るべからざる北支民衆との完全なる親和提携に存するものであることは

疑ひを

さしはさむ余地がない、自分の信ずるところでは滿洲國の獨立運動といふことが當時も、支那四億民衆の親和の觀點よりすれば、むしろ統一はしからざる一現象であるといふことも出來る、しかし事のこゝに至つたゆゑんのものは實に國民政府の無謀なる態度と北方諸國の赤化政策の間斷なき脅威がやむなくこゝに至らしめたものであると思ふ、從つて北支に關するものでも我等は支那の統一と完全なる全般的日支親善を深く希ふ點において北支地方の獨立などといふことは夢想だも

2

しないところであるが、これまた國民政府の今後の態度如何によつては如何なる不幸な事態が一時的にも現出することのなきを保證することは出來ない

西南地方に關しては余は親しくその現狀を視察しないから現下の情勢を確言することは出來ないが、彼等西南將領ならびに政治家の多年主張してゐるところにかんがみれば彼等の唱ふる反國民政府運動の根本はやはりすでに述べた國民政府の内外政策の不滿に基因することは勿論である、なかんづく蔣介石ならびにその一派の少數與黨が支那を私視し、權勢をほしいまゝにして支那

四億の

眞實なる民意を顧みないことに存してゐるように見える、換言すれば、西南の運動は反蔣運動の一語につきるといふも過言ではない

さらに西部支那地方におけるいはゆる共産軍の跳梁せる地方の情勢に關しては、私はさらにその事情を一層つまびらかにしないけれども、支那人ならびに東洋一般の思想と著しく懸絶する共産主義者流の勢力が一時的といへどもこれ等地方に跳梁跋扈することを見るのは、これまた革命以來國民政府の施政が一般民衆の意にかなはず彼等は生きんがため安んぜんがため、國民政府の現在の政治狀態から逃れて、安穩幸福なる生存を獲はんとしつゝある一般民衆の結果であるといふことが出來るだらう

私は大體において支那の現狀を以上のごとく觀じてゐる、即ち結論として支那の政治家に向つて一言するところのものは次のようなことに歸着する

領土廣く民情また自然に異りてしかもその接壤地方諸外國との關係等より觀察して、支那を今ただちに南京の國民黨政權によつて完全に統一し、いはゆる中

3

央集權の實をあげるといふことは非常に困難で、恐らくは俄に行ひ難いものであらうと思はれる、支那はよろしくその統一の過渡的經綸として北、中、南、西といふ如き外廓的四種の地方に區分せられて、いはゆる聯省自治、中央統制の形式をとるが自然であらう、革命の元老にして今日の支那を改造するのに

偉大な

功績を遺した孫中山君の如きをもつてしても、その晩年においては段祺瑞と握手妥協して支那統一を策したではないか、余は今日の情勢にかんがみて、さすがに老巧練熟せる孫中山君の志を思うて感慨深いものがある、蔣介石君をはじめ現國民黨の政府の中堅である諸公はこれに對して果して如何なる感じをもつてゐるか

次ぎの問題はいふまでもなく支那の對外政策である、夷をもつて夷を制するの政策には古き歴史がある、決して今日にはじまつたものではない、また世界一般の關係から見ても兩國家に相望みて近き友國の間に親善なる關係が持續され得ることはほとんど一般的觀念であるともいひ得る、しかしながら、これを廣く全世界、全人類、全民族といふ見地から觀察するならば、兩國の民族、同種相親むのはあたかも一家の家庭内における兄弟姉妹の内爭に過ぎず、須らく友國の間における親和なるものは結局において彼此相利し、相益するといふ關係にほかならず、眞に

相互の

信頼と理解とをもとにし、相救ひ相濟すといふ意義に出づるものでないことは勿論である、我等はこの意味をもつて日支兩國の關係を考へるほか何ものもない

本日二十頁（夕刊とも）

全体図

1

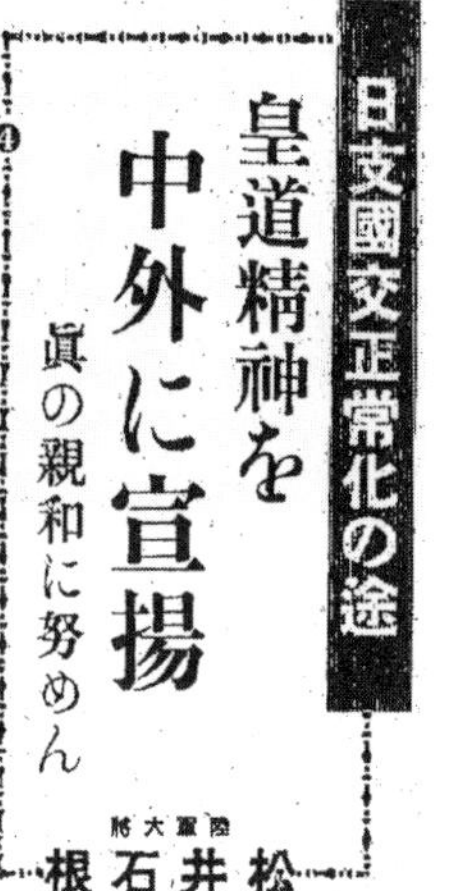

支那において過去の行きがゝり感情がにはかに両國の関係を改むるに幾多の支障が横はつてゐることは認める、また今日の如き日支の関係においては蒋介石ならびに國民政府の支那統一事業の完成のため幾多の外援を必要とする事情も十分同情し得るものである、さらに具体的にいへば、かりに最近の幣制問題の如き、たとひ日本が英國とともに國民政府を援助するような事態になつたとしても、過去の行きがゝりは別として、むしろ日本よりも英米等にその援助を借りることが

事務的

に見ても、技術的に見ても、むしろ便利なるものがあるといふことを想像されぬでもない、しかしこれはたゞ現在の事情が然りとするので、遠き百年の将来、東洋百年の大局といふ大乗的の観察からせば、かくのごときことは勿論一顧にも値らないことである、かくして國民政府の周囲に蟠居してゐると称せられる親英米派あたりの現在といふことについては、私は従来からあまり深き詮索を払つてゐない一人である、親英派可なり、親米派また利すべしであるが、さりとて支那が日本を離れ親英米派の手によつて支那の統一、東洋の平和を永遠にかち得るものでないことは断言して疑はない、以上は支那の情勢に対する大数の観測である、言足らず舌端の補ふべきものは多いけれどもこのくらゐに止めてさてこの情勢に処して、我等日本の朝野が如何に対すべきかといふことに関して所信の一端を述べてみたいと思ふ

去る十月我等の首唱してゐる大アジヤ主義に関してその概綱を措置に述べたとがあるが、今日日本の、支那といはず、世界に対する朝野の信念といふものは欧米の過去において一時的に優勢を占めたような自由主義、資本主義の精神より脱却して過去神代よりわれ〳〵國民の間に磅礴せるいはゆる文化よ

2

り発足することが根本にして、最も重大なる点であらうと思ふ、私は幼年の時代より家父の教へによつて東湖先生に私淑してゐるものであるが、かの東湖先生の「正気の歌」につぎのような句がある

天地正大の気、粋然として神洲に鍾る、秀いでては不二の嶽となり巍々千秋に聳ゆ、注ぎては大瀛の水となり、洋々八洲を環る、発しては万朶の桜となり、衆芳与に儔ひ難し、凝つては百錬の鐵となり、鋭利鍪を断つべし

私は現時のわが朝野の対外信念において、この

正氣の

信念の内に蔵くせられ、外にその光を放つことによつてのみこゝに帝國目下の内外政策の行詰りはおのづから解消せられ、われ等のアジヤ十億の同胞とともに、世界の全人類とともに永く平和を楽しみ得るの基であることを確信するものである、殊に我等は刻下内外の情勢にかんがみ、切に朝野の真剣なる信念と覚悟を要望する、しかしてこれが方途は他なし、いはゆる皇道精神の発揚と貫徹そのものにあるのみである、東湖のいはゆる天地正大の気、その秀麗なる富嶽のごとく、洋々たる大瀛のごとく、爛漫たる桜の花のごとく、しかも一徹金石をも貫くの至誠、これわが伝統精神の日本精神、これを涵養し、これを宣揚してもつて世界に新紀元を開かなければならぬ、我等にしてこの操守が固く、この気宇や壮んなりせば、満洲建國の大業も決して難くはない、隣邦支那に対する真實提携の果をあげ得ることもあへて難きを憂ふるを要しない、我等はこの信念のもとに最近数年大アジヤ主義を唱道して、あまねく内外識者の関心を促しつゝあるのである、即ち我等の大アジヤ主義の

3

精神的

根底なるものは、わが伝統的、民族的の精神の淵源、皇道精神以外何ものも存しない、また解へてアジヤ主義といふものの決して昨今往々唱へられる東洋経済ブロック主義とか、東亜モンロー主義などといはれる小乗的な功利主義でもなく、偏狭的な亜細亜主義でもない、あまねく宇宙を家とし、あまねく世界人類に幸ひせんと欲するわが國の精神の顕揚にほかならない

私はこのたびの満支旅行において、この精神、この信念をもつて親しく満洲および北支、中支の要友、同志にはかつてその意見を質したものである、満洲國は申すまでもないが、北支那地方においても我等のこの主義に共鳴する支那政客、学者、商賈等が意外に多きを感得し得たことは非常に欣快とするところで、すでに天津では同志の間に中國アジヤ協會なるものが設立せられ、北支において相当勢力ある志士、紳商等によつてこれを中外に宣揚するに至つたとは、ひとり我等同人の幸ひのみではない、日支両國の将来のため、いな世界永遠の平和のため深く慶賀してやまざる次第である、私は新年早々再び中、南支の旅行を計画してゐる、また中、南支地方においてこの主義に共鳴する多数の支那同胞を獲得し得る

確信を

もつてゐる、かくして我等は目下両國の間に横はつてゐるところの政治的、経済的数多の紛糾を超越して、両國民の真の提携親和に努力を致さんことを誓つてゐる、読者諸ひに根本の思想、信念に基き、両國理想のあるところを諒として一層の協力を与へられんことを冀ふ次第である(完)

本日二十頁(夕刊とも)

1　3　2

全体図

日本国交正常化の途①
革命完成を急いで
友邦と反目した支那

松井石根大将は本年八月予備役仰附けられるまで軍事参議官の要職にあり、支那にあること多年、軍部内屈指の支那通として知られ済南事件の善後処置に功績のあつたことは有名である、近年大アジヤ主義を首唱し同運動の指導的地位に立ち過般来月余にわたり満州、北支、中支を巡歴して同主義を満、支人に説き最近帰京した

日本と支那との交通がはじまつて以来二千年、随分と古く、かつ永いことであるが、この間隋、唐時代の文物が日本に輸入せられ、また日本古来の文化がこれを補正して、さらに支那に送り出されたいはゆる東洋文化といふものは今日両国の文化の結合によつて年とともに進化を遂げ、日支両国は押しも押されもせぬアジヤの二大国としてその文化、道徳が世界に雄を示してゐることはいふまでもないことである、しかしながらこの永き両国の関係を通じて、歴史に遡つてみても、また近来の推移を眺めてみてもこゝ十数年間ほど両国の関係、殊に両国民の感情が悪化したことはないと思ふ、それは昔にも、元寇もあり、廿八年戦役もあつた、また鎌倉時代あたりからいはゆる倭寇が支那の沿岸を永く荒して両国民の感情に少からず不安のあつたことも事実である、けれどもこれらは一時的の現象で両国間の真の国民的感情といふものにはいささかも動揺を与へたことはなかつたと思ふ

古いことは別として近き半世紀を見ても、日清戦争は却つて両国間の提携を促す動機となつて両国の各方面の交通は著しく頻繁となり、わが陸軍でも川上大将らの宏遠なる経綸にもとづいて、数多の有為な将校が支那に派遣せられた、かの宇都宮大将は湖北に張之洞を説いて両国の提携を促した、同総督の息子で現在満州国の外交部大臣たる張燕卿氏が弱冠の身をもつて遠く日本に来つて学習院に学んだのもそれ以来のことである、かの有名な荒尾精氏が壮年の意気をもつて官を辞して支那に遊び今日の同文書院の基たる日清貿易研究所を揚子江岸に設立したのもその頃のことである、自来支那の学生の日本に来遊するもの漸次加はり、日露戦争直後に至つては両国の関係が一層緊密を加へて、彼の地より日本に留学するものの数万を数へ、わが国よりもまた軍人、学者、技術者ら多数が支那に招聘されて支那の文化の開発に従事した、私が日露戦争直後支那の公使館に赴任したころは北京、天津附近にも十余名の陸軍武官が支那に雇はれてゐた、その現存せるものはかの坂西中将、寺西秀武、野澤悌吾らの諸氏であるが、これらはみな支那服をまとひ弁髪をつけて支那人と衣食をともにし支那陸軍の建設に向つて真剣熱烈なる努力をしたものである

その後支那に革命が起つたが、この革命なるものは孫逸仙が主として成就したのであるけれども、彼をしてこの大業をなさしめたるは日本朝野の多数の志士の協力にまつものが非常に多い、従つて革命以後においても両国の関係は一層親善、緊密の機運に向ふべきものとわれ等は信じてをつたので

あるが、不幸にしてその後両国の関係は却つて反対の道をたどつて革命後廿余年の今日最も悲しむべき両国の状態が実現せられた、しかも満州事変等の如き両国の葛藤が欧米人の前にさらけ出され、われ〳〵日支の同胞が相争ひ相闘ひつゝ、彼等の批判を受けざるを得ないといふような場面を演出したことはわれ等の先輩が恐らく夢想だもしなかつたことであらうと思ふ、多年先輩の教へを受けて、両国のいな、アジヤのことに微力をいたして来た自分としては先輩の遺霊に対してまことに慚愧止む能はざるものがある、思ふに近年両国の関係がかくのごとく悪化したゆゑんのものは、そのよるところもとより一つではないけれども、私はこれを主として支那の国民の内外政策にその罪を帰すべきだと思ふ、けだし第二革命以来国民党員らが誤れる欧米の自由主義をとり入れ、またその搾取的資本主義を無造作に利用し、国民党政府もまたその支那の統一、革命の大業を完成することを急ぐの結果不用意にもロシヤの共産主義者にも共鳴して同国官民の援助によつて内は国内を統一し外は多年支那を搾取してをつた欧米の資本主義に対抗しあまつさへ先年来善隣の友邦である日本に向つてさへも、多年の東洋文化道徳の根本を忘れてこれと反目し、これを排斥せんとするような政策をとるに至つたことは、疑ひもなく両国間に今日の悪結果を招来せしめた重なる原因であるといはねばならぬ

日支国交正常化の途②
三民主義に民衆は疑惑
自治運動はその現れ

夷をもつて夷を制する政策は支那においては古き歴史のあることではあるけれども、近年の国民政府の如く政府の内外政策を便にせんがために、骨肉相分つ能はざる東亜の同胞の感情を根本的に打ちこはして顧みないといふようなことは未だかつてないことであつて、天地神人ともに容す能はざるところであることは勿論である、しかしながら翻つてこの間におけるわが帝国の支那に対する国策の推移をかへりみれば、われ等もまたこの間の事情に対してその責の一部分を分つべきこともあると思ふ、即ちわが帝国においても維新以後欧米の文物がしきりに輸入せられわが国民の思想にも少からざる変移を来したことは事実であつて、かの欧米の自由主義、資本主義を無条件に取入れんとするがために煩はされたことは少くないのである、これがためか一時わが政治家といはず、経済家といはず、支那に対してやゝもすれば欧米人の搾取主義、侵略主義に迎合し、もしくはこれに追随せんとするような言動があつたことは否むことが出来ない

従つてわれ等が今日両国の問題を考へて、この不幸なる両国の関係を一掃して二千年来の同胞関係に復帰せんと努むるものは深くこれらの点に関しても静観熟慮しなくてはならない、満州事件はかくの如く両国の感情の悪化した頂点において爆発した、しかして日本の朝野は、この事件を動機として深く覚醒した、満州建国すでに成つて、日本が国際連盟を脱退し、畏くもわが天皇陛下が満州の建国を御承認あらせられてその国家の完成に国民一致の協力を望ませられるに至つて、わが朝野は粛然として襟を

正し、毅然として立つてわが建国以来の精神に更生し、満州国といはず、支那といはず、アジヤの同胞を救ひこれを率ゐて、欧米人らの間に真の世界的平和の建設に向つて邁進しつゝあるのである、しかも不幸にして支那の朝野はなほ未だかくの如き日本朝野の決意と信念とを悟らず徒らに過去の行懸りに捉はれ一時の感情に走り翻然東亜百年の大計のもとに大乗的決意をなすに躊躇逡巡してゐることはまことに遺憾の極みであるといはなければならぬ

こゝにおいてわれらは今、日支両国の問題を考究するに先だつてまづ支那の現状に若干の観察を下して見たいと思ふ、今や国民政府は過般の五全大会を終へて蒋介石のいはゆる統一政治が漸次その緒につきその内外に対する一般の威望が著しく増大されたことは事実である、しかしながらつまびらかに支那南北の情勢を観察すれば蒋の支那統一は表面形式的のものに過ぎないその統制の真実に行はれるのは彼の率ゐる中央軍の勢力下に慴伏する地方に過ぎない、南北全般にわたりては勿論、蒋介石政権の真に実行せらるゝ揚子江沿岸地方においても蒋介石ならびに国民党政権の内外政策に対しては反対の機運存在を認めなければならぬ、国民党の指導精神たる三民主義なるものに関しても、すでに支那四億民衆は少からざる疑惑を持つてゐることは事実であるが、さらに英米崇拝、白人文化の謳歌より来れる最近の対外政策に関しては著しく不満の意を有することも疑ひなき事実である

目下北支において行はれつゝある自治運動ならびに西南広東、広西地方において数年来継続せられつつある反国民政府運動はたしかにこの現れである、殊に北支那地方における情勢はもはや主義とか理想とかの問題を離れて現実生存の問題にかゝはつてゐる、北支一億の民衆は南京政府の目下の如き内外政策が継続せられる限り、満州国、蒙古等に接壌する北支地方の民衆はその生存を著しく脅かされつゝあることは、これまた疑ひなき事実である、北支那と満州国乃至は蒙古はたゞにその地理的関係の相接触してゐるばかりでなくその民族関係においても、経済関係においても到底相分つべからざる古き歴史と現在を持つてゐるのであつて、この間の関係は今の隔絶されてゐる情勢より解除せられ、相互共通連絡の道に復帰することが北支那民衆の熱烈にして真剣かつ当然なる要求である、人々あるひは北支における目下の運動を日本軍憲の行動に帰するなどと称するものがあるけれども、これらはこの北支の情勢に思ひを致すことなくして徒らに里閭の言説に惑はされるものか、しからざれば故意に北支における日満支の離るべからざる上述の関係を阻止せんがため行はれる言動であるといはなければならぬ

日支国交正常化の途③
統一への過渡〝連省自治〟
認むべき自然状態

目下北支那において活動する関東軍、天津軍当局の真意については我等はあへて言議をさしはさむ限りではないが、私は次の如き確信をもつ、目下北支那におけるわが軍部の言動なるものは、実に既述北支の情勢にかんがみ、さらにまた国民政府過去の

内外政策にもとづき、満州国ならびに間接に日本と関係深き北支の民衆に対してこれに同情し、これを援助して一億民衆の幸福を希ひ、その生存を安んぜんがために、彼是尽力することのほか何物でもない、しかしてその目標とするところはもとより軍閥の擁護でもなく、国民政府との離脱でもなく、実にわれ等日満州国と離るべからざる北支民衆との完全なる親和提携に存するものであることは疑ひをさしはさむ余地がない、自分の信ずるところでは満州国の独立建国といふこと自体も、支那四億民衆の親和の点よりすれば、むしろ願はしからざる一現象であるといふことも出来る、しかし事のこゝに至つたゆゑんのものは実に国民政府の頑冥なる態度と北方露国の赤化侵略の間断なき脅威がやむなくこゝに至らしめたものであると思ふ、従つて北支に関するものでも我等は支那の統一と完全なる全般的日支提携を深く冀ふ点において北支地方の独立などといふことは夢想だもしないところであるが、これまた国民政府の今後の態度如何によつては如何なる不幸な経過が一時的にも現出することのなきを保証することは出来ない

西南地方に関しては余は親しくその現状を視察しないから現下の情勢を確言することは出来ないが、彼等西南将領ならびに政治家の多年主張してゐるところにかんがみれば彼等の唱ふる反国民政府運動の根本はやはりすでに述べた国民政府の内外政策の不満に基因することは勿論である、なかんづく蒋介石ならびにその一派の少数与党が支那を私視し、権勢をほしいまゝにして支那四億の真実なる民意を顧みないことに存してゐるように見える、換言すれば、西南の運動は反蒋運動の一語につきるといふも過言ではない

さらに西部支那地方におけるいはゆる共産軍の跳梁せる地方の情勢に関しては、私はさらにその事情を一層つまびらかにしないけれども、支那人ならびに東洋一般の思想と著しく隔絶する共産主義者流の勢力が一時的といへどもこれ等地方に跳梁跋扈することを見るのは、これまた革命以来国民政府の施政が一般民衆の意にかなはず彼等は生きんがため安んぜんがため、国民政府の現在の政治状態から逃れて、安穏幸福なる生存を冀はんとしつゝある一般民情の結果であるといふことが出来るだらう私は大体において支那の現状を以上のごとく感じてゐる、即ち結論として支那の政治家に向つて一言するところのものは次のようなことに帰着する

領土広く民情また自然に異りてしかもその接壌地方諸外国との関係等より観察して、支那を今たゞちに南京の国民党政権によつて完全に統一し、いはゆる中央集権の実をあげるといふことは非常に困難で、恐らくは俄に行ひ難いものであらうと思はれる、支那はよろしくその統一の過渡的経緯として北、中、南、西といふ如き外廓的四種の地方に区分せられて、いはゆる連省自治、中央統制の形式をとることが自然であらう、革命の元老にして今日の支那を改造するのに偉大な功績を残した孫中山君の如きをもつてしても、その晩年においては段祺瑞と握手妥協して支那統一を策したではないか、余は今日の情勢にかんがみて、さすがに老巧練熟せる孫中山君の志を思うて感慨深いものがある、蒋介石君をはじめ現国民党の

政府の中堅である諸公はこれに対して果して如何なる感じをもつてゐるか

次ぎの問題はいふまでもなく支那の対外政策である、夷をもつて夷を制するの政策には古き歴史がある、決して今日にはじまつたものではない、また世界一般の国勢から見ても両隣常に相食みて遠き友国の間に親善なる関係が持続され易きことはほとんど一般的趨勢であるともいひ得る、しかしながら、これを広く全世界、全人種、全民族といふ見地から観察するならば、両隣の同族、同類相食むのはあたかも一家の家庭内における兄弟故旧の内争に過ぎず、遠き友国の間における親和なるものは結局において彼此相利し、相益するといふ問題にほかならず、真に相互の危急存亡をともにし、相救ひ相済すといふ真義に出づるものでないことは当然である、我等はこの信念をもつて日支両国の問題を考へるほか何ものもない

日支国交正常化の途④
皇道精神を中外に宣揚
真の親和に努めん

支那において過去の行きがゝり感情がにはかに両国の関係を改むるに幾多の支障が横はつてゐることは認める、また今日の如き日支の関係においては蒋介石ならびに国民政府の支那統一事業の完成のため幾多の外援を必要とする事情も十分同情し得るものである、さらに具体的にいへば、かりに最近の幣制問題の如き、たとひ日本が英国とともに国民政府を援助するような事態になつたとしても、過去の行きがゝりは別として、むしろ日本よりも英米等にその援助を借りることが事務的に見ても、技術的に見ても、むしろ便利なるものがあるといふことを想像されぬでもない、しかしこれはたゞ現在の事情が然りとするので、遠き百年の将来、東亜百年の大局といふ大乗的の観察からせば、かくのごときことは勿論一顧にも当らないことである、かくして国民政府の周囲に跋扈してゐると称せられる親英米派あたりの現在といふことについては、私は従来からあまり深き注意を払つてゐない一人である、親英派可なり、親米派また利すべしであるが、さりとて支那が日本を離れ親英米派の手によつて支那の統一、東亜の平和を永遠にかち得るものでないことは確信して疑はない、以上は支那の情勢に対する大体の観測である、言足らず言葉の補ふべきものは多いけれどもこのくらゐに止めてさてこの情勢に対して、我等日本の朝野が如何に対すべきかといふことに関して所信の一端を述べてみたいと思ふ

去る十月我等の首唱してゐる大アジヤ主義に関してその機関雑誌に述べたことがあるが、今日日本の、支那といはず、世界に対する朝野の信念といふものは欧米の過去において一時的に優勢を占めたような自由主義、資本主義の精神より脱却して遠き神代よりわれ〳〵国民の間に踏襲せるいはゆる文化より発足することが根本にして、最も重大なる点であらうと思ふ、私は幼年の時代より家父の教へによつて東湖先生に私淑してゐるものであるが、かの東湖先生の「正気の歌」につぎのような句がある

天地正大の気、粋然として神州に鍾る、秀いでては不二の嶺となり巍々千秋に聳

ゆ、注ぎては大瀛の水となり、洋々八州を環る、発しては万朶の桜となり、衆芳与に儔ひ難し、凝つては百錬の鉄となり、鋭利銎を断つべし

私は現時のわが朝野の対外観念において、この正気の信念の内に深く蔵せられ、外にその光を放つことによつてのみこゝに帝国目下の内外政策の行詰りはおのづから解消せられ、われ等のアジヤ十億の同胞とともに、世界の全人類とともに永く平和を楽しみ得るの基であることを確信するものである、殊に我等は刻下内外の情勢にかんがみ、切に朝野の真剣なる信念と覚悟を要望する、しかしてこれが方途は他なし、いはゆる皇猷無辺なる皇道精神の発揚と貫徹そのものにあるのみである、東湖のいはゆる天地正大の気、その秀麗なる富岳のごとく、洋々たる大瀛のごとく、爛漫たる桜の花のごとく、しかも一徹金石をも貫くの至誠、これわが伝統的の日本精神、これを涵養し、これを宣揚してもつて世界に経綸を開かなければならぬ、我等にしてこの操守が固く、この気宇や壮んなりせば、満州建国助成の大業も決して難くはない、隣邦支那に対する真実提携の果をあげ得ることもあへて難きを嘆ずるを要しない、我等はこの信念のもとに最近数年大アジヤ主義を唱道して、あまねく内外識者の関心を促しつゝあるのである、即ち我等の大アジヤ主義の精神的根底なるものは、わが伝統的、民族的の精神の渙発、宣揚以外何ものも存しない、また称へてアジヤ主義といふものの決して昨今往々唱へられる東洋経済ブロック主義とか、東亜モンロー主義などといはれる小乗的な功利主義でもなく、偏狭的な東亜隔絶主義でもない、あまねく宇宙を家とし、あまねく世界人類に幸ひせんと欲するわが国の精神の顕揚に他ならない

私はこのたびの満支旅行において、この精神、この信念をもつて親しく満州および北支、中支の旧友、同志にはかつてその意見を質したものである、満州国は申すまでもないが、北支那地方においても我等のこの主義に共鳴する支那政客、学者、商売等が意外に多きを感得し得たことは非常に欣快とするところで、すでに天津では同志の間に中国アジヤ協会なるものが設立せられ、北支において相当朝野に声望ある志士、将領等によつてこれを中外に宣言する至つたことは、ひとり我等同人の幸ひのみではない、日支両国の将来のため、いな世界永遠の平和のため深く慶賀してやまざる次第である、私は新年早々再び中、南支の旅行を計画してゐる、また中、南支地方においてこの主義に共鳴する多数の支那同胞を獲得し得る確信をもつてゐる、かくして我等は目下両国の間に横はつてゐるところの政治的、経済的数多の紛糾を超越して、両国民の根本思想、信念に基づき両国の真の提携親和に努力を尽さんことを冀つてゐる、読者幸ひに意のあるところを諒として一臂の協力を与へられんことを冀ふ次第である

(完)

一八、「胡漢民君の死を悼む」

大亜細亜協会編『大亜細亜主義』第四巻三八号 昭和一一（一九三六）年六月

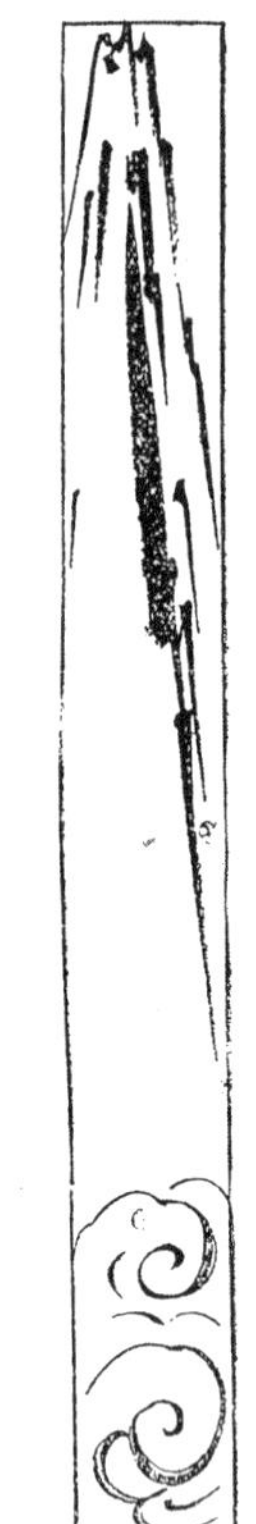

胡漢民君の死を悼む

松井石根

一

民國國民黨元老胡漢民氏逝く、君は故孫中山氏の股肱として支那革命の事に從ふ三十餘年、孫氏亡き國民黨の元老として中外に重きを爲し、其該博なる學識と高遠なる識見とは民國の將來に重大なる權威と倚頼を囑すべきこと萬人の認むる所なり。今や民國革命訓政の期漸く終焉を告げ、近く憲政の域に入らんとす。二十有餘年の革命の大業將に成らんとするに當り、民國南北の狀勢依然として反噬紛糾を告げ、加之、近今歐米政局の動搖と其東亞に及ぶ影響等相俟つて人々民國今後の推移を觀念するの時、君を失ふの痛惜は固より民國々民黨同人のみに非ず、吾等亦友邦の同志として深く哀悼悃憂の情に禁ぜず。況や予は多年君と相識ること深く、殊に東亞の大計に關し謀議するに當り、常に相互赤誠を披瀝し、虛心坦懷毫も客氣ある所なく、而かも彼我の思想的根據を東洋文化道義の間に存し得たることを樂しみたるに於てをや。

日支兩國の確執久しく、未だ光明を睹るに至らず。遠く亞弗利加唯一の帝國「エチオピア」方に滅びんとし、近く亞細亞に於ては民國亦其西北境域に漸く赤化の形勢擴大するの報を聞くの時に際し、吾等が相謀り相擁して、亞細亞救濟の大業を成就せんことを誓ひたる盟友胡君展堂兄を失ひたるの痛恨に至りては、兩國同志何人ぞ之を測り得べき。思ふに君の英靈獨り地下に予と其感を同ふすべきを信ず。

二

仄聞する所に依れば、君は其終に臨み在廣東同志に遺囑して所謂三民主義精神の貫徹を冀ふと共に、現南京政府内外の政策に關し憤懣の至誠を開けりと云ふ。眞否未だ審かならずと雖、予は本年初春の更廣東に君を訪ひ、前後十數時の長きに亘り支那の内外時局に關し其悶々の情を悉知するの機會を得たるが、之を近今傳ふる所の遺囑なるものに對照し、聊か惑ひなきを得ざるものあり。要するに君が支那民族の權威ある自存と其民族固有の道義精神の確保を祈念し、從つて支那古來の家族主義、自治主義の信念の下に覇道的獨裁政治を排斥し、權道的共產思想を呪忌せるの至情は深く予の心胸に銘じ、其病軀を强いて熱血を濺げる悲憤の言々今尙深く予の耳底に印せるものあり。今や君と幽明處を異にし、再び君と相見て相語るを得ざるの哀情を述ぶるに當り、之を吾等兩國の同志に傳ふるもの、又以て予の多年君の友情に酬ゆる所以のものたるを疑はず。

三

尙此に特に內外の同人に告げんと欲するものは、君の所謂民族主義なるものは固より所謂支那五族民族に出發し、多年衰亡の運に向へる支那同族の救濟を念願するものなると共に、更に此の精神を汎く亞細亞の同種同文化民族の間に擴充し、所謂王道的平等の精神に基き、亞細亞民族の團結に達せんことを冀ふの至誠なり。この至誠に至りては實に三十年一日の如し、往年滿洲事件の勃發に當り、南京政府が之を國際聯盟に訴へて其裁決に俟たんとするの時、飽迄日支兩國間の自主的接衝に依つて之れが解決を圖らんことを主張せし君の心境に照し、予は其意中に深く吾等と相通ずるものを認め得るを欣懐とするものなり。

四

昨今露支密約の聲内外に傳へられ、又英米の支那經濟界に於ける新企圖など頻々として傳聞せらるるの時、此に君が遺志を敷衍すること亦徒爾ならざるべし。知らず、民國國民黨同志中何人ぞ能く中山、展堂諸兄の志を繼ぎ、挺身以て亞細亞百年の計を成し遂げんとするや。

乃ち此に重ねて君の英靈を弔し、吾等亦擻して亞細亞諸方の同志相倚り、以て誓て君の靈魂を慰むるの日あらんことを祈念す、と云爾。(了)

一九、「大亜細亜協会の総会に当りて」

大亜細亜協会編『大亜細亜主義』第四巻四四号　昭和一一（一九三六）年一二月

大亞細亞協會の總會に當りて

松井石根

此の度大亞細亞協會總會の開催せらるゝに當り、主催者側を代表して御挨拶申上ぐることを得るは私の大に欣幸とするところであります。顧みれば昭和八年三月創立以來會員同志並に各方面先輩同志諸彥の御盡力と御援助により當協會の志業が逐次進展の路を辿り、大亞細亞主義の理想精神が漸く內外に高揚せらるゝを見るに至りましたことは御同慶に堪へないところであります。當協會の創立は偶々滿洲問題を契機として我が國が國際聯盟より脫退した時機に相當し、「亞細亞に還れ」の自覺が漸く我が國民の腦裡に萌し始めた當時でありましたが、協會の成立と協會同人の活動が此の國民の亞細亞意識の長養に聊か與て力ありしことを申上げても必ずしも自贊ではないと存じます。

更めて申上ぐるまでもなく、我が日本民族の理想は、素と大義を四海に布植するに在りまして、ひとり亞細亞の天地にのみ局限せらるゝものではありませぬ。然しながら、之を近くより遠くに及ぼすは一切の倫理運動の原則であります。今日混沌と亂離の中に在る亞細亞にまづ皇化の恵澤を施すことが、やがて大義を四海に布くの前提であります。況や、亞細亞は世界文明の母でありまして皇道の啓沃により亞細亞の復興致しまするこ とはまた實に眞乎の世界文化の復興を意味するのであります。御承知の如く今日の歐羅巴は西班牙の內亂を中心に所謂人民戰線と國民戰線との對立による慘烈なる鬪爭が展開されやうと致して居りますが、これは畢竟歐羅巴的個人主義の苦悶であり、歐羅巴文化の缺陷が此處に如實に呈示せられて居るものと思はれるのであります。亞細亞的大乘精神、東洋的全體主義の高揚は實に此の破綻に頻する西歐文明に救濟の光明を投ずるものと考へられるのであります。

轉じて善隣中華民國と我が國との關係が寔に面白からぬ狀態に在ることは諸賢御同憂の通りでありますが、これまた一に我が大亞細亞精神の發揚貫徹によつて此の行き詰りが打開せらることを私は信じて疑はないのであります。これがためには我が國民自らが先づ反省して更に深き大亞細亞主義的精神を以て支那に臨むと共に政治的にも文化的にも支那國家をして醇乎たる亞細亞的國家に復歸せしむるの努力を忘れてはならないと思ふのであります。

斯く致しまして我が大亞細亞協會の使命は漸く重且つ大であると申さなければなりません。協會の志業達成のために更に組織を整備し、陣容を强化し、事業內容を擴張致しまする必要を感ぜしめられる次第であります。右の趣旨御汲み取りの上此の上尚一層深き御協力を御願ひして御挨拶に代へる次第であります。

二〇、「対支問題」

新更会 昭和一二（一九三七）年一月

對支問題

松井石根

四圍の情勢と我が國防

西原矩彦

新更會

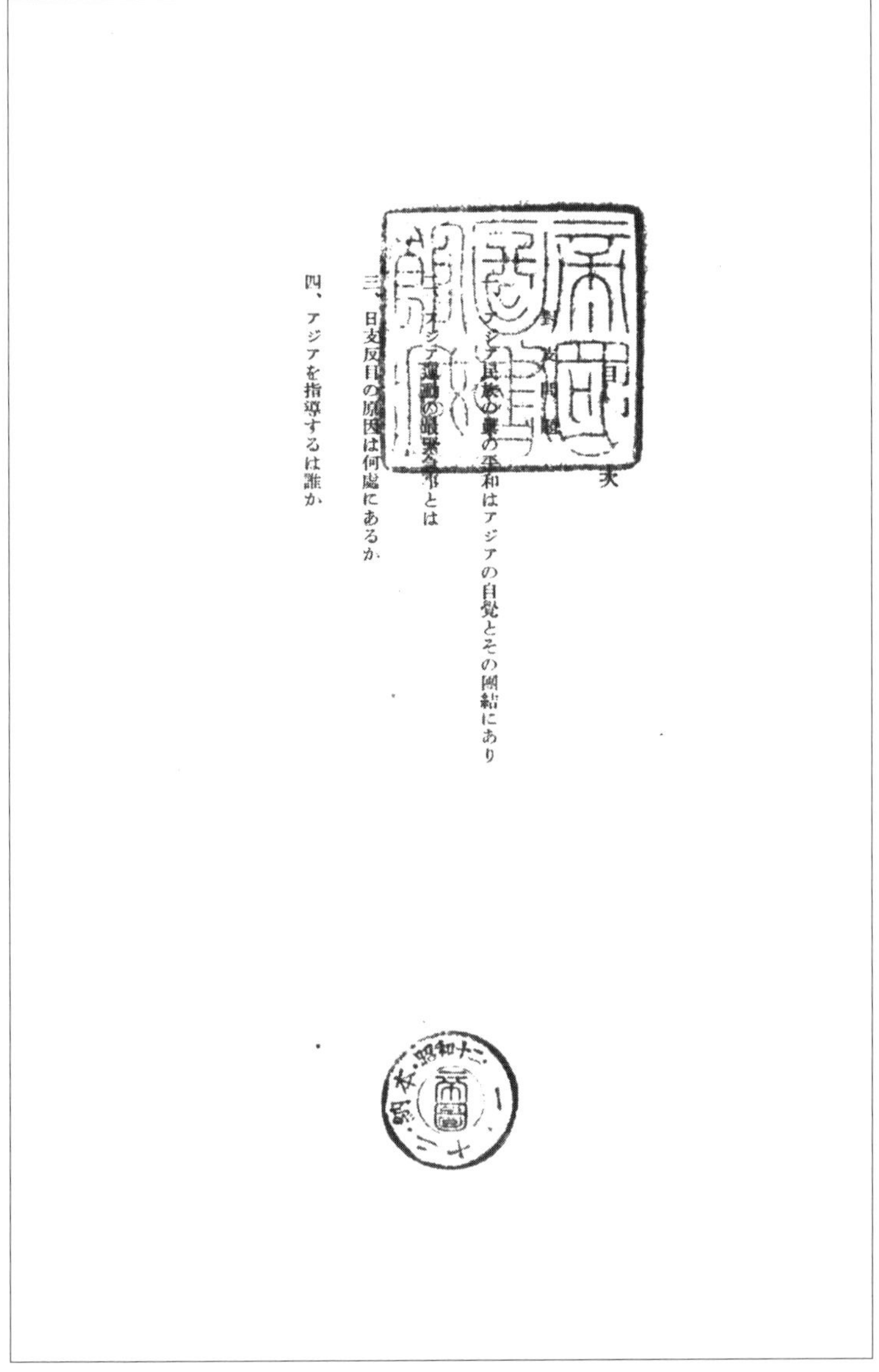

對支問題

[illegible]夫

アジア民族の東[illegible]の平和はアジアの自覺とその團結にあり

オジテ運動の眞[illegible]とは

三、日支反目の原因は何處にあるか

四、アジアを指導するは誰か

對支問題

陸軍大將　松井石根

一、アジア民族の眞の平和はアジアの自覺とその團結にあり

過去數世紀以來、歐米白人種の文化が漸次發展するに隨ひまして、アメリカに於ても、アフリカに於ても、所謂白人の政治的、經濟的發展が漸次歩を進め、自然南北アメリカ乃至はアフリカに從來居住してをつたところの所謂黑人は、時に壓迫をせられ、更に又驅逐せられ、數多の悲慘なる歷史を繰返したのであります。アフリカに於ける唯一の帝國として、吾々が所謂有色人種の同胞として曾てながら多大の同情を以てをりましたところの、彼のエチオピア帝國は、昨年來イタリー政府の侵略と闘ひつゝ、遂に御承知のやうな最後の悲運に到來したのであります。先般ジュネーブに於ける國際聯盟の會議に於て、皇帝自ら會議に出席をせられて、暴力の下に正義といふものは遂に屈服するのであるかといふやうな、悲壯な演說を爲されたにも拘らず、國際聯盟に出席した世界大小數十ケ國の殆んど一致の意見を以て、エチオピア帝國は永遠に滅亡の宣言をせられたといふことになつたのである。かくてアフリカに最早その從來の黑人國無しといふ現狀に墮ちたのである。

我がアジアに於ても、この歐米白人種の政治的、經濟的の進出は、數世紀以來續いてをります。アジアの南に

國をなしたところの吾々の同民國は、インドと謂はず、佛領インド、シナと謂はず、ジアバ、その他の南洋諸島と謂はず、殆んど取除けなく歐米人の桎梏の下に今日あるのでありまして、彼のシヤム、乃至はアフガン、ペルシヤ等の數ケ國がこの歐米人の鬪爭の間隙の間に挾つて僅かに餘喘を保ちつつあるといふ現狀であるのであります。更にアジアの北方を考へて見ましても、彼の蒙古乃至はシベリアといふ土地は、古來吾々アジア民族の土地であるのであります。ブリヤードと謂ひ、ツングースと謂ひ、乃至はシベリアの北方のヤクーツ、カムサツカ方面に於ける民族、悉く吾等の同民族であります。而もこれらの諸民族は永き所謂ロシアの壓迫に依つて、殆んど今日政治的にその生命を失つてをるのであります。曾ては彼の英傑成吉思汗が蒙古の壯丁を率ゐて、遠くヨーロツパ各地に至つてその勇名を轟かし、所謂吾々アジアツラン民族の氣を吐いたのでありますが、その後裔たる蒙古民族の現狀は如何でありますか。近くは我が對岸の中華民國、支那は其人口の豊富なる、其資源に富んでをる、而も古來數千年來の文化を以て誇つてをりましたところの彼の支那が、如何なる現狀にありまするか、これらアジアの南北總での狀態を靜觀致しまする時に、吾等は洵に感慨深いものがあります。

申す迄もなく、アジアといふものは、地理的に於きましても、民族的に於きましても、亦文化の點に於きましても、更に又政治經濟、その他の關係から考へて見ましても、當然一箇の運命協同體であるべきであると思ふ。而してこのアジア諸民族の安寧幸福といふことは、自然このアジア諸民族の一致融合に依つて到來すべきものであると思はれるのであります。アジアのさういふ諸民族が當然斯の時き運命協同體であるべきであるに拘らず、過去に於て相互アジア諸民族にこの自覺が十分でなかつたことと、所謂彼の歐米白人種は政治的、經濟的に我がアジアに侵略搾取を試みつゝ、相互の民族、國家の間にいろ〳〵の反目、抗争の原因を作つたのであります。斯くしてこれらアジア諸民族間の反目、抗争なるものは、自然アジア吾々民族の幸福の上に多大なる障害を與へたのみならず、延いて又歐米白人種をして益々深く、益々自由にアジアの諸民族の上に、その政治的經濟的の侵略搾取を試み得る結果となつたと思はれるのであります。

隨ひまして、今日アジア諸國相互の政治的經濟的關係を緊密にして、外來の干渉と離間といふことを排除する爲には、現在分離、亂離の狀態にありまするところのアジアの諸民族をして、一箇の聯合體にまでこれを統制するといふことの努力が、絕對に必要であると私共は信じてゐるのであります。加之此の如きアジアの混沌と亂離といふものは、曩にも申しましたやうに、單りアジア自らの不幸であるのみならず、それが延ひてヨーロッパ乃至アメリカの野心を刺戟する結果となり、世界平和の爲にも至大の障害となると思ふのであります。言葉を換へて申せば、所謂吾々同胞の不安と動搖といふものは直ちに世界の不安と動搖となるのであります。アジア人の自立、自彊に依るアジアの秩序化といふことが、實に世界の政治を不動の基礎の上に安定せしむる前提となると申して差支ないと思ふのであります。斯く致しまして、アジアをこの不幸なる現下の狀態から救脱して、アジアを再建し、アジアを秩序化するといふことは、當然我が皇國日本の雙肩に懸る責務であると思ふのであります。

我等は曾て三十餘年前國運を賭して、ロシアの東方侵略に對してその狂亂を旣到に覆へすことが出來まして、以て全アジア覆滅の運命を救ひ、克く有色人種擡頭の氣運を釀成して來たのであります。先年又滿洲事變を契機と致しまして、我等の亞細亞の運命は過去の歷史を覆して一大轉換の衢に臨んでをると思ふのであります。皇國日本は宜しく日露戰爭の世界的意義を擴充し、その一切の文化力、政治力、經濟力、組織力等を傾け盡して、アジアの再建と統一に向つて奮鬪すべき時機であるのであります。蓋しアジア諸民族の自彊と團結を指導して、ヨーロッパ偏局の現國際情勢を改善し、所謂人種平等、資源平衡といふ原則の上に全世界の秩序を創建することこそ、我が皇國日本の建國以來の理想を恢弘し、皇道の光りを世界に寄與する唯一の途であると信ずるのでありま す。私共が先年大アジア協會なるものを組織し、この大アジア聯盟の結成に向つて努力してゐる所以は茲にあるのであります。

二、アジア運動の最緊急事とは何か

由來世界の東西を問はず、數多の國家が錯綜してをりまする間に、その民族、國家間の平和を保つべき手段として、多年所謂各國相互の間に於ける同盟とか、協商とかいふやうな手段に依りて相互數ヶ國間の國力の平衡、均勢を圖り、それに依つて世界の平和を維持するといふことが、茲數世紀以來の一般の情勢であつたのでありま す。それが歐洲大戰を機會と致しまして、茲に一變化を來たしたのであります。卽ち彼の國際聯盟なるものは、過去の世界數箇の國體間に於ける協商、同盟等の手段に依る勢力の均衡に依つて平和を維持するといふ手段から轉じて、その世界の諸國がその國際聯盟なる一元的組織の間に協商妥協をして平和を保障するといふことが聯盟の主なる目的として設立せられたのであります。

斯くの如く一元的に、而も世界の諸民族の協調妥協に依り平和を保障するといふの手段は、世界各民族の文化の進むに從つて當然考へらるべき一つの手段であると思ふのであります。併ながら不幸にして世界諸民族は未だ文化の上に於て、又國家的組織の點に於きまして、今のやうな崇高なる平和手段に依つては、到底諸民族間の安寧を保持することが出來ないといふ現狀にあるのであります。随ひまして、この國際聯盟なるものの機構が、設立以來二十年を經て、歳と共にその權威を失つてその實行を等閑にするの已むを得ないこと現狀の如くに至つたのであります。先般エチオピア帝國の問題に關する聯盟の處置に於て、國際聯盟なるものは最早完全にその生命を失つたと申しても過言でないだろうと思ふのであります。蓋し事の玆に至りましたるその原因は只今申したやうに、一般世界各民族の精神的文化の力足らず、彼の歐洲文化なるものは物質的文化の力が常に跳梁を逞しうしてゐるのに原因してをるのではありまするけれども、更にその事情を仔細に見まするならば、これは國際聯盟の組織なるものは、歐洲大戰の結果に基きその戰ひに勝つた一部の國家民族、即ちイギリス、フランス等の諸國がその勝ち誇つたる力の現狀を將來に永遠に持續して、所謂現狀維持の上に今後の世界平和を確保しようとする考に出てをるといふことは、玆に聯盟の權威に於て既に出發當時より精神的に非常な缺陷を以てをると認めなければならぬのであります。即ち過去數世紀以來その物質的文化が一時諸國に勝れ、先んじてをつたといふことの爲に、世界の各地に亙つて廣くその領土を領し、その資源を保ち、その本國民族の幸福を圖りつゝある國と、過去に於ける數多の理由若くは障害の爲に遲れて、世界の今日の競爭場裡に出發して來たところの諸國が、當然今後彼等が自ら經營し、自ら發展して强大なる諸國と相平等に、相公平に生存することこそ、世界全般的人類の理想であると考へらるゝのでありまするけれども、それを先進諸國がその力とその富の力に依つてこれを抑制して、その新興諸民族の國家の發展を抑え防ぐといふことでありますならば、これはどうしても世界平和に暗礁があるといふことは申す迄もないのであります。

斯の如き見解は、獨り吾々のみの見解ではありません。近くは歐米人の間にも斯の如き感じが漸次産れ來つたのであります。近く歐米各國の間に、所謂ヨーロッパ白人種の物質的文化といふものが、將に覆沒しつゝある。將に倒れんとしつゝあるといふことを憂へてゐる人も尠くないのであります。又昨年彼のアメリカの有名な政治家のハウス大佐が、東西世界の一般に亘つて彼の植民地再分割論といふものを發表したことに依りまして、異常な刺戟を東西各國の政治家及學者の間に與へたものであります、爾來アメリカと謂はず、ヨーロッパと謂はず、政治家、學者の間に斯の種の研究が非常に高まつて參りました。その結果でもありませう。先般イギリスの前外務大臣のフネーア氏は、ジュネーブの國際聯盟の會議に當りまして、世界各國の資源の衡平といふことを唱え出したのであります。これは領土再分割といふ問題と尠からずその趣を異にしてをりまするけれども、その狙ひ處に於て相通じてゐる點が多分にあるのであります。斯くの如く目下の世界の平和を持續せんが爲に、只今まで歐米人の唱えてをつた如き現狀維持的平和保障といふ考から脱逸して、所謂世界領土の再分制、少くも世界各國の資源を平等平衡に分配するといふことが考へられるに至つたのであります。

これらは吾々の考へ方から見れば、當然過ぎる程當然な問題であり、斯くの如き手段に依りて世界の平和を根本的に立直すといふことが、東西各民族、國家間に考へらるゝ途であると思ふのであります。併ながらこれは云ふべくしてなか／＼行ふことは難い。隨ひまして、これらの目的を達成するところの手段として、最近又國際聯盟を取巻くところの歐米の學者、政治家に於ていろ／＼の論議が催うされてをります。昨日か一昨日かの新聞にも現はれてをりましたが、英佛諸國の如きは、國際聯盟の機構を今直ちに直すといふことは到底困難であらうから、少くとも從來のやうな國際聯盟の執行方法を改めて、地方的に若くは地域的に、數ケ國毎の利害を同じうし關係の密接なる地方の下に、聯盟の今日執行してゐるやうな平和の保障方法を考究するといふことが、唱えられてをるのであります。これも亦一つの手段であるに相違ございませんが、更にその目的を完成せんが爲に、所謂今日の世界全般の一元的の國際聯盟なるものをヨーロッパ、或はアジア、或はアメリカといふやうな風に、地方毎に數個の組織に立直すといふやうな考案も行はれてをるのであります。

斯くの如き考へ方は、決して今日國際聯盟が行詰つたこの現況に即したる思ひ付の案ではなくして、實は既に歐洲戰爭の前から歐米各國の學者、若くは政治家の間に研究されてをつた問題であるのであります。彼のオーストリー人のクーデンフホーフといふ人は、歐洲戰爭前から既にヨーロッパ聯盟といふものを唱えてをりました。又近くはアメリカに於て汎アメリカ運動といふものが盛んに行はれてをるのであります。蓋しこれらは只今申したやうな、廣く各種の事情に因はれてゐるところの世界の各國各民族を人種的若くは地理的に、漸次統制しようとするところの考案であるのであります。今日世界文化の發達に伴ひ、その交通の關係が著しく變化をし、又世界各民族、各國家間の政情といふものが、世界諸地方の間の相互關係を非常に輻輳錯雜にしてをりまする、現況に於きまして、地域的な若くは人種的な國際諸國の團體の組織に依つてのみ、世界全般の平和を保つといふことは必ずしも正當であり、必ずしも實行可能である方法とは思はないのでありまするけれども、尠くも斯の種の考へ方が一つの手段として考究さるべきは當然と思ふのであります。

前のアメリカの大統領のウイルソンは、彼の歐洲大戰後のベルサイユ會議に於て、民族自決といふこととの問題を提供致しました。日本帝國も亦當時世界人種平等といふことを提議致したのであります。併しこの帝國の人種平等なる提議といふものは、當時英米フランス等白人種の有力なる勢力の壓迫に依つて、遂に何らその後問題の研究を見るに至らずして、取止めになつてしまつたのでありまするが、爾來アメリカに於きましては彼のモンロー政策なるものが更に〳〵一轉、再轉致しまして、近くは南北アメリカの諸邦の間に所謂汎アメリカ聯盟といふやうな運動が、漸次擡頭してその歩を進めつゝあるのであります。

斯く觀じて參りましたる時に、今後この世界各民族間の理想を平和の間に保障するの手段として、當然現在の如き國際聯盟といふやうなものを賴ることばかりに於てその目的を達することは困難であります、當然玆にヨーロツパ聯盟若くはアメリカ聯盟、乃至はアジア聯盟といふやうなものが設立せられて、詰り諸聯盟の間に於ける相互の協力と協調に依つて、世界全人類の平和に貢獻することが相當有望であると思ふのであります。私共は大アジア協會を設立して、アジア聯盟を組織するといふことの上にいろ〳〵の論議を致してをりますのは、主として斯くの如き考へ方に依るのであります。左樣な考へ方が、私共が今日世界の平和、殊に東洋の平和の上に於て考へてをるところの根本的の道であるのであります。隨ひまして吾等が目標としてゐるところの所謂このアジア聯盟といふものを結成して、歐米白人種との間に立つて平等に、公平に世界の平和を確立せんが爲にいろ〳〵の問題を考究しつゝあるのであります。

三、日支反目の原因は何處にあるか

就きましては、私共が今日アジアの聯盟、アジアの團結といふことを考へるに當つて、何としても先づ第一に考ふべき問題は支那との問題であります。

御承知の通り、日本と支那が交通、交際を始めましたことは、二千年來の古き歴史を有つてをるのでありまするが、今日の如くこの日支兩國が政治的のみでなく、相互國民の感情的に迄非常な險惡な、不快な情勢に墮つたといふことは、いまだ曾てないと思ふのであります。卽ち過去近く十數年の間日本と支那との間に行はれてをるところの相互の反目、相互の抗爭といふものは、今や洵に齊盲に達したといふて過言でないと思ふのでありますす。今日吾等がアジアの將來を想ひ、東亞の將來を考へる時に、先づこの支那と日本との間に於けるこの反目、抗爭の原因を探究し、これを除き、一日も早く兩國の間の親善提携の域に入ることが、最も重要であることは申す迄もないのであります。

然らば現在兩國の間の反目、抗爭の主なる原因が何れにあるか、これはいろ〳〵の原因が勿論錯綜複雜してゐることは申す迄もないのでありまするが、根本の考へ方に於て、私は兩國、殊に支那乃至はアジアの諸國に於けるところの吾々のアジア諸民族が、その固有の東洋文化といふものを自ら蔑しみ、自らこれを輕んじて、漸次その東洋固有の文化といふものを衰頽せしめ反て吾々の古來の文化と根本に於て趣を異にしてをるところの西洋の物質的文化が東洋の各地各國の間に瀰つて來たことに原因してゐると私は思ふのであります。申す迄もなく世界の人類の總ての上に於ける文化の力、殊にその精神的文化といふものは、元々吾々アジア民族から興つてをるのであります。アラビヤ地方に回教があり、インドに佛教が興り、支那に儒教が興り、更に又この佛教とか、儒教とかいふのを併せて、更に錬成したところの我が皇國文化等といふものは、實に世界特有なアジアの古來の文化であるのであります。ヨーロッパ人が今日まで唯一の精神的文化として誇つてゐるところの彼のクリスト教なるものも、元我がアジアの地から興つたのであります。然るに先刻申しましたやうな事情で、吾々このアジア諸民族がこの古き尊き東洋の精神的文化といふものを等閑にして、現在僅は三億の信徒を有してゐると稱してゐるところの所謂回教の如きも、今日アジアの西端に僅かに政治的權力を保持してゐるに過ぎない。インドに佛教無し、支那に儒教無しといふやうな言葉は、近く十數年來屢々内外人に唱へられたことであります。これらの關係から、不幸にして西洋人の所謂物質的文化、更に言葉を換へて云ひますならば、或は自由主義と稱へ、或は個人主義と稱へ、又資本主義と稱へるいろ〳〵の東洋固有の精神的文化と相反する思想に依つて觸されて來たのであります。殊に我が盟友支那に於きましては、過去二十年來斯くの如き思想的白人種の侵略に依つて、國家國民の觸されたことは非常なものであります。

申す迄もなく二十五、六年前彼の淸朝が亡びまして、今日の革命政府の出來ます當時に於きましては、所謂彼の歐米の舶來の自由主義、個人主義なるものが、支那古來の儒教主義、家族主義といふものを著しく破壞したのであります。而もその後支那の革命の進展の有様は、獨り歐米の自由主義、個人主義乃至は資本主義といふものに止まらずして、遂に又更に進んで彼のロシアの共産主義なるものをも採入れ、これらの東洋道德と根底に於て全然その精神を異にするところの思想、主義に依つて、支那の政治的若くは經濟的、總ての建設を圖つた時代もあつたのであります。今は又これがいろ〳〵な變化をして、時には支那の識者中に支那古來の儒教、支那古來の家族主義、所謂東洋精神文化の復興といふことに就て、いろ〳〵努力してゐる人もないではありませんが、要するに過去二、三十年間支那といふものは、歐米の自由主義、個人主義乃至は共産主義、社會主義等の爲に國民全般が非常に思想的に錯亂混迷を極めてをるのであります。これらの作用が今日日本と支那との關係、東洋諸國一般の親善融和の關係の惡化に重大なる原因を爲してをると私は思ふのであります。

勿論これらは獨り支那ばかりではありません。吾々日本國民の間にも、非常に考ふべき問題があると思ふのであります。卽ち我が皇國日本に致しましても、御維新以來所謂彼の西洋の自由主義、個人主義といふものを無雜作に採入れて、動々もすれば我が皇國傳來の皇國精神、日本精神といふものの上に尠からず動搖を來し、思想の上に混亂を極めた時代もなかつたのではないのでありますが、最近滿洲事件の起つて以來、吾々國民が世界的の大勢、卽ち只今私が申上げたやうな一般の情勢に非常に覺醒致しました結果、玆に兩三年來非常に日本朝野の間に日本精神運動が勃興してをりますることは、洵に喜ばしきことでありまするが、斯くの如くこれが日本精神の復興、勃興を吾々が大きな聲を擧げて叫ぶだけ、旣に吾々同胞も西洋の自由主義乃至は資本主義に瞞された點は尠からずあるのであります。而して支那が今申上げましたやうに、旣に非常な思想的混亂に陷り、又これに對する我が日本も動々もすれば時にこの東洋精神、日本精神に反くやうな考へ方をしてをるものが、尠からずあつたといふことが、今日の日支の關係を斯くの如く惡くした根本的な主な原因であるのであります。

それらの點を具體的に一つ申すならば、澤山の問題がありまするが、その詳しいことは玆に申上げる遑もないのでありまするから、後日に讓るとして、支那が所謂西洋諸國、歐米諸國の思想的、政治的若くは經濟的侵略にひ直す、清め直すべき數多の事象があると思ふのであります。當山に於きましてもこの新更會といふやうなものが組織せられて、日本の皇道精神なり宗教的觀念の御修養を圖られるといふことも、元々斯くの如き考へ方から出づるものと思つてゐるのでありますが、吾々日本人といふものはこの尊き日本精神、皇道精神を有つてをる半面に於て、又所謂西洋人の言葉を借りて言ふならば、偏狹であるとか、島國人根性であるとかいふやうな、國民性の上に尠からず缺陷を有つてをるといふことは、遺憾ながらこれを見逃がすことは出來ないのであります。過去東洋に孤立してをつた皇國日本の時とは違ひ、今日世界のアジアに立ち、アジアを率ゐて世界全般の平和を達成する爲に努力する日本國と致しましては、その國民の覺悟の上に、國民性の修養の上に、更に大なる修養と大なる抱負を有つべきが當然であらうと思ふのであります。

これらの點に亘つても詳しく申述べることは、時間が許しませんが、要するに吾々は單り皇道精神、日本精神を以て唯誇つてをるべき時機ではありません。自ら省みてこの日本の精神皇道精神の曇りを拭ひ、更に又最近の日本人の間に動々もすれば存在してゐるところの不遜なる、若くは偏狹なる國民精神を鍛錬し、修養するといふことの着意が最も要り用であると思ふのであります。この心こそ今日日本皇國のこの非常時局に對する吾々國民の最も重要な考へ方である。この國民の反省と自覺に依つて吾々國民が大いに眞の皇道精神、眞の日本の精神に蘇つて立つたならば、日支兩國の問題の如きは決してこれを心配するに及ばぬ。アジアの聯盟の結成の如きも決して私は困難でないと確信してゐるのであります。

諸君、世界の國々の內には力に依つて立つてをる國もあります。又富の力に依つて立つてをる國もあります。

獨り吾等のこの御國のみは決してさうではないのであります。建國の肇めより唯正義に依りてのみ立つてをるのであります。唯正義の力に依つて活きてをるのであります。勿論今日この國際情勢の紛糾してをる際、吾等はこの正義を貫かんが爲に、時には力といふものも勿論必要である。富の力といふことも亦尊きものであるといふことを認めてをります。隨ひまして、この正義を貫かんが爲に力と富とを兼ね養ふといふことは、當然重要なことでありますけれども、唯力のみに依つて覇を振つて見たり、又は富の力に依つてのみ一時豪華を誇つたところの國家、英傑といふものは、古來歷史が證明する如く自ら倒れる日が來るのであります。日の神の治し召す我が日の本のみ變らず遷らず、日々に新に日々に榮えて、世の盛衰興亡の外に立つてゐるのである。これ偏へに 先聖萬世一系の神の御子の御稜威に依ることと私は確信してをります。今や吾等はこの神の御心を以てこの天壤無窮の皇徳を世界八紘に宣布することこそ我がアジアを救ひ世界を救ひ、萬邦蒼生を救ふ、所以であるのであります。私は玆に私の講演を終るに當りまして、明治大帝が御卽位の當時賜つたる詔勅の一部を奉讀致しまして、今更ながら諸君の反省を促したいと思ふのであります。諸君、希くば起立をして下さい。

朕コヽニ百官諸侯ト廣ク相誓ヒ列祖ノ御偉業ヲ繼述シ一身ノ艱難辛苦ヲ問ハス親ラ四方ヲ經營シ汝億兆ヲ安撫シ遂ニ萬里ノ波濤ヲ拓開シ國威ヲ四方ニ宣布シ天下ヲ富岳ノ安キニ置カンコトヲ欲ス　云々

明治大帝御卽位の當時の御高遠なる御志の如何に存したかといふことを、この御言葉に依つて諸君が深く々々反省せられんことを希望して、私の講演を終ります。（拍手）

昭和十二年一月五日印刷
昭和十二年一月十日發行

新更論集分冊
定價金十錢

編纂兼發行者　神崎照惠
千葉縣成田町一番地

印刷者　大友惟誠
千葉縣成田町
四〇八番地

發兌　千葉縣成田町一番地
新更會刊行部

二二、「友邦民国に告ぐ」

大亜細亜協会編『大亜細亜主義』第五巻五二号 昭和一二（一九三七）年八月

友邦民國に告ぐ

松井石根

一

過去數年友邦民國に於ける顯著なる民族復興運動の擡頭に連れ、國民政府の基礎漸く强靱を加へ、國防經濟諸般の劃期的進展を見つゝあるは吾等亞細亞の同胞として欣懷禁ぜざる所である。然れども、民國復興の目標が所謂支那五族の團結統制に根基を置き、延て亞細亞同種族の提携自立に向ふことによりてのみ永遠不拔の復興を遂げるものなることを深慮せざる感あるは寔に遺憾の極みである。殊に最近北支の葛籐に因し、日支兩國々民相互の感情彌が上に興奮の狀を告げ、所謂東亞百年の危機此に激成せむとするの觀あるは吾人の深憂を禁じ能はざる所である。吾等兩國民は、此に深く世界の大勢と四圍の狀勢を顧み、更に徐かに東洋道義の精神に卽し、大乘的見解に立ちて今日の危局を挽救するの緊急なる事を痛感すると共に、此際特に民國朝野の反省を促すべきもの多きを思ひ、敢て赤誠を吐露して民國有志に愬へむと欲するものである。

二

抑も支那に於ける排外思想は其因て來ること久しく、古來漢人種の他民族を夷狄視する自尊心の時に觸れ事に當りて葛籐を繰返せる歴史は云ふも更なり、近く歐米諸國との交通始まりて以來、支那は常に列國の强力に壓迫せられつゝもなほ其傳來の自尊心を失はず、排他侮外の思想は屢々列國との間に紛糾の因を爲してをる。義和團事件然り、日清戰爭然り、其後多年に亘る支那就中中南支那に於ける排外運動の例は數ふるに遑ないのである。近く十數年我日本に對する排外運動も其根本的原因として漢民族獨特の自尊心自負心に胚胎すること勿論であり、殊に日本の國力が歐米のそれに比し劣弱なりと認むることにより、一層の排日振を發揮するものなること疑ひない。予は是等の經緯に就き先づ民國識者の冷静なる熟慮を促したい。而して此際特に吾等の民國民衆に訴へむと欲するものは、過去數十年間支那民族の歐米諸國に對する排外は固より其所因あり必然性あるもの少からざれども、翻て我日本に關するものに至りては、多くは上記漢民族の感情より來るものにあらざれば相互の誤認謬見に原因するものであることである。

當今民國の人士は口を開けば日本の支那侵略を唱ふるのであるが、事實日本は未だ嘗て支那を侵略したことはなく、現在極東に於ても勿論民國の領土は愚か其如何なるものをも奪取するの意を有しないのである。曩には臺灣朝鮮の併合も、近くは滿洲國の獨立も、其古來の歴史的因縁と近代東西國際關係の自然が此に到らしめたるものであることを沈思すべきである。若し夫れ現時の北支問題に至りては吾等日本の眞意を誤認し、國民政府の統一政策乃至は共産軍の所謂人民戰線運動に利用せられたる一部人士の挑發的惡戲に因するものなること明白である。吾等は常に聲を大にして自ら東洋平和の安定力なりと唱ふ、實に然り、民國の現情東亞の大勢此の如くある爲、我日本が欲すると欲せざるとに拘らず、自ら立ちて東洋の安定に任ぜざる限り、吾等の亞細亞十億の同胞は遂に自立自彊の機會を得ざるのみならず、延て日本獨自の運命また大なる危險に遭遇するの虞今や最も大なりと考ふるのである。友邦民國に關しては更に其憂ふべきもの多く且つ近しと信ずるのである。斯くて吾等は吾日本の爲め、友邦民國の爲め夙に之を憂ひ、幾多の精神的物質的事物を犧牲にしつゝ苦鬪しつゝあり、而かも民國の人士にして遂に之を覺らず、永く小乘的感情に捉はれ、又は徒らに復讐的反抗に陷りて改むることなくば、吾等は遂に再び目前の犧牲を顧みず、自己一國の得失を忘れて東亞百年の爲に奮起せざるを得ない。是れこそ我國傳統の思想であり皇道精神其ものである。冀くは民國の有志は篤と吾等の此信念を含味すべきである。

此に於て吾等は退いて靜かに民國の現情を檢討するに、日支の現情を此の如く到らしめたるもの必ずしも四億萬衆そのものゝ自發的信念に出でたるにあらず、また決して四億萬衆擧げて其古來傳統の道義心と其獨特の現實的理性を失却したるものにもあらざるべく、其因て來るものは寧ろ現在國民政府當事者の指導する其性急遽なる民族復興運動乃至は過急的民國統一政策に存することを思はざるを得ない。予は此に民國識者の反省を冀ふこと一層切なるものがある。

三

支那民族の復興宜し、吾等は衷心其復興を祈念する。然れども近代國家民族の振興は、其根基を政治經濟力の充實に俟つべきは勿論であり、國民政府の所謂安内攘外政策なるものも畢竟此に因するものなるべし、惜むらくは國民政府の統一政策が、民國復興の名の下に依然として抗日々々を利用しつゝあることである。加之、既に漸く民國の東西南北に占據せる共產系分子の所謂人民戰線運動が最近國民政府との妥協により一層東亞の破局を誘發激成せんとし、民國の健全なる復興を阻害しつゝあるは眞に憂倶の極みである。吾等は既に久しく現時民國上下の思想動向に關して識者の戒心を促し來つたのであるが、最近の時局に鑑み、更に民國人士の深厚なる熟慮を冀ふものである、所謂英米的自由思想、獨伊的ファッショ思想、蘇國的共產思想は混沌として民國の上下を錯綜惑溺しつゝある現狀を挽救することこそ、眞に中華復興の最大要訣なること疑ふべくもない。蔣介石氏の所謂新生活運動寔に可なり、然れどもこの運動の根本思想が眞に支那古來の文化、東亞獨自の道義に胚胎するにあらずんば、予は五千年來五族協和の現中華民國を大成して其民族の復興を遂げ能はざらしむるを信じて疑はない。

民國の統一宜し、吾等は多年これを冀うて已まざるものである。然し乍ら國土廣く、民族多く、南北其言語さへも同じからざる支那全土の統一が其國內的現狀、歷史的因襲とに鑑み、容易く完成を求め難きこと勿論である。然かも近年東西列國との國際關係特に其邊境隣國との對立關係は國內の統一に甚大なる障碍を爲しつゝある。斯くて民國の統一は此錯雜せる內外事情を整調するにあらざれば到底其目的を遂げ能はぬのである。民國南北の人士は如何に此間の實情を觀察しつゝあるや、予は之に關し少なからず疑惑を有するものである　近く國民政府の爲す所を見るに、蔣介石其他の政府當局者は、主として英米諸國の援助により、其政治的經濟的建設を試みつゝあり、吾等は敢て之を非議するものにあらざれども、民國と英米諸國との關係は今更吾人の喋々を要せざる所、唯々相互の利益に基き此に彼此の關係を律するものに過ぎざるは當然である。古き歷史は此に之を略するとし、近き滿洲事件當時の英米諸國の支那に對する態度、さては彼のリットン報告の內容、現在日支の紛糾に對する其言動等は、徐ろに民國人士の歐米再檢討に値するものがある。支那は果して英米白人種國と其國家の利益と運命を共にすることにより永遠に中華民族の復興と其國家の統一を完成し得るものなりや、予は現下世界の國際事情と是等の根本的東洋思想に鑑み、遺憾ながら之を首肯し能はず、此に民國人士の熟慮を促さんと欲するものである。

四

吾等は數十年來、東洋平和の見地に基き、所謂大亞細亞主義を唱導す、嘗ては民國の先哲孫中山、黃興其他の同志との間にこれが大成に協力したのであるが、是等の先人逝きて今日、事志と違ひ、日支兩國は此重大なる破局に際會す、感慨轉た深く、また背負の責輕からざるを思ふ。卽ち書して以て民國人士の一粲に供する所以である。

二二、「意見具申ノ件」

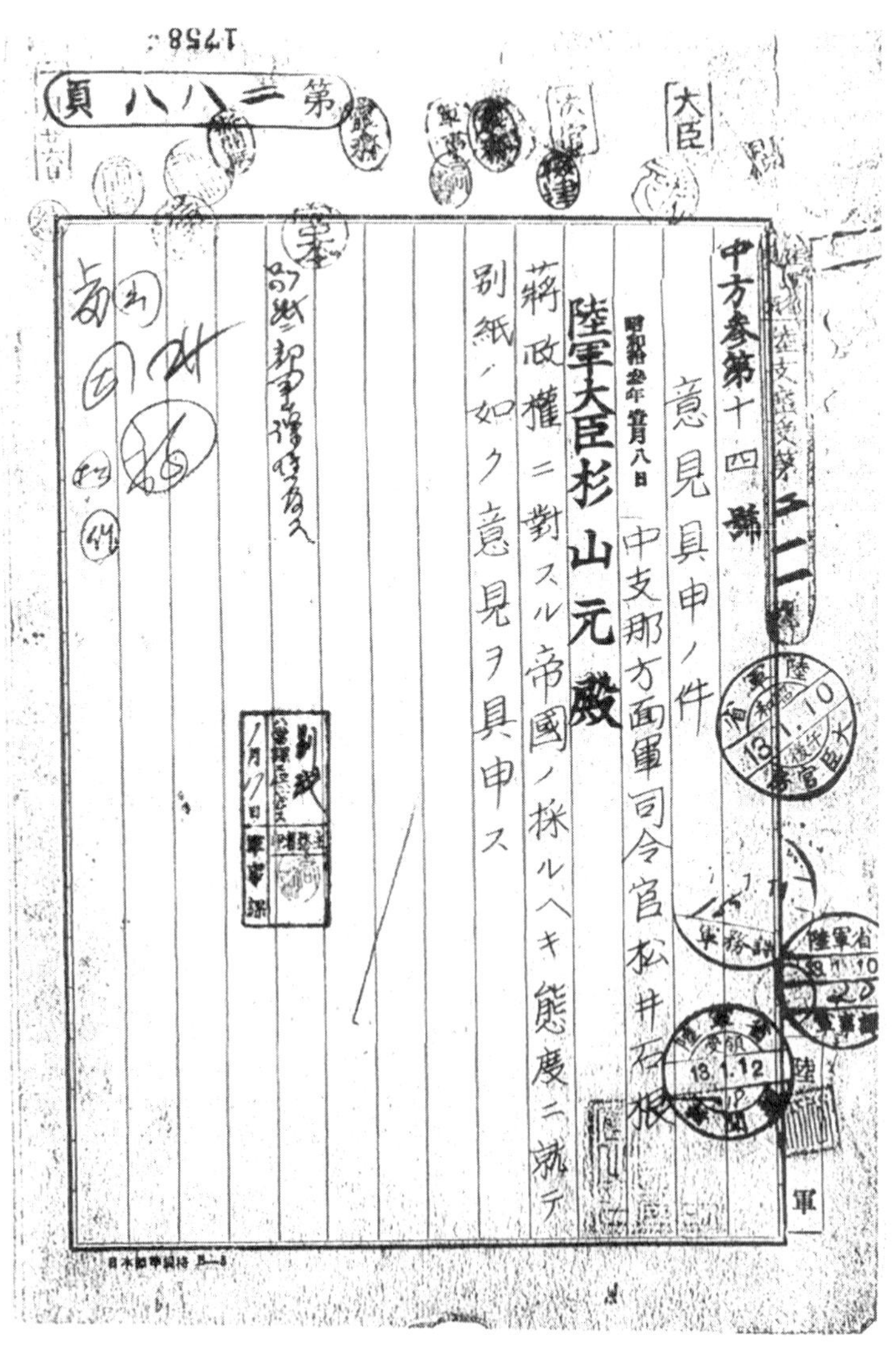
中方参第十四號
意見具申ノ件
昭和拾参年壹月八日　中支那方面軍司令官松井石根
陸軍大臣杉山元殿
蔣政權ニ對スル帝國ノ採ルヘキ態度ニ就テ
別紙ノ如ク意見ヲ具申ス

「中方参第一四号　意見具申ノ件」昭和一三（一九三八）年一月七日

極秘

昭和十三年一月七日
中支那方面軍司令部

蔣政權ニ對スル帝國ノ採ルヘキ態度ニ就テ

判決

帝國ハ速ニ蔣政權ノ支那中央政權タルコトヲ否認スヘシ

理由

一、蔣政權ヲ交渉對手トシテ和ヲ講セント欲スルニ於テハ現ニ進展中ノ作戰ヲ控

1760

制シテ作戰地域ノ擴大ヲ防止シ又簇生スル治安維持會乃至地方自治政權等ノ樹立ニ制限ヲ加ヘサルヘカラス　蓋シ蔣政權ヲ對手トスル講和ノ議アルニ於テハ健全ナル地方政權ノ樹立不可能ナルノミナラス萬一和議成立ノ場合ハ此等知日親日支那人ヲ犠牲トセサルヘカラサル結果帝國ニ對スル信頼ハ全ク地ヲ拂フニ

1761

至ルヘク更ニ徒ナル作戰地域ノ擴大ハ撤兵ニ方リ却テ支那側ヲシテ勝利感ヲ懷カシムルノ虞アレハナリ

二、翻テ蔣政權ヲ對手トスル和議案ヲ考察スルニ蔣介石周圍ノ現狀ハ長期抗戰ヲ固執セサル限リ西安事件ノ再來ヲ避クヘカラス恐ラク蔣ノ生命スラ明日ヲ期シ難シ累次ノ人事異動、軍隊ノ再編、遊擊戰法ノ督勵、狂奔的第三國就中蘇聯ノ利導等ハ之カ反證ニシテ蔣政權ノ將來ハ円石ヲ山嶺ヨリ轉スルノ勢ヲ以テ容共赤化ノ趨向ヲ辿リ之ト講和ヲ議シ有利ナル成果ヲ收メントスルモ蓋シ木ニ據リテ魚ヲ求メントスルノ類ノミ若シ強テ和平ノ招徠ニ焦慮センカ其結果タルヤ百害アリテ一利ナカラン

1763

三、乃チ今ヤ帝國ノ取ルヘキ態度ハ彼ノ長期抗戰ニ對シテ我モ亦持久ノ方策ヲ講シ徐ロニ支那民衆ノ自省ヲ促シ蔣政權ノ崩壞ヲ圖ルノ外ナシ

之カ為ニハ所要ノ作戰地域ヲ占據シ之ニ依リテ欲スル資源ヲ利用シ市場ヲ開拓シ以テ國民ノ負擔ヲ輕減スルヲ要ス

右目的ノ達成ヲ容易ニスル為親日防共

ヲ標榜實踐スル政權ノ樹立ヲ急務トスル所シテ斯クノ如キ政權ノ樹立ハ帝國カ毅然トシテ蔣政權ヲ打倒シ新政權擁護ノ旗幟ヲ闡明セサル限リ不可能ナリ蓋シ帝國カ一面蔣政權ヲ對手トシテ和ヲ講セントシアル状態ニ於テ生命ヲ賭シ反蔣政權樹立ニ眞劍ナル努力ヲ拂フ支那人ハ皆無ナラストスルモ稀有ナレハナリ

四、帝國カ蔣政權ヲ對手トシ有利ナル講和ノ成立ニ一縷ノ望ヲ屬シ荏苒日ヲ送リ作戰ヲ控制シ目途ナキ新政權ノ樹立ニ力ノ空費ヲ行ヒアル間蔣政權ノ長期抗戰準備ハ愈々完成シ此間或ハ第三國ノ干涉ヲ惹起シ內國民ノ統一アル戰爭意志ヲ消磨シ事態ノ推移ハ豫想ヲ許ササルヘシ

玆ニ於テカ帝國ハ斷乎蔣政權ニ對シ支

(四)
那中央政權タルコトヲ否認シ一切ノ交渉ヲ断絶シ自主邁往スルヲ目下ノ緊急事トス

右ノ根本決意確立セハ政戰兩略ハ自ラ其嚮フヘキトコロ明トナリ具体的策案期セスシテ正鵠ヲ得内國民ノ思想ヲ統一強化シ長期戰爭ノ覺悟ハ聽テ敵ノ戰意ヲ喪失セシムル結果トナリ却テ短

期戦争ヲ以テ有終ノ成果ヲ收ムルニ至ル
ノ可能性アリ即チ今ヤ断ノ一字アルノミ

二三、「聖戦の真意義を顕揚せよ」

大亜細亜協会編『大亜細亜主義』第六巻六〇号 昭和一三（一九三八）年四月

聖戰の眞意義を顯揚せよ

松井石根

一

不肖は昨年八月、梱外に大命を拜して江南の地に轉戰すること約半歲、此の度君命に接して皇都に歸還するに當り、下關上陸以來沿線各地、東京驛其の他に於て國民諸君の熱烈なる歡迎を受け寔に感激に堪えざるものあり、且つ二月二十六日には葉山御用邸に伺候、闕下に伏して戰況を奏上復命申上げたるところ、大元帥陛下におかせられては、優渥なる勅語を賜はり、我軍が國際關係の微妙なる上海方面に於て克く大勝を贏ち得て皇軍の威武を中外に宣揚したるを嘉賞し給ひ、全軍將士の勇鬪の狀を聞召されて、將兵の忠烈を惟ひ深く之を嘉するの趣を仰せありしことは、天恩の洪大寔に恐懼感泣措く能はざるところである。軍旅に從ひし將兵諸子また不肖と此の感激を同じうするものあるであらうと想察せられる。

今、歸來懷抱の一端を同憂諸賢の高鑑に供へんとして筆を執るに當り、陣營の勞苦、戰捷の感喜、幾萬忠勇なる將兵を喪ひし悲痛、戰局今後の推移等、萬感交々胸に去來して筆、記する能はざるものあり。辭の及ばざるところ、諸賢の深き御諒察を得ば幸である。

二

惟ふに、今次の支那事變たる、その由て來るところ頗る遠く、單に國民政府の抗日政策といふが如き支那內部の政治的事情にのみ因由するものにあらずして、複雜深刻を極むる國際全情勢の競合的結晶に外ならず、從て之を時間的に見るも固より一朝一夕に解決し得べきものにあらず、また單に軍事的勝利のみを以て終局に至るべき性質のものにあらずして、必ずや東亞を繞る國際全般の關係より、國家百年の大計に基きて、根本的全面的且つ永久的に處理せらるべき寔に亞細亞回天の大業にして、その歷史的意義に於ては當然に日清日露の兩戰役及び滿洲事變のそれと不可分の同一線上に在るもの、その解決亦當然に之等の戰役及び事變の成果を擴充徹底して包括的にその總決算をなすべき歷史的制約の下に在るものである。

顧みて事變の經過そのものにつきて之を觀れば、上は　大元帥陛下の御稜威により、下は皇軍將兵の勇戰力闘と、銃後國民の熱誠により、過去八箇月に於ける戰局の成果は頗る刮目に値するものあり、這の間支那軍は當初の自負にも似ず到る處に慘敗を續け、軍事的には勿論、政治的にも經濟的にも多大の打擊を受け、從て今やその主力軍を以て我と正面衝突の上雌雄を決するが如きは殆ど不可能の狀態に在り、今後は專ら緩漫不規なる抵抗に依りて所謂長期抗戰を策しつゝあるは世人の既に知るところの如くである。而して此の國民政府の所謂長期抗戰を可能ならしめつゝある最大の推進力は、思想的には夫のコミンテルンの教唆煽動、武力的には列强よりするところの多量の武器彈藥諸機材の供給及び各種の經濟的援助、外交技術並びに宣傳による有利環境の釀成と對日牽制にして、今日に於ける支那軍隊の抗戰意識が主として之等外國よりする諸般の援助によりて維持せられつゝあるは否むべからざる事實である。

三

然して支那の這の現勢に處する彼等歐米諸國の動向は我が國として常に戒心を要する所にして、所謂長期戰の蔭には常に二、三强國の觸手が動きつゝあることを顧念する必要があるのである。東亞の時局の重大性と複雜性は此處に在るのであり、今次事變そのものゝ彈力性も亦實に潜んで此處に存するのである。之に對處せんが爲には徹底せる準備と覺悟を要するは當然にして、軍備の充實、近代化の必要は今更ら論ずる迄もなく、更に長期戰なる特性と資源に惠まれざる我が國の現狀とに考へ、且つ又國際情勢の豫期し得ざる轉換とを考慮するときは、物心兩方面に亘り所謂國家總動員の態性を整備することは喫緊の急務であると謂はなければならぬのである。

現實の國際情勢の一張一弛に心を奪はれて、其の根源をなす列强の傳統的國策を正視する事なく帝國百年の計を論ずるは最も戒むべきところにして、殊に今日は悠暢なる觀念的論議に時を費すべき時機ではないのである。皇軍は現に尙ほ南北各地の戰線に於て銃火を交へつゝあるか、然らずんば我に數倍する支那軍と滿を持して對峙中である。而して旣に第二期戰に入れりと稱せらるゝ長期作戰の目的は、今や單なる武力的膺懲にもあらず、また東亞結合の反逆者四億支那同胞の公敵たる彼の國民政府に反省を求めんとする如きものにもあらずして、斯くの如き非東洋的傀儡政府を一日も速かに潰滅し、之に代ふるに眞に提携するに足る新興支那政權の成立發展を助長し、更生支那の建設に協力し、以て大亞細亞の復興再建を所期し得るものでなければならぬ。此に長期戰の目的が存するのである。而して此の更生新支那を建設する爲には、一には彼のコミンテルン並にソ聯邦の惡辣なる指導援助による中國共產黨及び共產軍の赤化の跳梁を防遏し、他は以て多年馴致せられたる夷を以て夷を制する彼の傳統的外交手段が過去に於て如何に列强の東亞侵略に機會を與へ、現在に於て如何に自國を危殆に瀕せしめつゝあるかを反省せしむると共に進んで東亞本來の文化精神を鼓吹し、皇國と提携合作することこそ眞乎民族復興の大道なることを自覺せしむることに努めねばならぬ。これ長期作戰に於ける軍事行動と併行して之と不可分に實施せらるべき思想工作文化工作の要諦なりと思惟せらる。

四

斯くて、支那事變の意義は、協會同人が事變の當初よりいみじくも指摘し强調し來れるが如く、單に國民政府とその軍隊に對する膺懲と云ふが如きにのみ止まるものにあらずして、實に東亞の保全と亞細亞復興のための聖戰たり支那それ自體の救濟と再建のための義戰たるに在り、懲すべきは徹底的にこれを懲すべく、排除すべきは斷乎之を排擊々滅すべきは論を俟たざるも、可憐無辜の支那四億民衆に對しては飽くまで之を慈撫し之を愛護して、現在の桎梏より之を救出して各々その堵に安んぜしめることこそ、ひとり我が局に當るもの丶心構へたるべきのみならず、我が上下を擧げての國民的襟度でなければならぬのである。而して斯くの如き心情に徹することこそ皇道の精神に合致し八紘一宇の大理想に副ふ所以である。畏くも　明治天皇の御製に

國のためあだなす仇はくだくとも
　慈しむべきことなわすれそ

と宣はせられて居るが、國民齊しく此の大御心を服膺して今後支那民衆に臨むべき精神的基調としなければならぬと信ずる。

五

尙ほ最後に附言したきことは、不肖此の度半歲振りに歸國して國內の樣子を一瞥したるところに依れば、國內一般の空氣が聊か戰時的緊張を缺き居るにあらざるやの感を抱かしめられたることである。其の事情果して如何なるものか未だ之を斷定するを得ざるも、是れ我國現下の國情國民の心理に尙ほ其れ丈の餘裕があり、沈着があり、悠々迫らざる襟度があるに依るものならば、誠に慶すべきところなるも、萬一然らずして不用意に時局を樂觀し、支那を輕侮し、勝に誇りて小成に安んずる氣合が幾分にても存するとせば、不肖此に深く憂慮すべき結果に至ることあらんことを恐るゝが故に、敢て同胞各位に對して深き反省を促すの要を感ずるのである。蓋し我が國民性が毎に一時的に熱し易くして而かも冷め易き缺點を有すと稱せらるゝに依り特に識者同憂と共に指摘し置かんとするものである。是れ固とより不肖一個人の思念よりするにあらず、江南の野に轉戰して幾萬の犧牲者を出さしめたる不肖の、之等英靈に對する責務なりと信ずるが故に外ならぬ。就中國民の指導的地位に立つ政治家及び上層階級に在る諸君子は殊に深く心して苟くも戰に倦むの感情を前線將兵及び銃後國民一般に抱懷せしむるが如きことあつてはならぬ。蓋し

國民政府がその所謂長期抗戰に於て私かに期待するところのものは、日本國内部の戰爭に對する倦怠であり乃至は國策の方向に關する國論の分裂と各階級の摩擦相剋の激化であり、支那に利害關係を有する列强が虎視耽々として間隙を覗ひつゝある所のものも亦、日本國民内部に於ける反戰的氣分の强化と指導者層の姑息偸安的見地よりする消極論の擡頭に外ならぬ。若し斯くの如くんば、寔に九仞の功を一簣に缺き、幾萬忠勇なる將兵の犠牲をも一空に歸せしむるの虞なき能はぬ。不肖の如きは既に江南の戰野に死すべくして死し得ざりし一箇の殘骸に過ぎず、然かも只管祈念するところのものは、如何にして之等幾萬將兵の忠死の意義を貫徹し、聖戰の本義を顯現せんかに在る。

懸軍奉節半星霜　聖業未成戰血腥
何貌生還老痩骨　殘骸誓欲報英靈

不肖の今後を支配する一切の念慮、繫つて實に殘骸如何にして英靈に報ひんかの一事に在て存する。年來の同憂諸賢幸に不肖の徴衷を諒せられむことを。

愛犬興亞を憶ふ

松井石根

興亞、興亞の名今や各方面に喧し、而し玆に謂ふところの「興亞」とは予が昨年南京より連れ來りし愛犬の名にして次に筆するものは、其愛犬に關する一追懷譚に過ぎない。

愛犬「興亞」は一昨年皇軍南京占領の當時兵亂の爲め其主を失ひ路頭に漂浪せる一小犬にして、生後數ヶ月と思はるゝ支那產のもの、多分西藏種の所謂「チベテンテリヤ」種と稱するものらしく、性質極めて溫順にして、人に馴れ易く、誠に可憐の風體のものなりしが、久しく兵亂の巷に彷徨せる結果か怯懦にして物におじ〳〵し、一般小犬の性格たる快濶の風を飲きたり、當時部下一兵員の拾ひ扶けて予の陣中宿舍に連れ來れるを愛護し、名附けて「興亞」と呼び、飼養せる間漸く吾が將兵に馴れ來れるに依り、昨年二月予が內地歸還の際連れ還れるもの、固と予の愛犬癖に因るものなれど、一面又過去の聖戰の間皇軍が已むなく幾多無辜の支那民生を犧牲にしたる思ひ出に出づるものありしなり。

此くて我が「興亞」は爾來大森の予の僑居にありて先住のセフアード種、及びマルチース種の二犬と共に予の家人の手に養はれ、日を經て元氣もつき成長し、日夜嬉々として戲れ遊びつゝありしが、本月十一日恰も我が紀元節の佳日と云ふに、突然發病して腦炎症を呈し、吾が家人の懇篤切々なる看護も効なく、遂に數日を出てずして不歸の者となりぬ。予の家人一同の哀惜は固より、予としては更に又格別痛恨の感情に咽ぶを禁ずる能はず、遂に此く筆を執りて其哀悼の意を表するもの決して只に一愛犬に對する予の執着のみならざるものあるなり。

＊　　＊　　＊

舊臘、予は閣僚諸公と共に召されて、聖上に御陪食の榮を賜りたる際、食後たま〳〵我が愛犬譚の一節、上聞に達したることあり、

曰く

愛犬「興亞」は流石に支那產のものらしく、吾が家生來のものなどゝ異り毫も「人見知り」をせず、之を撫せるもの、之に食を與ふるもの何人の別なく、齊しく其愛護を甘受し溫順に而かも恭謙に、能く吾が家在來の二犬と共に嬉々として家人の頤使に從ひつゝあり。今後年月を經て、兎角に短慮氣一本の日本流の飼育間に或は其本然の性能を失ふことあるべきを憂ひ心して養ひつゝあり、今や皇軍の威武八紘に洽く、支那の西疆西藏產の畜獸にまで　皇德の普及せしことを見るは誠に慶賀禁ぜざる所なり、云々」

右の小譚に對し、陛下は殊の外嘉納あらせられしやに拜し、只管恐懼　御前を退去せる次第なるが、今や此の如く、叡聞にまで達せし此意義深き愛犬の突如たる訃に遭ひ、予が格別の痛惜を覺ゆるもの其所以ありと、讀者も又共鳴を惜まざるを信ずるものなるが、尙之に關し、予が家人を責めたるは、

一、異郷より來りたるもの、其特種の性格と體質に關し、飼養上十分の注意を拂はざりし事。

一、我が軍の威武に服し、皇德を慕ひて遙に來りて殊に上聞にまで達せしものを失ひたる責の輕からざる事。

＊　＊　＊

此くて予等は一小犬「興亞」の爲めに深き感激の裡に一家慟哭して、懇に之を弔ひたるが萬感は之にて止め得べきにあらざれば、更に命じて之を剝製して永く吾が家に其遺愛の跡を殘すことゝし、更にこゝに此文を筆して其思ひ出を語ることゝせり。蓋し支那の長期建設今や漸く緒に就かむとするに當り、一愛犬「興亞」に關する予の此感激を吾等の協會同人に頒つの決して徒爾ならざるを覺ゆればなり。

「興亞」、吾等の愛犬「興亞」の靈よ、幸に永く　皇土に留りて安らかに往生安樂せよ、吾等亦永く〳〵其愛着を忘るゝことなかるべし。喝。

了

（寫眞は山中湖畔の山莊に「興亞」を抱く松井大將）

二五、「時局の新段階」

大亜細亜協会編『大亜細亜主義』第七巻七九号　昭和一四（一九三九）年一一月

時局の新段階

松井石根

一

歴史は十年にして一變し、百年にして大變す、といふ言葉があるが、今日の情勢は正に日に月に一變し、大變しつゝあるのであつて、斯くの如き急激なる推移變化の過程を遂げつゝある時代は、現代に先立つ世界歴史の如何なる時代にも嘗てなかつたところであると云ひ得るのであります。卽ち吾人の眼前に於いて日々にこれ新たなる情勢が發展し、刻々にこれ新たなる段階に到達しつゝあると云ふも過言ではないのであります。

併しながら一歩深く掘り下げて観察して見まするに、この急激複雑なる情勢の變化の裡にも、自ら一定の原則とでも云ふべきものがあるのであつて、必ずしも無意味に出鱈目に次から次と情勢の變化が起つて來てゐる譯ではない。歐羅巴の情勢にしても今日のことあるは決して前から全然豫測出來なかつたことではない。

第一次世界大戰の結果をつげたヴエルサイユ條約がかなり大きな無理を含んでゐることは、公平な第三者の見地からも認められた事實であつて、何時かはこの無理が修正されずには濟むまいとは前の大戰直後から旣に豫想せられてゐたのであるが、果して獨逸はナチスの擡頭以來一歩々々このヴエルサイユ體制なるものゝ修正を迫つて來たのであつて、今度の第二次歐洲大戰も、實は第一次歐洲大戰の無理な結末、所謂ヴエルサイユ體制の不合理といふものを再び血を以て修正しつゝあるともいへるのであります。

卽ち今次の歐洲大戰はヴエルサイユ體制を以て歐洲なり世界

なりの現狀を維持せんとする英佛等の民主々義國家群に對し、ヴエルサイユ體制を修正して現狀を打破せんとする獨伊等の全體主義國家群の抗爭が、遂に流血の格鬪にまで發展したものに外ならないと考へられるのであります。

斯く見て參りますれば、この歐洲新情勢に處すべき吾が日本國の態度にも自ら目安がついて參るのでありまして、必ずしもこれに對する政策の去就に逡巡したり、又は情況の變化につれて一喜一憂したりする心要はないのであります。

二

政府は曩に「我が國は歐洲戰爭には介入せず、專ら支那事變の處理に邁進せんとす」との方針を決定せられたのであつて之は目下東亞の問題に專心しつゝある我が國の立場としては固より當然であり結構な方針と考へるのであるが、然しながら歐洲戰爭に介入せずといふことは、必ずしも歐洲戰爭の推移が支那事變の處理とは無關係であるといふことを意味するものではないと私は考へる。

卽ち歐洲の戰局も東亞の情勢も、實は密接不可分の關係があるのであつて、謂はば打てば響き、撥けば應ずる關係にあるものだといふことが出來る。又これ故にこそ歐羅巴戰爭には介入せずして事變處理に邁進といふ態度を採る必要があるのであると考へられるのであります。これを歐洲に戰爭が起つてゐる間は、我が國は東亞で自由に振舞へるから甚だ有利である。從つて高見の見物をするのである、といふ風に不介入の方針を一種の洞ヶ峠的立場のやうに卑俗な考へ方を以て解釋する人があれば、大いに間違ひだと思ふのであります。卽ち形勢の推移を觀望して有利な方へ付かうといふ意味の不介入ではなく、支那事變の處理といふことが今日の日本にとつて最大の仕事である、專ら之に努力を傾注するといふ趣意であつて、寧ろ非常に積極的な意味を持つた態度であると私は解釋するのであります。

先程も述べたやうに、今次の歐洲戰爭はヴエルサイユ體制に對する現狀打破の鬪爭である。而して支那事變の歷史的意義乃至聖戰の目的といふものは、御承知の通りに東亞新秩序の建設といふことにある。新秩序の建設といふ以上は舊秩序の打破を意味するものであることは云ふまでもない。從つて東亞の舊秩序を維持しつゝある勢力と、新秩序を建設せんとする我が日本國家の努力とが、兩立すべからざることも亦自明の理であります。而して、如何なる國家が蔣介石政權の背後に在つて舊秩序を維持せんとしつゝある主たる勢力であるかも亦明瞭であります。從つて事變處理に邁進し、東亞新秩序の建設に直進せんとする我が國の努力と、ヴエルサイユ體制による舊秩序を修正して歐洲の現狀を打破せんとする新興國民の鬪爭との間に、自ら一脈相通ずるものがあるのであり、我が國が必ずしも歐羅巴戰爭そのものに介入せずとも、歐亞の情勢には互に相響應するもののあるを知らねばならないのであります。

三

扨てこの樣な觀念の上に靜かに東亞の局面を觀察すれば、重慶政權の勢力が日に凋落の運命を辿りつゝあるのと對蹠的に近く新支那中央政權の樹立が傳へられ、愈々汪兆銘氏等が重望を荷つて新政權を組織するやに報ぜられ、遠からず新しき中央政權が樹立せられ、これが事變處理の相手方として東亞新秩序の建設を相共に分擔するに至りますことは、寔に同慶に堪へない次第であつて、私も國民諸君と共に、その一日も速かならんことを待望するものであります。

然しながら、新中央政權の成立といふことは、必ずしも支那事變がそれによつて一段落になるといふことを意味するものでもなければ、又新政權が東亞新秩序そのものでもないこと勿論でありまして、若しこの點に關して日本國民があまりに樂觀をしたり、大きな期待を持ち過ぎたりすると大變な間違ひであつて、事變の處理、新東亞の建設は漸くこれから端緒に就かうとするのであつて、新政權の樹立そのものが直ちに事變の解決を意味するものでないことを充分承知しておく必要があるのであります。

重慶政權も氣息奄々としてではあるが、尙ほ餘喘を保つてゐるのであります。我が軍事行動としてもなほ〳〵餘地が殘されてゐるのであります。現に湖南掃蕩戰が進行中であることは皆さんも御承知の通りであります。東亞の舊秩序を維持せんとする勢力に至つては、歐洲戰爭の勃發後もなほ舊態依然として支那に蟠居しつゝあるのでありまして、支那の内臟深く喰ひ入つたこの非亞細亞的侵略勢力を淸掃して文字通り新しき秩序を、新しき東亞を建設するといふことは仲々容易ならぬ仕事であつて、前線銃後を連らねての本格的國家總力戰は實はこれからであるといはねばならないのであります。

無論新支那中央政權の樹立と共に、支那再建の自主的な努力がこの新中央政權を中心として開始せられることは勿論であるが、併しながら誕生早々の新政權に多くを期待することは勿論無理であつて、國際植民地としての支那を解放し、東亞の新體制を建設する主たる任務と責任とは依然として我が日本國民の肩の上に在ることを知らねばならぬ。同時にまた歐洲今次の動亂によつて、その東亞の將來を一層複雜困難なる狀勢に導く憂あることを覺悟しなければならないのであります。

四

之を要するに、時局の新段階に處する日本國民の心構へとしては、徒に功利的な見地に捉はれて所謂客觀的情勢の變化に一喜一憂することなく、又徒らに右顧左眄して躊躇逡巡することなく、兵書に所謂「その來らざるを恃まず俟つあるを恃む」の用意を以て、益々國民的團結を强固にし、前線銃後一體となつて一意新東亞の建設に向つて邁進することが望ましいのであります。蓋し東亞新秩序建設の途は、やがて世界新秩序への途に連なるのであります。

新東亞の基礎にして鞏固であり、東亞の民心にして確實に結合せられてをりますならば、歐洲戰局乃至世界の情勢が如何に變化致しませうとも、假令へ歐洲の戰局が一段落を告げ、白人列强が一團となつて東亞の問題に干渉するやうなことが起りましても、決して恐るゝに足らないのであります。恐るべきは事ろ新情勢に對する功利的打算より來るところの國民緊張の弛緩であり、また徒らに右顧左眄して支那の民心を動搖せしむることであります。卽ち根本の問題は日本國民の心構へそのものにあるのでありまして、情勢の推移とか、變化とか云ふことは寧ろ第二義の問題であります。而してこのためにも老婆心ながら特に附言致したいことは、支那の良民に對して我國民が常に暖い仁愛の心を持つてこれを補導するといふ襟度でありまして、私の常に拜誦して感佩致してをりまする　明治天皇の御製にも

　國のため仇なす仇はくだくとも
　　慈しむべきことな忘れそ

といふ御歌がありますが、この御歌に示された御精神こそ今日の日本國民にとりまして最も必要な襟度であると思ふのであります。また敢て抗日の非を改めざる蔣政權その他に對しては、徹底的に之を膺懲すべく、惡意を以て我が東亜新秩序建設の前途に介入し來る第三國の妨害に對しては、それが英であれ、米であれ、その何國たるを問はず斷乎としてこれを排除すべきは勿論でありますが、我にまつろひ來る支那の先覺具眼の士及び無辜の支那民衆に對しては飽くまで仁慈仁愛の精神を以て之に臨み、深くその民心を把握することが肝要であると確信するのであります。

　私はこの心構へ、この襟度を國民諸君の中でも特に現地にあつて支那人と接觸して仕事をし、商賣する立場にある人々に對して希望したいのであります。

　お座なりの言葉ではなく、眞に肚の底からの日支の精神的合作、東亜の民心の把握、これこそが新東亜建設の精神的基礎工事であり、如何なる勢力が東亜に強壓を加へて參りませうとも充分之を撥ね返し得る精神的城壁であります。

　時局の新段階に處すべき要訣は、平凡ながらここに在ると確信するのであります。

　　之を以て私の講話を終ります。（ラヂオ放送要旨）

二六、「興亜諸団体の統合と其の飛躍を提唱す」

大亜細亜協会編『大亜細亜主義』第九巻九三号　昭和一六（一九四一）年一月

興亞諸團體の統合と其の飛躍を提唱す

松井石根

皇紀二千六百年は、眞に皇國の歴史的信念の上に、國民一般の覺醒を促したると共に、現代の世界情勢に處する國民の覺悟を定めしめたのみならず、日獨伊三國協定の成立、南京國民政府承認の事實は、我等をして否應なく多年亞細亞に跳梁せる英米佛諸國の勢力と對峙して亞細亞の新秩序を建設するの一途に邁進するの外なきに至らしめた。斯くて此重大事態に卽應せんが爲に、先づ國内諸體制の建直を必要とし、所謂政治經濟其他諸般の新體制設置を急務とするに至りたるは當然である。

今我等は此に二千六百一年を迎へ、是等の決意と組織の上に大東亞建設の歩を進むることは洵に昭和の聖代に生を享けたる國民として偉大なる誇と喜を禁じ得ないのである。然し又省みて朝野一般の之に應ずる覺悟と信念の程を考ふる時、遺憾ながら尙何處となく物足らなさを感ぜざるを得ない。何が故に而か云ふか、此に我等は先づ我政府最近の國策實行の上に一顧を爲さざるを得ない。蓋し近衞内閣成立當初の國策聲明に伴ふ三國協定旣に成り、畏くも　大詔の渙發さへありて國民の覺悟を促し給ふたのであるが、爾後我政府の對外國策の實行に關しては、遺憾乍ら餘りに右顧左眄の嫌ありて、一意國策遂行に邁進せんとする氣宇と信念の尙足らざるものあるを感ぜざるを得ないのである。更に朝野多數の政客有識者の之に處する熱意も亦遺憾乍ら我等の期待に副はざるもの少くない。從て一般國民は所謂『承詔必謹』の氣持にて一意劃期的なる政府の處斷を渇望しつゝも、其政策實現の餘りに緩徐なるため、却て其決意の程度に疑惑を挿ましむるものあるを喞ちつゝありといふのが現下の國内情勢である。斯くの如き國内情勢は自然東西諸外國に反映し、支那を始めとする亞細亞の諸國は勿論、歐米諸國に於ても最近却て少からず我等の決意と脚下を蔑視し來りたるかの感なきを得ないは寔に殘念至極である。

此に於て予は是等國内の不滿なる情勢に應ぜんが爲め、我興亞關係政治思想文化諸團體の蹶起を慫慂するものである。蓋し是等諸團體に屬する先哲知識を始め潑剌有爲の青年諸君は、當然之を快とし、進んで之れに當るを辭せざるべきを思ふと共に、多年の修養と研鑽に基く興亞使徒の理念と熱意こそは、此錯雜紛糾せる世相の間に許多の情實や利害に齷齪して決し得ざる國策の遂行を指導すべき唯一の力なりと信ずる故である。

予は此に我等興亞團體の協力活躍を期せんが爲め、諸團體の統合を提唱したい。蓋し我等の諸團體は其目的とする處必ずしも同じからず、政治に思想に經濟に各々特異の性質を有し、又夫々各別の歴史と組織を有するものなれども、其主目的とする處固とより亞細亞民族の團結と復興に存すること申す迄もなきことである。然し乍ら從來は、人々の思想と立場の異るに連れ、其説く所其志す所に於て少くも其手段と其期待を同ふせず、寧ろ各團體各様に各々其欲する所に從ひつつある實狀にて、到底現下の新體制情勢に應ずるものと認め難きのみならず、是等諸團體の此各別の體制こそ兎角國民の興亞政策に對する信念理想を混濁せしむるの原因をなすものとも認められ、所謂一億一心擧國一致の現情に適應せざるものと云はざるを得ない。我等は此に見る處あり、曩に興亞團體聯合會なるものを組織し諸團體の協力一致を策し來りたること既に年餘に及びたるも、今日迄未だ此に大なる効果を顯現し能はざるは甚だ遺憾とする所なり。卽ち此に一躍進して諸團體を一ヶの團體に統合整理し、統一せる思想と理念に依て之を統制指導すると共に、從來各團體各別に彼此重複分離せる努力を合せて集團的新活動を開始せんことを希望する次第である。而して其志す所、依て以て朝野の興亞觀念を是正指導し、一億人心の嚮ふ所の理念を統一して謬りなからんことを期するにある。斯くして本團體の爲すべき所はもとより政府の國策に準據すべきこと勿論なれども、時には以て政府當局に進言し、時に之を激勵し、只管以て政府の興亞對策に貢獻せんとするものであり、更に進んで内外に對する國民興亞文化思想の中核となり、廣く東西國民に對する啓蒙運動に當り、以て所謂興亞團體大政翼贊の企に副はんことを志すものである。而かも現下國内興亞諸團體の數既に多きに過ぐるに係はらず、最近更に許多の新團體の結成を見つゝあるは、既往團體の情勢に慊焉たる有志自然の發動と見るべく、此に於てこれが統制の途を講ずること極めて緊急なりと感ぜらる。もとより既存團體夫々歴史あり、特殊の事情の存するは勿論なれども、行ふに法を以てすれば其統合決して不能ならず、又一途の統制の下に各團體既往の事業を繼續せしめ、其目的を繼承せしむることも敢て難事にあらざるべし。要は統制を其人其組織の全能に期待するにあり。切に諸團體同志の贊成を翼つて已まざると共に、既に聯合會の指導者にして今後共當然本運動の中心たるべき興亞院當局の考察を促す次第である。

以上我等は興亞諸團體の統合を提唱す。斯くて我等興亞の使徒を以て自ら任ずるもの奮起協力國民指導のことに挺身せんことを翼ふ。蓋し時局は既に其赴くべき所を明かにし、徒に趾阻逡巡するを容さず、今にして尚右顧左眄して只管に愼重事に處せんとするが如きは徒に時局を益々紛糾昏迷裡に陷らしめ、國家興廢の活機を危惧に導くものなることを信じて疑はない。今日國策を指導せんとするもの開誠自戒一億國民の聲に聽くこと因より可なり。然れども之に依て自己の責任を逃避し、然らざるも其易きを求めんとする如きは斷じて我等の採らざる所、殊に現下國政諸般の決は一に今後大東亞に莅む我國策實行の決意如何に係る。予は切に現下の情勢に處する我等興亞使徒の責務の重大なるを痛感し、敢て同志に檄して其奮起を促す所以である。

大亜細亜協会編『大亜細亜主義』第九巻九九号　昭和一六（一九四一）年七月

事變處理と對米問題

松井石根

聖戰を完遂し、國民の精神的團結を鞏固にし、亞細亞民族をして安んじて日本に信頼させるためには、斯くの如き卑屈なる對米妥協論を先づ一掃してかかる必要がある。

一

生温い對米妥協論が一部から放送せられつつある。米國の敵性愈々露骨なるの今日に於て、對米妥協論の如きがたとへ一部に於てにもせよ、眞面目に取り上げられつつあるやに聞くは、寔に心得がたいことである。對米妥協論が或る一部から放送せられるとき、この影響は直ちに、重慶にも、南京にも、泰にも佛印にも、蘭印にも及んで、我が國策の上に暗欝なる影を投ずるのである。蘭印が俄かに强硬態度を示して、日蘭會商が決裂の危機に瀕したのも、一に日本、米國に屈すとの印象を蘭印が受けたからに外ならない。重慶が抗戰の態度を强化するのも、佛印がグラッキ出したのも、南京が不安がるのも、實に生ぬるい日米妥協論の招いた影響なのである。

二

對米妥協論の根據は、多くはアメリカと妥協することによつて、重慶援助を打切らせ、南京育成に協力させ、アメリカの借款を得ると共にアメリカの協力によつて南方資源の確保をしようといふに在るらしいが、とんでもない間違ひだ。アメリカはイギリスをアメリカ國防の第一線と考へてをると同樣に、重慶とバタビヤを矢張りアメリカ國防の第一線と考へてをるのである。

だから本來眞劍に日本と妥協する考へなどアメリカが有つ筈

がない。若し、こんな風な口うらを誰かに洩らしたとしたらそれは米當局の策なのである。アメリカは、ハワイの艦隊を大西洋に廻したい、そして參戰したい、がそうなれば三國同盟の條約が物を云ふ。アメリカには兩面作戰の用意もなく實力もない、何とかうまく、日本國内の現狀派、親英米派、英米依存派をつかつて何とかして日本を暫らく抑へておかう、味なことを云つて日本を釣つておかう、生かさず殺さずで引ぱつておかう、その間に存分對戰準備をしよう、これが彼の眞意なのである。こんな手に引かかつたら大變である。必勝の地位から必敗の大勢に轉落することは贅論するまでもなからう。

三

今となつてアメリカと妥協するなどといふ手は絶對にない。そんなことをすれば支那事變の意義を沒却してしまふ。亞細亞の解放、亞細亞の復興、亞細亞一家の理想を目ざしてゐる新秩序建設戰の意義が臺なしになつてしまふのみならず、御詔勅まで拜してをる三國同盟の精神に反する。日本の世界政策の逆轉になる。三國同盟は文句よりはその精神なのである。萬邦をして各その處を得しむることにある。ドイツはヨーロッパに於て、日本はアジアにおいて、新秩序建設の戰を戰つてをるのである。一旦の利害によつて、どうしてこの崇高な目的、國際信義に背くことが出來よう。

日本としては、アメリカの態度如何に關せず日本自身のやらなくてはならぬ仕事がある。援蔣ルート一切の遮斷だ、敵性國家の排除だ、同時に協力國家への援助だ、三國樞軸の强化だ。

第一に、日滿支共同宣言に則する支那の經濟開發であり、共同國防であり、文化交流である。

第二に、佛印との經濟協定による經濟開發である、共同國防である。

第三に、タイとの親善强化と、タイの失地回復希望達成への積極的協力である。

四

執着は一つの病である。何とかして事變を早く片づけたい、さういふ考に執すると、もうその瞬間に弱氣になる。

上兵は敵を忘れるにある、蔣介石を相手にせずと斷じたる以上、蔣介石の存在を忘れるがよい。重慶、蔣介石、こんなものがまだ支那のどこかにゐたか、と云ふ態度をとるに限る。事實正面の敵は今や明かに英米であり、民主々義國家群である。之は旣に國民の常識である。今にして英米と妥協し、アングロサクソンとの協力によつて事變處理に當らうなどと云ふ考へを起して、どうして十萬の英靈に顏向けが出來ようか。蓋し、十萬英靈の名に於て吾人は絶對に對米妥協に反對である。若し近き將來に、米國が獨逸に對して宣戰するならば、我が國また三國同盟の義に依つて蹶然起つべしである。これが皇道國家、武士道國家の態度なのである。

二八、「大詔を畏み同人に告ぐ」

大亜細亜協会編『大亜細亜主義』第一〇巻一〇五号 昭和一七（一九四二）年一月

大詔を畏み同人に告ぐ

松井石根

大詔は渙發せられたり。往年滿洲事件以來十年、我等の翹望せし英米膺懲の大詔を拜す。世界最大の二强國を敵手として蹶起せる東方我皇國の雄姿、此に生を亨けたる昭和聖代臣民の衿持は如何としても之を筆紙に盡す能はず。我等は只々粉骨碎身一意誠忠を勵むの外なく、一億國民は今や眞に億兆一心必勝の途に邁進するのみなり。然れども此に謹みて詔書を拜誦し　聖旨の存する所を畏む時、我等同胞の現情に鑑み一言する所なきを得ず。

皇國今次の宣戰は多年皇國の自存を脅威し來れる米英諸國の横暴に對し、大東亞の自衛を目的とすることは詔書の宣ぶ所なり。然らば現下に於ける皇國否大東亞の自衛を全うせむ爲には軍政各方面を通じて如何なる方策を必要とすべきや。又往々米英諸國を徹底的擊滅粉碎すべしと云ふ言や洵に壯なれども、事實皇國の實力と宇内の形勢に鑑みれば、我軍の實力を以て一擧亞米利加大陸に殺到せむ事は望むべきもなく、彼の英帝國をして東大陸に直に全滅敗亡せしむることも亦決して容易の事にあらざるは何人も知る所なるべし。

加之今大戰の目的が皇國自衛、大東亞新秩序の建設にあり。米英諸國にして能く我意に從ふに至らば、我等は强いて米英兩國を擊滅するの要もなく、否萬邦をして其所を得せしむるの我皇謨に依り彼等をして其堵に安んぜしめて可なるべし。

然れども兎角の理智主義者流の云ふ如く今次の大戰は決して支那事變の解決の爲めにする如き消極的な目的にあらざるは勿論、又彼の南洋大東亞圈の資源を獲得して帝國の自存に便せむとする如き功利的のものにあらざるのみならず、更に皇軍に依る大東亞圈の占領と其新秩序の建設を以てするも尙能く皇國百年の自衛を全ふし得べきとも信じ難し、果して然らば我等は今次大東亞戰の直接の目標を奈邊に置き、今後長期の戰爭を如何に處理すべきや。須く大いに考量を要すべし。

予は今是に關し具體的の說明を避くべし。然れども此に思ふ。今日朝鮮の確保は、往年滿洲に於ける露國の撤退に依て成り、曩日の滿洲獨立は直に現下の支那事變を招來し、延て更に今次の大東亞戰を惹起せし所以のもの決して偶然にあらず。今日大東亞を保持せむとするならば、東に遠く太平洋の彼方に、西に廣く亞細亞の全般に亘り、其外廓を整備することなくして其永遠の目的を達成し得べくもあらず。卽、西太平洋諸島、西南亞細亞をも米英の桎梏より解放する事は本戰爭の結局の目標たらざるべからず。而かも現下東亞の惱は、啻に其南方圈に止らず、寧ろ其北邊域に於て重大なる禍因の存するを考ふる時、我等同人が多年唱導する所謂大亞細亞主義的政策の實現極めて緊要なるを痛感せざるを得ず。卽ち現下大東亞戰結局の目標は、其軍事的なると政略的なるとを問はず、所謂大東亞圈を包圍する全亞細亞地域、竝に西部太平洋諸島を抱擁する東半大球の全面に向て其方策を遂行するを要すべし。所謂大亞細亞主義的信念に基く確固永遠の謀に依り堅忍持久其大成を期せざるべからざるを想ふ。

詔に曰く

> 速ニ禍根ヲ芟除シ東亞永遠ノ平和ヲ確立シ以テ帝國ノ光榮ヲ保全セムコトヲ期ス

更に往年支那事變一周年の詔に曰く

> 今ニシテ積年ノ禍根ヲ斷ツニアラサレハ東亞ノ安定永久ニ得テ望ムヘカラス　云々

聖旨宏遠にして眞に我等の胸を打つ。

然らば則ち東亞積年の禍根とは何ぞ。他なし、米英諸國の東亞に於ける政治的侵略卽ち之なり、亞細亞の各地に於ける其經濟的地盤卽ち之なり、更に又多年彼等の文化的思想的經綸卽ち之なり。我等の亞細亞の地に亞細亞の同胞の間に其何れの一たりとも殘存する限り、東亞永遠の安定到底望み得べくもなきこと眞に然り。大東亞の自存は須く此等の諸禍根を芟除することに依り、始めて其目的を達し得べきこと瞭然なり。則ち知る此次大東亞戰の途は啻に所謂大東亞圈域に於ける武力占領、資源の獲得、新政治組織の完成のみならず、更に深く亞細亞同胞の文化思想に及び、所謂亞細亞古來の文化を復興し、亞細亞民族の自覺と衿持を振起し、相倚りて以て亞細亞の運命を共にするを懌ぶに至らしむるに在ることを銘記せざるべからず。而かも顧みて支那事變四年の支那の現狀を見る時、其軍事的活動の極めて顯著に、其經濟的經綸の聲甚だ高きに比し、其實績の睹るべきもの少く、殊に支那四億民衆多數の人心は、尙依然として我に背馳して却つて米英に其心を繫ぐもの絕へざるを嘆ぜざるを得ざる如き情勢なり。かゝる有樣にては、今後の大東亞圈否全亞細亞の將來を思ふ時眞に身、膚粟を生ずるを禁ずる能はざらしむ。

觀じて此に到れば、我等は現下の大東亞戰に處し慮るべきものは固より皇軍武力の不足に非ず、又以て戰爭資源生產力の缺如にもあらず、我等の最も憂とする所のものは本戰に對する國民の確固不動の信念と其精神力の振興にあり、更に又亞細亞十億の同胞を率ひて我等と其運命を共にせしむるに足る我等國民の襟度に格段の反省と修養を必要とすることなり。玆に大詔を拜したる我等同人の努力は、方に此處に其重きを置くことの緊要なるを痛感し、敢て所信の一端を披瀝して同人諸賢の座右に寄する所以なり。(了)

二九、「興亜の同志」　付 文字起こし

印度独立連盟講演会編『「印度人の印度」必成の秋（静岡ボース氏激励会速記録）』昭和一七（一九四二）年六月

興亞の同志

陸軍大將　松井石根閣下（代讀）

親愛なる印度の志士ボース君並に其の同僚諸君。

予は本日此所に吾等靜岡縣民の一人として貴下等を歡待し、日常諸君が其祖國獨立の爲に奮迅せらるゝ勞苦を慰藉するの機會を得たるを欣ぶものなり。

蓋し予は既に多年興亞の同志として諸君との友情を樂むものなるが、今印度共者と何等格別の關係なき我等靜岡縣民として、而かも諸君に對する此熱烈なる同情を有することを諸君に知らしむることは兩國の將來並びに諸君の祖國復興に關する今後の努力を刺戟するに効果多からんことを信ずるが故である。予は此所に吾等の靜岡縣民有志と共に誠意貴君等努力の成功を祈念し、諸君の祖國印度が近く我が亞細亞の偉大なる獨立國として、吾等と共存共榮の運に達せんことを禱り、切に諸君の健祥を冀ふものなり。（拍手）

興亜の同志

陸軍大将 松井石根閣下（代読）

親愛なる印度の志士ボース君並に其の同僚諸君。

予は本日此所に吾等静岡県民の一人として貴下等を歓待し、日常諸君が其祖国独立の為に奮迅せらるゝ労苦を慰籍するの機会を得たるを欣ぶものなり。

蓋し予は既に多年興亜の同志として諸君との友情を楽むものなるが、今印度其者と何等格別の関係なき我等静岡県民として、而かも諸君に対する此熱烈なる同情を有することを諸君に知らしむることは両国の将来並びに諸君の祖国復興に関する今後の努力を刺激するに効果多からんことを信ずるが故である。予は此所に吾等の静岡県民有志と共に誠意貴君等努力の成功を祈念し、諸君の祖国印度が近く我が亜細亜の偉大なる独立国として、吾等と共存共栄の運に達せんことを祈り、切に諸君の健祥を冀ふものなり。（拍手）

一　昭和十二年江南出兵の動機目的

昭和十二年七月北支に於ける日支確執に因し、上海方面に於ける支那軍民の排日言動日を追ふて強烈に赴き、支那軍は一九三二年協定の停戰協約を無視して頻りに其の軍隊を上海租界地の周邊に集結して在留日本軍民を脅威し遂に八月九日大山中尉遭難事件を惹起し在留軍民の危險日に迫るに至りたるを以て日本政府は同地方在留民の生命權益を保護する爲所在海軍を急援する必要を認め八月十五日急據第三、第十一師團（一旅團缺）より成る上海派遣軍を上海に急派するに決し予は之が司令官を命ぜられ同月二十日より逐次我軍艦に便乘して上海に至りたり、軍の目的任務は我が海軍部隊を應援して專ら該地附近の居留民の生命財產を保護するにありたり。

二　予が予備役より特に、上海派遣軍司令官に起用せられたる理由及當時の心境

予は明治二十六年（一八九四年）陸軍幼年學校入校以來昭和十年（一九三五年）予備役編入迄四十餘年の陸軍在職中、參謀本部々員、同第二部長、第十一師團長、臺灣軍司令官等を歷任したり、此間支那の南北に在任すること前後十二年に亙り、專ら日支提携の事に盡力せるのみならず、予は靑壯年時代より生涯を一貫して日支兩國の親善提携、亞細亞の復興に心血をそそぎ陸軍在職中の職務の大部分も亦之に應ずるものなりき。

昭和十二年上海事件勃發し上海派遣軍の急派となり豫備役在鄕中の予が其の司令官に擢用せられしは全く予の右經歷に因るものなることは當時の陸相よりも親しく話されたるところなり。

蓋し當時に於ける我が政府の對支政策は速かに事件の局地的解決を遂ぐるにあり、彼我の武力的抗爭を擴大せざることを主眼となしたればなり。

抑も日支兩國の鬪爭は所謂「亞細亞の一家」内に於ける兄弟喧嘩にして日本が當時武力に依つて支那に於ける日本人の救援、危機に陷れる權益を擁護するは眞に已むを得ざる防衞的方便たるは論を俟たず恰も一家内の兄が忍びに忍び拔いても猶且つ亂暴を止めざる弟を打擲するに均しく其の之を惡むが爲にあらず可愛さ餘つての反省を促す手段なるべきことは予は年來の信念にして此度の上海派兵の任に就くに當りては殊に此信念に基き日支紛爭の解決に盡さんことを冀ひ、此の派兵をして長く日支兩國民間に相互怨恨の因たらしめず却つて爾後の親善提携の基を成さんことを欲し部下將校に對して特に此の精神を一兵に至るまで徹底せしむることを要請し出兵に際し次の如く訓示したり。

（一）　上海附近の戰鬪は專ら我に挑戰する敵軍の戡定を旨とし支那官民に對しては努めて之を宣撫愛護すること。

（二）　列國居留民及軍隊に累を及さざることに注意し、列國官憲及其の軍隊と密に連絡し誤解なきを期すること。

三、上海附近の戰鬪狀況

上海派遣軍は八月二十二日より逐次揚子江口馬鞍群島に到着せしが折しも上海に於ける我が軍民の危險日に迫れりとの報に因り急據八月二十四日未明より其の到着せる

る部隊を逐次に呉淞及其の上流揚子江岸に上陸せしめ所在支那軍を驅逐して我が海軍との連繋を得るに努めたりしが情報によれば當時既に上海及其の西方揚子江岸に配置せられたる支那軍の兵力は約十萬に達し居り我が上陸部隊を求めて到る處猛烈なる攻擊を實行し來り我が軍は多大の犧牲を閲して苦戰十數日に亘り漸く江岸に其の根據地を占據することを得たりしが支那軍の反擊は日を逐ふて熾烈を極め漸次に南京、杭州方面より其の兵力を增援し其の數三、四十箇師團の多きに至り我軍も漸次之に應じて兵力を增援し更に十一月五日柳川中將の率ゆる第十軍（三箇師團餘）を浙江省岸に上陸せしめて上海派遣軍に協力せしめられたり。斯くて上海派遣軍は熾戰苦鬪二ヶ月餘にして、十月末より十一月初に當り辛ふじて上海附近の支那軍を驅逐して同市附近を占據し以つて居留民の安全を保障することを得たり。

以上の戰鬪に於て特に吾等の注意を喚起せる事項左の如し。

上海附近支那軍民の排日敵愾心頗る旺盛にして、蔣介石親衛軍將兵の如きは最も勇敢に終始攻擊を行ひたり。

其の他の雜軍も督戰隊に依りて其の敗退を阻止されたる爲頑強に抵抗し其の退却は極めて混亂の狀を呈したり。又支那軍は退却に際しては所謂「淸野戰術」を採り所在の重要交通機關及建築物の破壞燒却を行はしめたるのみならず、一部の將兵は所謂便衣隊となり軍服を脫ぎ平衣を纏ふて殘留し、我が將兵を狙擊し我軍の背後を脅すもの尠からず附近人民も亦或は電線を切斷し、或は烽火を上ぐる等直接間接に支那軍の戰鬪に協力し我が軍に許多の危難を與へたり。又同地附近に駐屯せる英、米、佛諸國の軍民も亦支那軍に同情して幾多の支援を與へ我軍の行動に故意に妨害を加へたる事實少からざりしを認めたり。

尚中支一帶の支那軍民と我軍將兵相互の感情が前述支那側の態度と久しきに亘る惡戰苦鬪とに因り著く疎隔し彼我の敵愾心を昂上せしめたるを痛感せり。

其の間予は屢〻部下將兵に對し支那良民の保護愛撫と外國權益の尊重を命じたり、その結果の一例として南市附近の戰鬪に於ては予の命令通り南市に被害を蒙らしめずして戰鬪を終了したり。

四、中支那軍の編成並に南京攻擊に決したる事情

同年十一月五日第十軍の杭州灣上陸直後從來の上海派遣軍と第十軍を併せて中支那方面軍編成せられ、予は其の軍司令官に任命され一時上海派遣軍司令官を兼務したり、中支那方面軍司令部の任務は、上海派遣軍司令部と、第十軍司令部との上にあつて、兩軍の指揮統一を計るにありたるが、其の幕僚は僅かに參謀七名に過ぎざりしを以つて、單に兩軍司令部に對して作戰を指導するに止まり、直接に軍の全般の經理、衞生等を處理する職權を有せざりき。故に予が上海派遣軍司令官の兼職を解かれたる同年十二月七日以後に於ては、予の現地將兵に對する指揮監督關係は全然間接となりたり。

中支那方面軍は上海附近の支那軍を西方に驅逐したる後は浙江省の嘉興附近より江蘇省の蘇州、常熟附近に亘る線を占據し專ら上海附近の治安維持に努めたり。

然るに南京を根據とする支那軍は北支那方面に漸次發展せる彼我の大規模なる戰鬪に呼應して江蘇、浙江方面に於ても日本に對する攻擊的作戰を準備し各地より大兵を集結しつつありて、結局南京附近の根據地を占據するに非ざれば中支那一帶の治安を維持し我が權益を保持すること能はざる狀勢に陷つたるを以つて日本國は、江南方面全般の安寧を恢復する爲遂に南京を攻略することに決し、十二月一日大本營より中支那方面に對して「中支那方面軍は海軍と協力して南京を攻略すべし」との命令ありたり。

茲に於て、軍は幾多の困難なる事情を冒して、急遽南京城の攻略作戰を進展することゝなりたり。

五、南京占領に際し執りたる處置並に所謂南京掠奪暴行事件

予は南京攻略に際し、努めて一般の戰鬪範圍を局限せんと欲せる我が政府の從來の方針に基き且つ予個人の多年抱懷せる日支提携共榮の信念に依り出來得る限り本戰鬪をして全面的國民爭鬪に陷らしめざる爲細心の注意を拂ひたり、蓋し上海附近戰鬪の經驗は予をして一層此の必要を痛感せしめたること前述の如し。

當時予が特に我軍將兵の軍紀風紀の肅正其他右目的を達する爲め執りたる諸般の處置に付きては曩に證人中山寧人が詳細に證言したるを以て再び茲に贅せず。

予の南京占領に對する周到なる配慮に係らず占領當時の倥偬たる狀勢に於ける興奮せる一部若年將兵の間に忌むべき暴行を行ひたる者ありたるならむ。これ予の甚だ遺憾とするところなり。

因に南京陷落當時予は南京を去る略〻百四十哩の蘇州に於て病臥中にて、予の命令に拘らず之等非行の行はれたることに就き之れを知らず又何等の報告に接せず十七日南京入城後初めて憲兵隊長より之れを聞き各部隊に命じて即時嚴格なる調査と處罰を爲さしめたり、但し戰時に於ける支那兵及一部不逞の民衆が、戰亂に乘じて常習的に、暴行掠奪を行ふことは、周知の事實にして南京陷落當時に於ける暴行掠奪も支那軍民の冒せるものも亦尠からざりしなり。之れを全部日本軍將兵の責任に歸せんとするは事實を誣ゆるものなり。

予は十二月十七日南京入城式、翌十八日同飛行場にて極めて安靜裡に慰靈祭を行ひ更に十九日將兵十數名を伴ひ南京市内各地を巡視したるが火災は既に止み市内平穩にして避難民も漸次其の家宅に歸來しつつあるを見たり、尚當時僅かに約二十名の遺棄せる支那兵の戰死屍體を見たるのみにて市内の秩序は概ね恢復しつゝあるを認めたり。

但し南京城内の水道、電燈、設備及重要なる官公建築物が日本軍入城前支那軍により破壞せられ居りたるは事實なるも火災は割合に少く燒失せるものは前後數十件に過ぎざるべし。

要するに予は南京陷落後昭和十三年（一九三八年）二月迄上海に在任せるが其間昭和十二年十二月下旬南京に於て只若干の不法事件ありたりとの噂を聞知したるのみにて何等斯る事實に就き公的報告を受けたる事無く當法廷に於て檢事側の主張するが如き大規模なる虐殺暴行事件に關しては一九四五年終戰後東京に於ける米軍の放送により初めて之を聞知したるものなることを茲に確言す。

予は右放送を聞きたる後我軍の南京占領後の行動に對して調査を試みたれども當時の責任者は既に死亡し又は外國に於て抑留處刑せられ諸書類は悉く燒却せられたる爲十年前の過去に遡りて當時の眞相を仔細に吟味證明することを得ざれども予は南京攻略戰鬪に際し支那軍民が爆擊、銃砲火等により多數死傷したることは有りしならむも檢事側の主張する如き計畫的又は集團的に虐殺を行ひたる事實斷じて無しと信ず。

日本軍幹部が之を命じ又は之を默認したりと謂ふ如きは甚だしく事實を誣ゆるものなり。

要するに予は中支那方面軍司令官として當時の情勢に鑑み我の職權の能ふ限りに於て斯かる不詳事の發生を豫防する手段を講じ又違反者の嚴罰及賠償等の善後措置に滿腔の努力を盡したること勿論なれども戰時倥偬の際にして（特に予は南京占領當時蘇州に病臥し居りたること、南京滯在僅かに五日にして南京を去りたること及前述の中支那方面軍司令官として現地將兵に對する直接指揮監督の權限を有せざりしこと等に

依り）完全なる結果を得ること能はざりしは遺憾とするところなり。

六、南京占領後執りたる行動

予は十二月十七日南京入城後滯在五日にして十二月二十一日には浙江方面軍作戰指導の必要上水路上海に向ひ南京を去り爾後上海に止まりたるが、該地の支那要人との間に一般地方の治安維持及人民救濟につき交渉を行ひたる外、同地の英、米海軍提督其他の列國文武官と連絡し戰鬪中發生せる事件に對する善後措置を講ずる等只管戰後の處理に沒頭したり。

蓋し中支那方面軍は南京占領を終り予が上海に歸還したる後は中央よりの命令により南京以東江南全般地區殊に上海附近の確保に專念したればなり。

因に予は上海歸還後南京に於ける暴行事件の噂を聞き特に昭和十二年十二月下旬部下參謀を南京に派遣して重ねて南京滯在將兵に戒告を發し事件の嚴重なる調査と違反者の處罰勵行を命じたりしも予の離任迄格別重要なる報告に接せざりき。

予は上述占領地の治安維持の外蔣介石政府との間に全般的平和運動交渉の必要を認め、上海附近の支那要人の盡力を促すと共に特に人を福州、廣東に派遣して陳毅及宋子文氏等と連絡せしめたるが二月下旬中支那方面軍の編成改革と共に軍司令官の職を免ぜられ歸朝するに至れるを以て遂に上述の目的を續行する機會を逸したるは今尙遺憾とする所なり。

七、昭和四年伯林に於て駐在武官の會同ありたる事實

予は昭和三年十二月參謀本部第二部長を免ぜられたる機會に於て歐亞諸國漫遊を思立ち昭和四年一月佛領印度支那、暹羅、英領馬來、印度諸國より歐米諸國に視察旅行を試みたりしが恰も昭和四年四月予が伯林を通過の際歐州各國駐在武官が予の來府を機會として懇親の目的を以て同地に會同せる事ありしが同會同は何等公式且特殊の目的を有する會議に非ず。

伯林駐在武官大村有隣少將が司會し懇親會を開催せられたるものなり予が會議を招集し主宰したるものに非ず。

又予は當時上述の如く既に參謀本部第二部長の職を免ぜられ單なる一中將に過ぎず何等大使館附武官の會議を主宰する職權を有せざりしものなり。要するに右は、單なる懇親の爲の會同にして、時局問題につき決議し又は特定の議事々項がありしものにも非ず座談として歐州狀勢につき夫々の意見開陳せられたるにすぎざるものなり、從つて議事錄を作成せず又予は歸朝後上司に報告したる事實もなし。

其の席上予は遠來の客として上席に据えられたるに過ぎざるなり。此の點に關する檢察側證據第七三三號の記載内容は予の檢察官に對して爲した陳述の内容とは矛盾し居れり。猶ほ他にも檢察官調書中には誤譯と認めらるゝものあり。

八、軍事參議官又は内閣參議就職と政府の對外政策との關係

軍事參議官は主として陸軍部内部の教育訓練の事に關し臨時の使命を與へらるゝものにして常時特に對外問題に就き容喙すべきものにあらず。

又内閣參議は當時内外の政情に鑑み主として形式的諮問機關として制定せられしものにして事實上何等特權を有せざりしものなり。

右樣の次第にて予の兩職在職中對支對亞細亞問題等に付き何等意見を徵せられたる事無く又自ら此種の意見を具申したる事も無し。

九、予の設立せる大亞細亞協會の目的及其の活動の模樣特に北京に於て秦德純氏等と交渉せる亞細亞運動の眞相

予は多年歐米人の亞細亞侵略を遺憾とし亞細亞人に依る亞細亞の復興を祈願せしものなるが滿州事變以來日支兩國民の間に感情的疎隔の顯著なるに鑑み兩國民が亞細亞の全局に想を致して些々なる感情誤解に終始することを更めむ事を欲し日支兩國有志者の間に「大亞細亞主義」運動の發動を促さむ爲昭和八年同志と共に大亞細亞協會を設立したり此の團體は政治團體にあらず一種の社會的文化研究團體にして其の目的は幾千年に亙り支那日本に遺統として傳はる王道を擴充し亞細亞の復興を計り、全亞細亞人の共存共榮を招來し、率いて世界全人類の平和的發展に貢獻せむとするものなり。（辯護側文書二二三四號）同協會の日本人會員の數は二千數餘人に達したるも資力乏しく格別の活動を爲し能はざりしが其の詳細は證人として同會幹事より陳述せらるべし。

予は昭和十年及十一年の更親しく支那の南北に旅行して支那の舊友の間に謀りて本運動の達成に盡力せり。尤も支那には既に前年來孫文前大總統に依り洽く大亞細亞主義の主張せられたる事實あれば支那は支那人によりて其の大亞細亞主義を鼓吹すべく吾等の日本に於ける大亞細亞主義運動と連繫して協同の目的達成に至らむ事を希望し昭和十年秋北京、天津の同志と謀り翌十一年春北支支那有識者間に「中國大亞細亞協會」の設立を見るに至りしものにして當時予は北京市長たりし秦德純氏に對して之を勸誘せしは事實なり、然れども秦氏が先日當法廷に提出せし口供書の内容は當時の言說と一致せず（辯護側文書第二二三四號）又吾等の主張は必ずしも歐米人を亞細亞より驅逐せむとするものに非ず亞細亞人を友とし眞に亞細亞の幸福の爲吾等と協力せむとする歐米人は吾等の良友として相提携し共存共榮を計るべきものなる旨主張したることは當時發表したる予の言論に徵し明なる所なり。（辯護側文書第二五〇〇號、第二五〇一號、第二六二八號）

十、大日本興亞同盟及大日本興亞會の目的及活動の狀況

大日本興亞同盟は近衞第一次内閣當時國内に林立せる諸興亞運動團體を併合し恰も設立せられたる大日本翼贊會の組織監督下にありて政府の對外政策に響應する爲設けられたるものなるが其後内外政策の推移に伴ふ我内閣頻時の交替の爲終始其の組織及行動範圍の變更を餘儀なくせられ僅かに支那及滿州國の諸文化團體と連絡協力の緖に就きたる外遂に何等具體的の活動に入る能はざりき。予は本同盟成立當初より副總裁又は顧問の職にありたるは大亞細亞協會以來の關係に因るものなり。

大日本興亞會は前述興亞同盟の數次に亙る組織變更の結果昭和十九年小磯内閣當時改組織改名せられたるものにして、其の組織及活動に關しては政府の監督指導を受くべきも、團體其のものは純然たる民間有志の文化運動團體の性格を有するものなりしが太平洋戰爭の進展に伴ひ交通の不便、其他國内外諸事情の緊迫に依り殆ど具體的の行動を採るに至らず僅かに機關雜誌發刊、在留亞細亞諸國學生市民の補導等に幾何かの努力を爲したるのみ予は從來の關係上本會の統理に當りたるが間もなく終戰となり何等の貢獻をも爲し得ず空しく解散の已むなきに至れり。

「十一、レデーバード號、パネー號其他涉外事項

一九三七年十二月十二日頃第十軍の砲兵が蕪湖附近にて英國砲艦を砲擊したりとの報に接し予は直に參謀長に其の調査を命じたるところ其の報告によれば十二月十一日頃中國軍は大小の船舶に乘じて揚子江上を退却中にして中には詐りに外國國旗を揭揚するものも少からざりしにより第十軍司令官柳川中將は退却兵を乘せたる船舶は之を砲擊すべしと命じたるに依り橋本大佐は十二日朝濃霧中揚子江上を中國兵を載せて航

行中の数隻の船舶を認め之れを砲撃したる偶々其の中にレディバード號ありたりとのことなりき。

依って直に予は第十軍司令官に英國海軍長官に陳謝することを命じ予自身も亦南京より上海に歸りて遅滞なく英國リットル提督を訪ね遺憾の意を表したるに同提督は充分予の意を諒し本國政府に對し予の苦衷を傳達する旨約したり。

又パネー號爆撃は海軍飛行機が誤り行なひたるところにして當時予は之れが指揮權を有せず全然關知せざるところなり。然れども日本軍に於て發生せる不祥事件なるを以て予は南京より上海歸還後、遅滞なく米國艦隊司令官ヤーネル提督に面會して遺憾の意を表し其の了承を得たり。

予が良民を保護し外國權益を尊重したるは既述の通りなるが上海、南京戰一應終了せる後英國リットル提督及米提督ヤーネル少將に面會し兩者の意思の疎通を計り又作戰間英、米國及その官民に與へたる不幸なる事實に對し遺憾の意を表明し又佛國大使及佛國海軍長官に面會し佛國租界及南市の處理につき意見を交換し諒解する處ありたり。

然して南市の居留民保護に盡力せる教師ジャキノー氏の行動に對しては厚く感謝の意を表すると共に金壹萬圓を右事業の爲に寄附し以て戰禍の悲慘なる結果の擴大の防止につとめたり。

十二、江南地方出征中の彼我犠牲者と之に對する供養

予が上海派遣軍若しくは中支那方面軍の司令官として上海及南京等に轉戰中戰病死せる日本將兵は二萬一千餘名にして傷病兵を合せて其の犠牲兵の數八萬餘名に上りたり。

予は支那側證人の主張する如き多數の虐殺事件の存在を否認するものなれど當時支那軍民の犠牲者も相當多數に上りたるなるべく、其中には當時上海及支那軍隊中に流行せる虎列拉、窒扶斯、赤痢等に罹りたるもの少からざるべし、現に我軍將兵にして此種の傳染病に感染せるもの數百名に達し死亡兵も百名を超えたり。

想ふに日支兩民族は本來同胞として相提携すべきものなるに、徒らに兄弟相鬩ぎて莫大の生命を喪滅したるは千載の悲慘事にして痛惜の至りに堪へず。

予は這般の事變が兩民族親和の契機となり是等の犠牲者が興亞の礎石とならんことを望むや切なり。

依りて歸朝後熱海伊豆山の予の寓居の傍に堂宇を建築し、兩國犠牲兵の英靈を合祀して其の冥福を祈り、且彼我の戰血に染みたる江南地方各戰場の土を採りて其の境内に慈眼視衆生の觀音菩薩像を建立し此の功德を以て永く是等に回向し諸人と倶に彼の觀音力を念じ東亞の光明を仰ぎやがて世界の平和を招來せんことを朝夕祈願し居りたる次第なり。

〔参考〕「飯守証言」

『極東国際軍事裁判速記録』三〇九号　昭和二二（一九四七）年一一月

〔飯沼證人、證人臺に登る〕

○裁判長　證人、あなたの前の宣誓はまだ有効であります。すでに彼は宣誓をしたそうであります。

○マタイス辯護人　では私の間違いでありました。證人に辯護側文書二六二二六號を見せてください。

〔證人に文書を渡す〕

○マタイス辯護人　證人それはあなたの宣誓口供書ですか。

○飯沼證人　そうです。

○マタイス辯護人　その內容に書かれてあることは眞實ですか。

○飯沼證人　そうです。

○マタイス辯護人　證據として提出します。

○裁判長　通例の條件附で受理いたします。

〔書記　辯護側文書二六二二六號は、法廷證三三三九號と登錄します〕

○裁判長　この證人は、以前に宣誓をしたのですか。われ〳〵はしたように考えております。しかしこれは一應確かめなければなりません。

○マタイス辯護人　證人にきいてみます。

○裁判長　證人にきいてはいけません。われわれ自身でこれを確かめなければなりません。ヴアンミーター大尉によれば、彼は自分の言うことを知つておるでしよう。

○法廷執行官　われ〳〵のもつておる記憶では、同證人は前に證言をしたことがある、そして宣誓を終えておると報告をしました。

○裁判長　われ〳〵自身でこれを確めなければなりません。しかし一應證人に對して、證人はこの裁判所において、證言をしたことがあるかないかを聽いてみなければなりません。

○マタイス辯護人　では證人、それに答えてください。

○飯沼證人　前にこの證人臺に立つたことがあります。

○マタイス辯護人　法廷證三三三九號を朗讀いたします。

〔朗讀〕

一、私は元陸軍中將で一九三七年八月十五日上海派遣軍の編成のとき松井軍司令官の下に參謀長として上海戰、南京戰に參加しました

二、上海派遣軍編成後松井大將は部下將校に對して左の訓示を爲し部下將兵に徹底せしむる樣に命ぜられました

1、上海附近の戰鬪は專ら我に挑戰する支那軍を戡定することを目的とするを以て支那官民は努めて保護愛撫せよ

2、列國居留民及軍隊に累を及さざることに專念し列國官憲と連絡を密にし誤解なき樣にせよ

三、右命令を實行する爲に部下將兵は一方ならぬ苦勞をしました、上海戰中傳染病の蔓延を防ぐ爲め彼我を問はず治療を施し藥品給與をしました

上海市の攻擊の際は市中に砲彈が落下しない樣に第一線部隊は技術上想像以上の苦心を爲し市內の安寧を保全しました

此の命令は常に反復訓示せられ南京戰後迄も嚴重に實行を監督しました

四、松井大將は上海戰の終了後直ちに米、英、佛等の代表者に會見せられ此の戰鬪による列國の損害を謝し日本の立場を明かにし戰の短期終結に協力方を要請せられました

私は松井大將から外國權益を無視せよとの命令を受けたことは絕對ありません、又部下將兵が其の樣なことをしたことを見聞したことはありません

五、一九三七年十二月四日上海派遣軍は南京攻略の命令を受領しました其際中支那方面軍司令官としての松井大將から南京攻略に關して詳細なる訓令を與へられました

私は上海派遣軍參謀長として部下各隊に對し南京攻擊の命令を傳へると共に「敵軍と雖も抗戰意思を失ひたる者及一般官民に對しては寛容慈悲の態度を取り之を宣撫愛護せよ」と傳へました

六、南京落城當時は城外の主要なる家屋は殆んど燒棄され又は破壞されて日本軍の宿舍もない爲城內に豫定以上の部隊が入つたので松井大將の命により十二月十九日第十六師團の外は全部東方地區へ速く退去させ軍紀、風紀の嚴正遵守を命じ城內の秩序囘復を計つた

七、私は一九三七年十二月十六日、二十日、年末の三回に城內を巡視したが屍體を市中に見たことはない、下關附近では數十の戰死體を見た丈であり數萬の虐殺體など夢にも見たことはない

火災は小火災のあつたことは認めるが組織的放火のあつたことは見たこともなく報告を受けたこともない、城內の民家の燒失して居るのは極く少數で殆んど舊態を存して居た

我軍に對しては失火の責任の重大性を常に訓示して居た

八、南京入城後小數の掠奪、暴行の事實が松井大將に報告せられたが松井大將は屢次の訓示にも拘らず此の事ありしを遺憾とし全軍將校に不法行爲の絕無を期する樣訓示し、不法行爲者を嚴罰に處すべきことを主張せられ、不法行爲者は夫々處罰せられた、爾來軍紀は嚴正を極め第十六師團の如きは法務部の處置に抗議を申出たとの事である

九、部隊として家具などを持出したことを聞て居る、これは集團宿舍の設備補充の用途に當てたとの事である、此の徵發の際には夫々損害を補償するが管理人が逃亡して不在のことが多くこれ等の家には代價を支拂ふべき證明書を貼布して置いたとのことである

個人として無斷持出をしたものも少し、あつた、又外人の家財を侵したものがあつたので是等は夫々現物を返還し又は補償金を與へ解決し犯罪者は處罰した、決して司令部として不法行爲を命令したことは勿論無いし又之を容認したことも無い

十、南京の難民區の處理に付ては前記松井大將の命令に從ひ之が警備保護を第十六師團に命じた、此處への出入は特に許可證を持つ者に限定され憲兵により守られて居た、從つて集團的、組織的、繼續的、に侵害せられたことはない筈である、私は當時に於て檢事の立證せらるる如き多くの事件の存在を全て聞知しなかつた、從つて松井司令官に報告したこともないから松井大將も勿論聞知せられない

十一、私は南京安全地區委員會から許多の抗議が提出せられたことは知らぬ從つて松井大將に報告したこともない

昭和二十二年(一九四七年)四月十九日　於東京

供述者　飯沼　守

松井石根 アジア主義論集関連年表

西暦	和暦	経歴	書誌・内容紹介	歴史的事項
一八七八	明治11	7月　愛知県に生まれる。		
一八九三	26	9月　陸軍幼年学校に入学。		
一八九四	27			8月1日　日本が清国に宣戦布告し、日清戦争始まる。 9月17日　黄海海戦。
一八九五	28			4月17日　日清講和条約（いわゆる下関条約）調印。朝鮮独立の承認、清国から日本への遼東半島、台湾、澎湖列島の割譲、賠償金二億両支払などが定められた。 4月23日　ドイツ・フランス・ロシア三国の公使が、日本に対し清国への遼東半島の返還を勧告（三国干渉）。
一八九六	29	9月　陸軍士官学校に入学。		
一八九八	31	4月　陸軍士官学校卒業。 6月　陸軍少尉。 6月　歩兵第六連隊付。		3月3日　ロシア、清国に大連・旅順の租借を要求し、両港の租借権と南満鉄道の敷設権を獲得。 3月6日　清国、ドイツ間に膠州湾租借条約調印。ドイツ、膠州湾租借権、膠済鉄道敷設権、鉱産物採掘権を獲得。
一九〇〇	33	11月　陸軍中尉。		
一九〇一	34	10月　陸軍大学校に入学。 12月　歩兵第六連隊付。		

西暦	和暦	経歴	書誌・内容紹介	歴史的事項
一九〇二	35	7月　騎兵第一四連隊付。		
一九〇四	37	4月　歩兵第六連隊中隊長として日露戦争に出征。 8月　陸軍大尉。		2月10日　日本、ロシアに宣戦布告し、日露戦争始まる。 5月1日　第一軍、鴨緑江を渡河。九連城を占領。 5月5日　第二軍、遼東半島上陸開始。 5月30日　第二軍、大連占領。 8月19日　第三軍、旅順第一回総攻撃。 8月28日　第一、二、四軍、遼陽会戦に参戦。 10月10日　第一、二、四軍、沙河会戦に参戦。 10月26日　第三軍、旅順第二回総攻撃。 11月26日　第三軍、旅順第三回総攻撃。 12月5日　第三軍、二〇三高地を占領。
一九〇五	38	2月　第二軍兵站副官。 7月　第二軍副官。 12月　第二軍兵站参謀。		1月1日　旅順ロシア軍降伏。 3月1日　第一、二、三、四軍、奉天会戦に参戦。 5月27日　日本海海戦。 8月10日　日露講和第一回会議をポーツマスで開催。 9月5日　日露講和条約（いわゆるポーツマス条約）調印。
一九〇六	39	3月　歩兵第六連隊付。 11月　陸軍大学校卒業。 11月　参謀本部付。		
一九〇七	40	1月　清国出張。		
一九〇八	41	12月　参謀本部部員。		
一九一一	44			10月10日　辛亥革命始まる。 12月25日　外遊中の孫文が上海に到着し、29日南京の一七省代表会議で中華民国臨時大統領に選出される。
一九一二	45	6月　陸軍少佐。参謀本部付。		1月8日　犬養毅、頭山満、南京で孫文と会見。

西暦	和暦	経歴	書誌・内容紹介	歴史的事項
	大正1			2月12日　清国宣統帝退位し、清朝滅亡。 3月10日　袁世凱が中華民国臨時大統領に就任。
一九一三	2	4月　フランス領インドシナに出張。 5月　フランスに出張。		
一九一四	3			7月28日　第一次世界大戦始まる。 8月23日　日本、ドイツに宣戦布告。 11月7日　日本軍ドイツ領青島を占領。 12月3日　日本政府、駐華公使日置益に対華要求（対華二一カ条の要求）を訓令。
一九一五	4	8月　陸軍中佐。 8月　歩兵第二二連隊付。 12月　参謀本部付。 12月　上海出張。		1月18日　在華公使日置益、中国大統領袁世凱に、二一カ条の要求（大連、旅順の租借延長、山東省ドイツ利権の譲渡など）を提出。
一九一七	6			3月8日　ペトログラードで労働者の示威運動が起こり、15日にはリヴォフ公首班の臨時政府成立。ニコライ二世が退位し、ロマノフ王朝が滅亡（ロシア二月革命）。 11月7日　ペトログラードでボリシェビキの武装蜂起。ソビエト政権樹立を宣言（ロシア一〇月革命）。
一九一八	7	7月　陸軍大佐。		8月2日　日本政府、シベリア出兵を宣言。 11月11日　ドイツが降伏し第一次世界大戦が終わる。
一九一九	8			5月4日　パリ講和会議で日本全権は山東還付の声明を出すが、経済的特権や青島における専管居留地の特権は留保。 5月4日　北京の学生、約三〇〇〇名余が山東問題に抗議し、示威運動（五・四運動）。

西暦	和暦	経歴	書誌・内容紹介	歴史的事項
一九二〇	9			1月10日　国際連盟発足。
一九二一	10	5月　ウラジオストック派遣軍参謀。		5月5日　孫文、非常大統領に就任し、広東新政府樹立。
一九二二	11			10月30日　イタリア国王、ムッソリーニに組閣を命令し、31日、ファシスタと国家主義者の連合内閣成立（ファシズム政権の成立）。
一九二三	12	3月　陸軍少将。		1月26日　上海で、孫文・ヨッフェ共同宣言を発表。ソ連、中国革命支援を声明。 9月1日　関東大震災。 11月　孫文、ソビエトとの連携、共産主義容認、扶助工農の三大政策を決定し、中国国民党改組を発表。
一九二四	13			1月20日　中国国民党第一回全国代表大会で、連ソ・容共・工農扶助の政策を採用（第一次国共合作）。
一九二五	14		8月　「支那の所謂愛国運動」を、『外交時報』第四二巻四九七号に発表。この時期の孫文および中国共産党の活動について論じられている。	3月12日　孫文、北京で病没。
一九二六	15 昭和1		7月　「独裁政治家簇出の現象」を、『外交時報』第四四巻五一九号に発表。共産主義およびファシズムの台頭がまず指摘され、さらに、デモクラシーが必ずしも西洋にとって絶対的な政治思想ではなくなりつつあると、論じられている。 8月　「独裁政治家簇出の現象」を『国本』第六巻八号に再掲。	7月1日　広東国民政府が北部の軍閥の掃討（いわゆる北伐）を正式に決定。9日、蒋介石が国民革命軍総司令に就任し、北伐を開始。
一九二七	2	4月　参謀本部第二部長。 7月　陸軍中将。	8月　「謂はれなき山東出兵批難」を、『外交時報』第四六巻五四五号に発表。居留民保護の観点から、山東出兵の正当性が論じられている。 10月　「山東出兵の総勘定」を、『外交時報』第四六巻	3月24日　中国国民党軍南京入城の際、日本領事館をはじめとする列国領事館が襲撃される（第一次南京事件）。 4月3日　漢口で中国人と日本の海軍陸戦隊が衝突

西暦	和暦	経歴	書誌・内容紹介	歴史的事項
			五四八号に発表。山東出兵を通じて、日本、とくに日本陸軍に対する中国人民の信頼を勝ち取るべきことが、論じられている。このような松井の姿勢は、南京占領時における日本軍の不祥事に対する態度と、通底している。	（漢口事件）。 4月12日　蒋介石が上海で反共クーデターを発動。18日、蒋が南京に国民政府を樹立。 5月28日　日本政府、山東出兵を声明（第一次山東出兵）。 8月30日　日本政府山東派遣軍の撤兵を声明。 9月6日　武漢政府、南京政府に合流。 9月8日　山東より撤兵完了。 10月　毛沢東、江西・湖南省境の井崗山に革命根拠地を建設。 11月5日　首相の田中義一が、来日中の蒋介石と会見。 11月17日　広東省海豊、陸豊地方に中国初のソビエトを樹立（～28年3月）。 12月11日　中国共産党が広州で武装蜂起し広州コミューンが成立するが、12月13日には、南京国民政府によって潰滅。南京政府は広州のソ連領事館を捜索し、12月15日にはソ連に対して国交断絶を通告した。
一九二八	3	8、9月　田中義一、蒋介石会談を準備。	2月　「支那より見たる赤露対支那政策の功罪と今後」を、『外交時報』第四七巻五五六号に発表。ソビエト・コミンテルンによる中国の共産主義化工作の結果が、広東省における暴動であったと論じられている。 10月　「支那共産党の過去現在及将来」を『外交時報』第四八巻五七三号に発表。この時期の中国における、国民党勢力と共産党勢力の対立について論じられている。	2月2日　国民党が北伐再開を決定。 4月7日　北伐軍、攻撃を開始。 4月19日　日本政府、第二次山東出兵を決定。翌20日に出兵表明。 5月3日　日本軍、山東省済南で、国民政府軍と衝突（済南事件）。 6月4日　張作霖が、奉天に引き上げの途中、関東軍の一部の謀略によって列車が爆破され死亡（張作霖爆殺事件）。 10月8日　蒋介石、国民政府主席に就任。
一九二九	4	8月　第一一師団長。	「軍事上より観たる支那の現状」を、東亜同文会調査	10月24日　ニューヨーク株式の大暴落。世界恐慌はじ

西暦	和暦	経歴	書誌・内容紹介	歴史的事項
			編纂部編『支那事情講習録 昭和三年夏期講習』に発表。国民党政府が軍事費の増大の圧迫を受けていること、日本や列強が中国から軍隊を引き揚げつつあることなど、軍事上から見た中国の現状が論じられている。	まる。
一九三〇	5			1月21日 ロンドン海軍軍縮会議始まる。
一九三一	6			6月27日 北満地方を視察していた中村震太郎大尉らが中国兵に殺害される（中村大尉事件）。 9月18日 関東軍参謀長、板垣征四郎、同作戦主任参謀石原莞爾らが満州占領を企て、奉天郊外の柳条溝の満鉄線路を爆破（満州事変始まる）。
一九三二	7		1月 「満蒙問題と軍縮」を、『外交時報』第六一巻六五〇号に発表。満蒙における国益を守るため、軍縮は避けなければならず、ヨーロッパとアジアでは事情が異なると論じられている。 12月 「満州国独立の民族的基礎」を、『外交時報』第六四巻六七三号に発表。歴史学者、久米邦武の学説を参照しつつ、満州族が同じアジアの精神文明の共有者として、日本民族や漢民族、朝鮮族ときわめて近い位置にあることが論じられている。あわせて、カント、ルソーやニーチェ、マルクスに代表される西洋の精神文明の流入はアジアにとって、道義的堕落であり、アジアの精神文明に回帰しなければならないと、論じられている。	1月18日 上海で日本人僧侶、日本陸軍の特務機関に教唆された中国人に襲撃され死亡。 1月28日 上海で中国十九路軍と日本の海軍陸戦隊が衝突（第一次上海事変）。 2月29日 リットン調査団東京着。7月4日、再度入京するまで日本、中国、満州で現地調査を行った。 3月1日 満州国、建国宣言。 5月5日 上海停戦協定調印。
一九三三	8	3月 軍事参議官。 4月 大亜細亜協会設立評議員。 8月 台湾軍司令官。 10月 陸軍大将。	5月 「支那を救ふの途」を、『大亜細亜主義』第一巻創刊号に発表。満州事変の意義と関連づけつつ、「大亜細亜主義」が西洋化した中国を精神的に救済しうると論じられている。	1月1日 山海関で中国軍と衝突（山海関事件）。 1月30日 ヒトラー、ドイツ首相に就任（ナチス政権獲得）。 2月24日 国際連盟の対日勧告採択に抗議して、日本

西暦	和暦	経歴	書誌・内容紹介	歴史的事項
			6月「「満州人の満州」の確立」を『大亜細亜主義』第一巻二号に発表。日満合作と満州の独立は矛盾しないと、論じられている。 3月「亜細亜連盟論」を、『外交時報』第六五巻六七九号に発表。国際連盟を中心とする世界秩序から決別して、アジアの問題をアジア自身によって解決するような、新しい世界秩序の構築が必要であると、論じられている。 4月『亜細亜連盟論』を大亜細亜協会から出版。前月、『外交時報』に掲載した文献とタイトルは同じだが、再掲ではない。日支対立の理由は、満州国建国の世界史的意義を理解しない中国の側にあると論じられている。 12月「現下時局の検討と国民精神の作興」を、『大亜細亜主義』第一巻八号に発表。ヨーロッパにおけるヒトラーやムッソリーニの台頭は、アングロサクソン中心の世界秩序がほころびを見せ始めたことを暗示している、と論じられている。	代表松岡洋右は退場。 3月27日　日本、国際連盟脱退。
一九三四	9		11月「再転機に立つ支那政局と日支関係」を、『大亜細亜主義』第二巻一九号に発表。満州国建国および国際連盟脱退の史的意義が論じられている。	
一九三五	10	8月　退役、予備役に編入。 10月〜11月　朝鮮、満州、蒙古、中国北部を視察。 12月　大亜細亜協会会長。	10月「正大の気を伸ぶべし」を、『大亜細亜主義』第三巻三〇号に発表。大亜細亜主義に関する文明論的意義や道義的価値が論じられている。 12月11〜14日「日支、交渉正常化の途」①〜④を『大阪毎日新聞』に発表。国民党の英米への接近が、批判的に論じられている。	
一九三六	11	2月〜3月　中国中、南部を歴	6月「胡漢民君の死を悼む」を、『大亜細亜主義』第	2月26日　二・二六事件勃発。

西暦	和暦	経歴	書誌・内容紹介	歴史的事項
		訪。 3月　南京で蒋介石と会談。	四巻三八号に発表。胡漢民は国民党の元老であるが、その時局観は松井自身と近いものがあったと論じられている。 12月　「大亜細亜協会の総会に当りて」を、『大亜細亜主義』第四巻四四号に発表。アジアの精神文明が西洋文明を救済すると、論じられている。	8月24日　四川省成都で、日本人記者二名が殺害される（成都事件）。 9月3日　広東省北海で、日本人商人殺害される（北海事件）。 12月12日　張作霖の息子、張学良が西安で蒋介石を監禁。中国共産党の周恩来とともに三者で会談。再度の国共合作について話し合われた（西安事件）。
一九三七	12	8月　上海派遣軍司令官。 12月　中支那派遣軍司令官（翌年2月まで）。	1月　「対支問題」を、西原矩彦「四囲の情勢と我が国防」と合本の形で、新更会刊行部より出版。なお、奥付には、編集兼発行者として、「神崎照恵」と記されている。内容は松井の時局に関する講演である。満州国の建国とアジアの精神文明の復権が、無縁なものではないことが論じられている。 8月　「友邦国民に告ぐ」を、『大亜細亜主義』第五巻五二号に発表。日本が中国に対して領土的野心がないことが論じられている。	7月7日　盧溝橋で日中両軍が衝突し、日支事変の発端となった。 7月17日　蒋介石、周恩来と会談し、対日抗戦準備の談話を発表（廬山談話）。 7月29日　華北、通州において日本軍約一〇〇名と、日本人居留民約四〇〇名が、冀東防共自治政府保安隊によって襲撃される（通州事件）。 8月9日　上海海軍特別陸戦隊の大山勇夫中尉が中国兵によって殺害（大山事件）。 8月10日　日本陸軍、上海派遣軍の編成命令。 8月13日　上海で海軍特別陸戦隊と中国軍との交戦開始（第二次上海事変）。 11月5日　第一〇軍、上海戦線の背後から攻撃する意図で、杭州湾北岸に上陸。 11月7日　上海派遣軍と第一〇軍を指揮する中支那方面軍の編成命令。 11月20日　蒋介石、重慶へ遷都を宣言。 12月13日　日本軍南京を占領。第二次南京事件（いわゆる南京大虐殺）は、この時に起こったとされている。
一九三八	13		1月7日　「中支那方面軍司令官松井石根」の名で、	2月14日　中支那方面軍・上海派遣軍を廃し、中支那

西暦	和暦	経歴	書誌・内容紹介	歴史的事項
			当時、陸軍大臣の職にあった杉山元に対して、「意見具申ノ件」を提出。同文書は当時、極秘扱いで、現在は国立公文書館アジア歴史資料センターに所蔵されている。蒋介石率いる国民党との講和を否定し、長期戦に備えるべきことが、記されている。 4月　「聖戦の真意義を顕揚せよ」を『大亜細亜主義』第六巻六〇号に発表。日支事変を聖戦と論じ、反戦的気分が戒められている。	派遣軍を編成。
一九三九	14		3月　「愛犬興亜を憶ふ」を『大亜細亜主義』第七巻七一号に発表。「興亜」は松井が南京占領時、戦地より連れてきた犬。「過去の聖戦の間皇軍が已むなく幾多無辜の支那民生を犠牲にしたる思ひ出に出づるものありしなり」という言葉は、第二次南京事件に対する松井の思いを理解する上での手がかりになる。 11月　「時局の新段階」を、『大亜細亜主義』第七巻七九号に発表。ラジオ放送された講話の要旨であり、東亜新秩序の建設が世界新秩序の建設につながることが論じられている。	5月12日　ノモンハン事件始まる。 9月1日　ドイツがポーランドへの進撃を開始（第二次世界大戦始まる）。
一九四〇	15			9月27日　日独伊三国同盟調印。
一九四一	16		1月　「興亜諸団体の統合と其の飛躍を提唱す」を『大亜細亜主義』第九巻九三号に発表。アジア諸民族の団結や復興を志す諸団体の統合が論じられている。 7月　「事変処理と対米問題」を『大亜細亜主義』第九巻九九号に発表。日支事変解決のための対米妥協論に対する批判が論じられている。	4月13日　日ソ中立条約調印。 6月22日　独ソ戦始まる。 7月28日　日本軍南部仏印に進駐。 8月1日　アメリカ、対日石油輸出を全面停止。 10月18日　東條英機内閣成立。 12月8日　ハワイ真珠湾奇襲によって、日本は第二次世界大戦に参戦。
一九四二	17		1月　「大詔を畏み同人に告ぐ」を、『大亜細亜主義』	

西暦	和暦	経歴	書誌・内容紹介	歴史的事項
			第一〇巻一〇五号に発表。対米英戦の目的は、日支事変の解決や資源獲得といった消極的、功利的なものではなく、アジアの解放にあることが論じられている。 6月「興亜の同志」を、印度独立連盟講演会編『「印度人の印度」必成の秋（静岡ボース氏激励会速記録）』に発表。インド独立のため来日したボースと言えば、チャンドラー・ボースとビハーリー・ボースがいるが、ここで松井が激励しているのは、ビハーリー・ボースの方である。	
一九四三	18			9月8日　イタリア無条件降伏。
一九四四	19			7月18日　東條内閣総辞職。
一九四五	20			4月30日　ヒトラー、ベルリンの地下壕で自殺。 5月8日　ベルリンにてドイツ、無条件降伏。 7月17日　ポツダム会談。 8月6日　広島に原爆投下。 8月8日　ソ連、対日宣戦布告。 8月9日　長崎に原爆投下。 8月15日　日本、無条件降伏。ポツダム宣言受諾を発表。 9月11日　GHQ、東條英機ら三九名の戦争犯罪人の逮捕を命令。 12月2日　GHQ、梨本宮守正、平沼騏一郎、広田弘毅ら五九名の逮捕を命令。 12月6日　GHQ、近衛文麿、木戸幸一ら九名の逮捕を命令。
一九四六	21	3月5日　A級戦犯容疑者として巣鴨プリズンに入獄。		4月28日　東條英機ら二八名のA級戦犯容疑者の起訴状を発表。

西暦	和暦	経歴	書誌・内容紹介	歴史的事項
				5月3日　極東国際軍事裁判所開廷。
一九四七	22		11月　極東国際軍事裁判法廷に、「宣誓口供書」を提出。同書で松井は彼の立場が一貫して日中友好を目指すものであったと主張している。また、第二次南京事件については、「興奮せる一部若年将兵の間に忌むべき暴行を行ひたる者ありたるならむ」と、その事実性を認めつつも、事件の規模については、「当時僅かに約二十名の遺棄せる支那兵の戦死屍体を見たるのみ」と、検察側の主張を否定している。	
一九四八	23	12月12日　国際極東軍事裁判所法廷、死刑判決を宣告。 12月23日　巣鴨プリズン内で処刑が執行される。		

あとがき

もともと日本近代文学におけるアジア認識をテーマにして研究を進めていた私は、その過程で松井石根の「大亜細亜主義」に出会い、彼が発表した文章を蒐集しはじめた。

松井石根と言えば、南京事件の責任を負って東京裁判で死刑判決を受けたというエピソードがあまりにも鮮烈で、それ以外の点に関しては、今日では、ほとんど関心を持たれなくなっている。しかし、松井は昭和期、陸軍中枢にあった軍人にしては珍しく自分なりの文明観や歴史認識、政治信条をはっきりと文章に残しており、その意味では稀有な存在であった。しかも、今日から見て、松井の文章は、日本人のアジア認識が抱える本質的な問題を浮き彫りにしており、近代日本思想史上の史料として、さまざまな課題を今日に生きる私たちに投げかけている。私がこの資料集の編纂を思い立った理由もここにある。

松井が執筆した文章や彼に関する記録を読み進めていく内に、とくに私が疑問を抱いたのは、そもそも「同胞」とは誰なのか、という問題であった。

冒頭の解説でも言及したが、南京占領後、中国人に対する日本兵の犯罪行為に怒りをあらわにした松井を、彼の部下であった高級将校が嘲笑したというエピソードが、花山信勝によって伝えられている。松井にとって、あるいは松井を含めた明治以来のアジア主義者たちにとって、中国人は「同胞」だったわけだが、松井が率いた将校たちにとって中国人は、「内なる国境」の外部に位置する存在に過ぎなかった。国家観念から言えば、とくに日本の場合、民族的帰属性と国民意識がほぼ一致しているから、今日であっても異なる民族は法的な保護や福祉の対象になることは少ない。何をもって「同朋」と言うか、その範囲に関して、平均的な日本人の感覚から、松井は遊離していたのではないだろうか。

この問題に関して、私は非常に印象深い出来事に遭遇したことがある。「大東亜共栄圏」や「大亜細亜主義」のような聖戦の論理は、当時の日本兵にどの程度了解され、滲透していたのか、そしてそのようなスローガンが、占領地において一定程度、兵士たちの行動規範となりえたのか（もしそうなら、日本兵による差別も犯罪行為も起こらないはずである）。私はこの問題について生の声を聞く機会を、二〇一六年の夏に得た。中国近代史を専門にしている京都橘大学蒲豊彦教授のお誘いを受け、戦時中、日本海軍占領下にあった中国三竈島の元住民への聞き取り調査に同行させていただいた。

蒲氏の論考によれば、日本の海軍陸戦隊が三竈島にはじめて上陸したのは、一九三七年一二月六日のことである。翌一九三八年二月に再上陸。四月一二日の匪賊による日本軍兵士殺害をきっかけに、日本軍による掃討作戦が実施されることになる。その時の様子について、中国側には、八〇〇〇人あまりの島民が殺害されたと記された記録や、日本軍によって殺害された者約三〇〇〇名、餓死者約三五〇〇名と記された記録が残っている（「日中戦争期沖縄の中国華南開拓移民団」『海南島近代史研究』第二号・第三号）。

聞き取り調査に協力していただいた魏福栄さんは現在、香港在住で、生まれは一九三一年である。魏さんは六歳から一四歳まで日本軍の占領統治下にあった三竈島で過ごしている。戦争中は三竈島にあった国民学校で日本語を勉強し（聞き取り時も教育勅語を暗唱して聞かせてくれた）、戦後は香港に移住しデパートの通訳として日本人観光客相手に仕事をしていた。そのため、非常に流暢な日本語を話される方だった。中国国内とはいえ香港の場合は、雨傘革命の例からも分かるように、反体制的な発言も一定程度許されるところがあり、いちいち政府の顔色をうかがう必要もない。だから、ある程度、客観的な事実を聞かせていただけるのではないかというもくろみも、調査に同行させていただいた私にはあった。

お会いさせていただいたのは、二〇一六年九月三日から五日の三日間。いろいろなお話を聞かせていただいたが、多岐にわたるため、そのすべてをここに記すことはできない。印象に残った話をいくつか紹介してみよう。

私が魏さんにした質問はすべて、中国人に対して日本軍がどのように接していたか、日本兵との接触についてどのようなエピソードを記憶しているかに関するものだった。その頃、魏さんはまだ小学生で、そもそも日本軍による占領統治という事態をよく理解できておらず、日本兵を怖いとは感じていなかったと言っていた。兄が日本軍の基地内の理髪店で働いていたこともあり、基地にもよく遊びに行った、終戦になり日本兵が引き上げる際には「身を守るために」と言って、日本兵が手榴弾をくれた、などのエピソードも教えてくれた。

もちろん、日本軍による占領統治は、このような友好的なエピソードだけではない。飛行場近くの五つの村の住民が大勢、日本軍の機関銃と三八式小銃によって撃ち殺されたことも話してくれた。また、魏さんによれば、昼の内に若い女性がどの家に住んでいるか分かると、日本兵はかならず夜一一時頃になってからその家にやってきて銃で扉を叩き、中に入ってきたという。中国人の側も日本兵がやってくることを分かっていて、夜は若い女性を屋根裏に寝かして日本兵をやり過ごしていた。そんな家庭はとくに日本兵を怖れていたという。また魏さんが学んだ国民学校の先生はみな軍人で、何かあると生徒を叩いていた、だから学校は楽しくなかったとも語ってくれた。台湾人の先生がやってきて、やっと叩かれなくなったそうである。

終戦をむかえた日のことも魏さんは鮮明に覚えていた。日本の降伏を知ると、中国人たちは日本製の製品や日本を連想させるものをすべて破棄したこと、引き上げていく日本兵に向かって天秤棒で殴りかかった女性がいたことなどを話してくれた。

もちろんそのような魏さんが日本兵をアジアの「同胞」と考えていたはずはなく、同時に、日本兵が中国人をアジアの「同胞」として西洋列強のくびきから解放しようとしていた痕跡も、魏さんの話からは確認することはできなかった。

話を一通り聞き終わって最後に私は、魏さんに向かって「今、日本や日本人に対してどのように思っていますか？　やはり憎しみを感じますか？」と質問してみた。すると、意外にも、魏さんは「別に何も感じていない」と答えた。その理由をさらに訊ねてみると、「中国人は家族が殺されれば子々孫々まで覚えている。恨みを忘れない。しかし、私の家族は日本軍に殺されなかった。だから日本軍に対して何も思っていない」と説明してくれた。

実を言うと、今回の聞き取り調査の中で、もっとも印象深かったのは、日本軍による占領統治の実態以上に、魏さんのこの言葉だった。松井は大正一四（一九二五）年の段階で、「支那の病源は政治と人民とが分離してかけはなれて居る点にある」「彼等の文化、彼等の社会は政治と離れて独特の発達を遂げた」（「支那の所謂愛国運動」）と、中国の精神風土にあって国家という観念がいまだ根づいていないことを指摘している。同様のことは孫文もまた『三民主義』（安藤彦太郎訳　岩波文庫）で、「中国人はどうしてひとにぎりのバラバラな砂であるのか。どういうわけでひとにぎりのバラバラな砂になってしまったのか。つまり、各人に自由が多すぎるからである」と語っている。魏さんのような考え方を性急に一般化できないだろうが、私は、松井が「独特の発達」と呼び、孫文が「砂」に喩えて表現しようとした中国の精神文化、とくにその「同胞」観念を、魏さんの言葉から実感できたような気がした。

中国の精神文化において、「同胞」とは「一族」や「家族」を意味している。それはよく聞く話だが、これを裏返せば本来的に（つまり、何らかの思想教育を受けない限りは）、彼らは「民族」、「国民」、ましてや「アジアの諸民族」というような抽象的な「同胞」観念を信じておらず（あるいは持ち合わせておらず）、だからこそ、松井はソビエト・コミンテルンが中国で扇動する愛国運動に不安を抱き、孫文は民族の団結を訴えねばならず、家族が殺されたわけでもない魏さんは日本人を恨む必要がなかったのではないか。私はその時、そんなことを考えた。

その上であらためて松井の「大亜細亜主義」について私見を述べれば、この思想課題は三つのレベルの「同胞」観念との関わりから検証する必要がある。一つ目は西洋列強によって虐げられたアジアの諸民族を「同胞」としてとらえる考え方。二つ目は戦前の帝国憲法下で定められたような民族的帰属性をもって「国民」＝「同胞」ととらえる考え方。三つ目は「一族」や「家族」のみを「同胞」としてとらえる考え方である。

これを踏まえれば、松井の「大亜細亜主義」は、同じ理念を共有する者にとっては実現すべき政治的スローガンであったが、帝国憲法下にある臣民やこれを母胎とする皇軍から見れば、アジアの諸民族は法的保護や友愛、関心の対象からは除外された存在であり、ましてや「一族」や「家族」のみを「同胞」と見なす中国民衆から見れば、アジアの「同胞」という発想自体が、彼らの感覚からはあまりにもかけ離れたものであったことになる。別言すれば、松井が語る「亜細亜」とは西洋に対抗するために案出された観念であり、解放すべき対象として現実に存在していたわけではなかったのだ。

このように考えてみると松井石根が宿命的に背負わざるをえなかった思想的孤立性のようなものを理解できる気がする。その「大義」は、解放の主体であったはずの日本軍の将校や兵士によって実感されることは乏しかったであろうし、ましてや解放の対象である「アジア」の一員と目された中華民族にとっては、日本軍による差別や犯罪行為云々以前に、一般的な彼らの「同胞」観念と比べてあまりにも抽象的であり、理解や共感が広がる余地は少なかったのではないか。このような松井の「大亜細亜主義」が抱える思想的孤立性は、南京での日本軍による犯罪行為や彼に対する高級将校の嘲笑と、おそらく繋がっている。そして、ここにこそ松井が信じた「大亜細亜主義」の、さらに言えば近代日本のアジア主義の悲劇性とその独我論的性格の基層を確認することができるように思えるのである。いまだ仮説の域を出ないが、私自身は今、このようなことを考えている。

最後になったが本書編纂に当たっては多くの方のお世話になった。
まずは、本書出版に当たって京都橘大学から学術出版助成をいただくことができた。記して謝意を表したい。加えて、審査に当たられた先生方からは、貴重なご意見をいただくことができた。あらためてお礼申し上げたい。
また、香港での聞き取り調査は、私にとって、本書編纂の直接のきっかけになる貴重な体験となった。調査の過程で、今まで抱いてきたさまざまな疑問について腑に落ちるところがあり、やっと私はアジア主義について自分なりの明確なイメージを持つことができた。このような機会を与えて下さった京都橘大学蒲豊彦教授、調査に協力いただいた魏福栄さんに心よりお礼申し上げたい。

二〇一七年一〇月

野村幸一郎

野村 幸一郎（のむら　こういちろう）
1964年三重県伊勢市生まれ，立命館大学大学院文学研究科博士後期課程修了，博士（文学），京都橘大学教授，日本近代文学専攻，『森鷗外の歴史意識とその問題圏』（晃洋書房，2002年），『小林秀雄　美的モデルネの行方』（和泉書院，2006年），『白洲正子―日本文化と身体』（新典社，2014年），『日本近代文学はアジアをどう描いたか』（新典社，2015年）など

松井石根 アジア主義論集

2017 年 11 月 1 日　初刷発行

編　者　野村幸一郎
発行者　岡元学実

発行所　株式会社　新典社

〒101－0051　東京都千代田区神田神保町1－44－11
営業部　03－3233－8051　編集部　03－3233－8052
ＦＡＸ　03－3233－8053　振　替　00170－0－26932

印刷所 惠友印刷㈱　製本所 牧製本印刷㈱

ISBN 978-4-7879-5513-5 C3021
http://www.shintensha.co.jp/
E-Mail:info@shintensha.co.jp